湖南省少数民族古籍整理研究中心规划

湖南少数民族民俗文化研究丛书

主 编 万建中

服饰民俗

刘 琼 成雪敏 编著

湖南大学出版社·长沙

图书在版编目（CIP）数据

服饰民俗/刘琼，成雪敏编著. —长沙：湖南大学出版社，2020.11

（湖南少数民族民俗文化研究丛书/万建中主编）

ISBN 978-7-5667-1991-1

Ⅰ.①服… Ⅱ.①刘… ②成… Ⅲ.①少数民族—民族服饰—服饰文化—研究—湖南 Ⅳ.①K892.23

中国版本图书馆 CIP 数据核字（2020）第 148810 号

服饰民俗

FUSHI MINSU

编　　著：刘　琼　成雪敏
丛书策划：祝世英　刘　锋
责任编辑：邹丽红
印　　装：湖南省众鑫印务有限公司
开　　本：710 mm×1000 mm　1/16　印张：17.75　字数：290 千
版　　次：2020 年 11 月第 1 版　印次：2020 年 11 月第 1 次印刷
书　　号：ISBN 978-7-5667-1991-1
定　　价：78.00 元

出 版 人：李文邦
出版发行：湖南大学出版社
社　　址：湖南・长沙・岳麓山　　邮　编：410082
电　　话：0731-88822559(营销部),88823547(编辑室),88821006(出版部)
传　　真：0731-88822264(总编室)
网　　址：http://www.hnupress.com
电子邮箱：408703860@qq.com

　　湖南是一个多民族的省份，居住着土家族、苗族、侗族、瑶族、白族、回族、维吾尔族、壮族等五十多个少数民族。如果不主编这套丛书，我竟然不知晓湖南有如此之多的少数民族，这种情况在内陆地区是很少见的。还有，原本以为处于汉民族民俗文化的裹挟当中，这些少数民族的民俗文化传统肯定难以为继，大多只能存在于人们的记忆里，但结果大大出乎我的意料。

　　湖南省西部和南部地区毗邻广西、贵州和重庆等省(区)市，在这里，少数民族民俗文化有着其他内陆省份难以媲美的优越的生存环境。曾几何时，少数民族聚居的山区道路蜿蜒起伏，通向外面世界的路径极其不便。闭塞和贫困反而使得少数民族民俗文化传统比较完整地保留了下来。在这些民族中，以土家族、苗族、侗族、瑶族等少数民族人口数量为多，并且都使用本民族的语言。改革开放以后，尤其是近十年来，人们修路架桥，道路畅通后，进进出出变得便捷起来。少数民族民俗文化衍化为热门的旅游资源，备受关注。另外，在非物质文化遗产保护运动兴起以后，民俗文化的经济价值和社会价值逐渐凸显出来。一旦民俗传统资本化，维系民俗传统便自然成为一种文化自觉。从过去到如今，湖南少数民族民俗文化的生存土壤都是异常肥沃的。

　　不仅如此，长期处于汉民族文化的夹缝当中，湖南少数民族民俗文化铸就了顽强的生命力。如果说生存环境只是民俗文化得以延续的外在因素，民俗文化本身的多元与互动则构成了其牢固的传承系统。对湖南少数民族民俗文化进行分解，它至少呈现为以下六个方面的特色形态：一是以濮文化、巴文化、楚文化、苗文化、越文化和汉文化为源头的"历史文化"；二是以土家族、苗族和侗族文化为主体的"民族文化"；三是以民间信仰和儒道释融于一体为特征的"宗教文化"；四是以土家族、苗族、侗族、白族服饰为标志的"服饰文化"；五是以湘西北"湘菜"和渝东南"川菜"为特色的"饮食文化"；六是以转角楼、吊脚楼、鼓楼和"三坊一照壁"为标志的"建筑文化"。前三者侧重于内在，属于民俗文化的根脉和特质；后三者侧重于外在，属于民俗文化的日常生活世界。它们之间互为表里、互相依存，共同构建了湖南少数民族民俗活动可持续的常态性运行机制。

尽管民俗文化分属不同民族，但毕竟相处于同一区域空间。各民族民俗文化并非孤立地存在，相互之间有着密切的关联性。要系统展示湖南少数民族民俗文化图式，显然不能以单一"民族"为书写对象，将各民族民俗文化之间的内在联系割裂开来是不可取的。故而本丛书打破民族之间的壁垒，以"门类"立卷，将不同民族同一领域的民俗事象集中起来加以审视，努力寻求同一民俗事象在不同民族间的演绎脉络和差异性，这是一种整体观照的学术视野。当然，操作起来有一定难度，因为每一本书都需要顾及湖南省内所有的少数民族。

本丛书从民俗学的视角发掘、理解和阐释少数民族民俗文化传统，以传承和发展为编撰之宗旨。丛书第一批六部，涉及"信仰""礼仪""服饰""饮食""民居""工艺"六个方面。丛书总体设计宏大，触角深入湖南民族地区民间生活的方方面面，涵盖民俗文化的基本形态及日常的民俗行为、观念，为认识和把握湖南少数民族民俗文化提供了系统而翔实的知识谱系。有规模，方成体系，以往湖南少数民族民俗文化的呈现都是局部的，有很大的局限性。也曾有单本同类书籍出版，但难以产生广泛的社会效应。而本丛书是对湖南少数民族民俗文化全方位的展示，其价值是已出版的任何一本同类书籍难以企及的。从政治的高度而言，丛书立足于习近平总书记关于弘扬中华优秀传统文化系列讲话的现实语境，根植于中华优秀传统文化之土壤，可以满足国家乡村振兴战略的需要，是湖南优秀传统文化"走出去"不可多得的学术成果。

丛书的学术追求相当明确：一是以小见大，以点带面，深描各民族民俗文化的内部知识和行为表现；二是把民俗置于具体的生活空间中进行表达，还原民俗的生活状态；三是突出民俗之"民"的主体地位，即当地人是如何实施"俗"的，力图消除以往民俗书写只有"俗"、不见"民"的弊端；四是关注民俗的过程、具体操作的方式和行为，在具体的事件和语境中展开民俗叙事，而不是把民俗当作共性现象加以呈现；五是极大限度地使用贴近当地生活的语言，用具有方言特色的语言描绘当地风俗。当然，将这五个方面的要求贯彻到书写的过程当中，实属不易。至于落实到何种程度，只能交由读者去评判了。

丛书的作者都是湖南当地的学者，又是地方文化精英，具有深厚的草根情结，是民族民俗文化传统的积极传承者。他们有着长期深入少数民族地区的田野经历，掌握了大量的第一手资料，有着比较丰富的信息储备；他们对自己书写的对象非常熟悉，而且反复观察和参与过相关的民俗活动，最了解民俗事象产生的语境及程序、环节，是这一选题的言说权威，又禀受民俗学科学的涵养，是最适合进行丛书写作的人。同时，作者还肩负传承和弘扬民族民俗文化的神圣责任，如果没有一种担当精神，是不可能在规定的时间内完稿的。我作为主编，衷心感谢丛书的所有作者。

万建中

（中国民俗学会副会长，北京师范大学教授）

2020 年 4 月 12 日于京师园

服
饰
民
俗

纺棉线　染花布

◇　纺线与织布

◇　蓝靛与彩靛

◇　蜡染与扎染

棉花至迟在南北朝时期传入中国，自宋元起，我国的棉花种植开始逐步普及。明朝的徐光启在《农政全书》中将湖南的棉花称为"江花"。清朝李拔在《种棉说》一书中曾经写道："予尝北至幽燕，南抵楚粤，东游江淮，西极秦陇，足迹所经，无不衣棉之人，无不宜棉之土。"①

湖南地处中国中南部，属于亚热带气候区，受地形地势影响，气候温和、雨量充沛、土地肥沃，适合农作物生长。湖南一直是棉花生产大省，棉花产量位居全国前列。世世代代居住在这片土地上的人们，充分利用自然条件，辛勤耕耘，过着自给自足的生活。他们开垦荒地，种植棉花，纺线织布，染制衣服，解决自身穿衣所需。

湖南的棉纺及印染技术历史悠久。长沙马王堆汉墓出土的印花敷彩纱证实湖南在汉朝时期染织技术就已经达到了很高的水平。湖南传统的染色技艺主要有蜡染、蓝印花布、扎染等。蜡染主要集中在湘西土家族苗族自治州，以凤凰蜡染最为有名。蓝印花布主要集中在凤凰、常德、邵阳等地，印染出来的花布蓝白相间、图案精美，深受人民群众的喜爱。2008年，凤凰和邵阳的蓝印花布被列入国家级非物质文化遗产名录。扎染主要以凤凰苗族扎染为主，白族的扎染也很有特色。

（一）纺线与织布

1. 种棉

三月的湖南大地，万物复苏，春意盎然，是农民选购棉籽播种的好季节。种植棉花并不容易，从三月播种，到棉桃成熟，进行收摘，其间还得经过除草、追肥、打尖等工序。由于棉籽的外部留有棉花丝，以前种子都要先用硫酸去掉棉花丝，现在市面上的种子基本上都是已经处理好的种子。种棉之前，先用稻草灰把棉籽裹起来，这是民间给种子消毒的方法，据说裹得越黑将来收获的棉花就越白。俗话说"谷雨前，好种棉"。人们会在谷雨之前抓紧时间把棉花地整理好，除草松地完毕，待谷雨过后，挑选天气好的日子进行播种。许多少数民族种植棉花前还要举行专门的祭祀活动，如湖南靠近黔

---

① 李拔.《种棉说》，见《皇朝经世文编》卷三十七，贺长龄辑，世界书局，1964：85.

东南的一些苗族、侗族地区至今还保留着"种棉节",在种棉的那一天要举行祭祀活动。靠近广西的湖南壮族妇女在种棉时要由一位年长者挑一根树枝插在地头并在树枝下放一小块棉纱,带领大家唱祭祀棉花的歌谣。唱完祭祀歌谣以后,棉花地的主人会将棉纱绑在树枝的一端,手里握着另一端绕着棉花地画个圈儿,这个圈儿就成为一个保护圈,可以阻止一些鸟类虫类对棉花地的侵害。种植棉花需要动作娴熟且细致耐心,播种之前先用铁耙把土松开,把棉花种子一颗一颗均匀地撒在地里,再用一层松土把种子重新覆盖,待到雨水或者晨露滋润,棉籽就会破土发芽。这一时节是妇女们大忙的季节,她们往往要在一两天之内完成种棉。由于任务重、时间紧,种棉的头一天,许多人家会把已经出嫁了的姐妹请回来帮忙,邻居棉花地少的会帮棉花地多的,有时候连外村的亲戚们也会来帮忙。

苗族古歌中有一个关于"五色棉"的故事。传说有四位美貌的仙女,分别叫楼尼、楼姗、楼姐、楼妹,她们一路寻找珍贵的"五色棉",最后终于在一个叫做东球的地方找到了"黄色棉籽""黑色棉籽""白色棉籽"和稀有的"红色棉籽""绿色棉籽"。因为足足有五种颜色,所以称为"五色棉",又称为"五彩棉"。这四位仙女把从东球找到的"五色棉"带回了自己的家乡"吉楚"(据考证指"荆楚")平川上开始尝试种植。结果第二年整个平川都铺满了五彩的棉花,把人们住的地方都堆满了,每个地方都生长着"五色棉"①。在湖南怀化通道的侗族地区,种棉当天的早晨全家人要先去祭"萨",以祈求神灵保佑棉田获得大丰收。祭"萨"之后,全村男女老少各自出动,提着早就准备好了的腌鱼、腌肉,包着糯米和咸蛋作为午餐来到棉田里。他们三五成群,说说笑笑,青年男子在田野松土,女子则下种施肥,施肥主要用的是土木灰或猪牛粪便等农家肥。待活干完之后,他们会找一根树枝,在枝条上悬挂十二个鸡蛋壳,寄望棉花大丰收,棉桃能大如鸡蛋,同时在旁边插一根芭茅草和夹有辣椒的竹竿以避凶。晚上回家,大家杀鸡杀鸭,取出腌鱼、腌肉,操办丰盛的晚餐,如同过节。八月,棉花成熟,姑娘们就可以去摘棉花了。村寨里的姑娘们个个都是摘棉能手。她们娴熟的动作在湖南的许多地方戏曲如邵阳花鼓戏、常德花鼓戏、张家界阳戏、湘西阳戏等曲目中有所展现。邵阳花鼓

纺棉线 染花布

---

① 杨正文. 苗族服饰文化[M]. 贵阳:贵州民族出版社,1998:213.

戏《摸泥鳅》就有三伢子和满妹子在棉田里摘棉花的场景。表演时满妹子左手
轻提围裙，右手手指绕成兰花状，两脚交叉蹲于棉株前，用右手的拇指和食
指模拟摘棉花的动作，时而站起采摘棉株顶部的棉花，时而蹲下采摘棉株中
下部的棉花；时而手心朝下正手采摘，时而手心朝天反手采摘；时而单手采
摘时而双手同摘，有时还会有攀下棉枝将棉花拉在身侧的动作，有时还会配
合"三伢子"进行分工合作双人采摘，两人边摘边走，边走边唱，身段与动作
相互映衬、相互配合。可见民间艺术是真正从群众中来，源于生活并高于生
活的。说是摘棉花，其实也给年轻小伙子、姑娘提供了约会的大好时机。年
轻的小伙子抓住"摘棉花"这一难得的时机主动请缨，帮着姑娘干活以博得好
感。摘棉的过程中，有心仪姑娘的小伙会特别有激情，他们朝气蓬勃地一边
哼着轻快的山歌小调一边劳作。摘棉期间，人们早出晚归、不辞辛劳，年轻
的姑娘有时连小伙伴的邀约也会推掉，就像一首侗歌里唱的那样：Naeng mix
ledk laemp，jaeml janl demh，Ledk laemp bail lieeux，yaoc jaeml beix nup，jiuv
xeens minc，yp uth sksw。这首歌的歌词大意是：未插秧完，我邀约姑娘们上
坡吃三月泡（实为唱歌、玩山），个个推辞，不答应；秧田插好了，我邀姑娘
们上山采吃杨梅，人人埋头在棉花地里，没见影。这是侗家姑娘抢播抢收棉
花的真实写照。①

　　棉花的生长周期从播种到成熟大约需要半年，半年之后棉花成熟。摘棉
时，把已成熟且裂出棉花的棉桃先去掉棉壳，摘取带籽的棉花收存，一般都
在当年农历十月前摘完，如果摘迟了，部分籽棉会因为风吹雨打掉落在地面
上而沾染污渍或者受潮霉变，在棉田日晒过久也会影响棉纤维的韧度。摘棉
需要挑选天气晴朗的日子，阴雨和露水大的天气早晚不宜摘取，否则棉花受
潮不易保管。湖南一些苗族地区有个风俗，任何人都可将过期未收的棉花收
归己有，主人不会埋怨，众人不予谴责，不视为偷。人们从地里采来自种的
棉花，放在院子里，平铺在垫子上暴晒，将躲在棉花中的棉虫晒出，将棉花
生长期间掺入的虫屎、尘粒等杂质筛除，将没有盛开完全的棉花摊在院落中
晒松散开。然后，把晒好的棉花按照质量和成色分为上、中、次三个级别，
分类存放，方便加工。上等棉花用来纺要求较高的细纱、织细布，中等棉花

---

　　① 林良斌，吴炳升. 服饰大观［M］. 香港：中国国际文艺出版社，2008：11—12.

用来制作平时的便装、夹衣里子，次等棉花用来做被褥。从棉地中直接摘取下来的籽棉里面除了棉纤维外，还有棉籽和一些杂质，需要及时清除，这叫作"轧花"。旧时因缺少相应的机械设备，轧花相当困难，只得用手将棉籽细细剥掉，后来出现了轧花机，在纺线前利用轧花机分离棉花和棉籽，较为便利地获得了白花花的"棉花干"。轧花也要保持棉花的干燥，越是干燥，棉花和棉籽才越容易分离。轧花完成后，就进入棉花处理的后续环节——弹棉花。

弹棉花的目的是纺线，弹棉花对于纱线的最终质量起着重要的作用，棉花弹得好，更利于纺出均匀、细致的纱。民间传统弹棉花主要有两种工具，一种是脚踏的弹棉机，另一种是形如弯弓的弹棉弓，前者需要将棉花送到专门的弹棉处，后者则可以"上门服务"。弹棉花这门手艺历史悠久，是中国传统手工技艺之一。过去，湖南少数民族地区在忙完秋收之后，经常有扛着传统弹棉弓的师傅走村串巷给人们弹棉花。他们一般在某个清晨或傍晚来到村寨，找间空房或是支个棚子开始营生。他们用两条长板凳架起弹棉的弹床，铺好棉花，后腰带上插上一根竹片，竹片的片头用一根绳子吊起木弹弓，木弹弓约两米长，两端成钩状，弓弦由牛皮制成，弹打棉花时人面对弹床而立，左手握住弹弓，右手握住弹打弓弦形如啤酒瓶的木槌，由弓弦的不断震动把压扁实的棉花纤维反复弹打松软，有节奏地发出"咣——咣——当——当"的声音，直到把棉花弹好为止。据说这种弓弹的棉花比机弹的棉花要好，因而来村寨的弹棉师傅很受欢迎。湖南土家族的摆手歌里就有"棉花捡哩屋里到了，出车一把搬来哩，棉花炕斗里里炕在了，炕起干了哩……棉花哩出完了，弹匠公公接来了哩，弹匠公公哩……蹬蹬蹬里劲一下有，后生家一样哩。你把门板搬来哩，'翻呀''翻呀'做在了，弹起飞了，雪花飞了，胡子头发白了，三夜三天弹了哩，五夜五天弹了哩……"①唱的就是收完棉花之后请弹棉花的师傅到家里来弹棉的场景。20世纪80年代以后，机械弹棉机逐渐替代了弹棉弓，弹棉弓仅用来弹打棉被，到了现在，电动弹棉机更加便捷、高效。

---

① 湖南省少数民族古籍办公室. 中国少数民族古籍土家族古籍之一：摆手歌[M]. 长沙：岳麓书社，1989：284-286.

棉花经过弹棉师傅们的弹打成为柔软蓬松的精棉后需要进行搓卷。将适量弹好的棉花铺在桌上,中间裹住一根筷子般粗细的竹签或者高粱秆子作为轴棍,轴棍表面必须光滑,确保揉搓时不会刮花棉丝,双手使劲将棉花搓成空心的圆筒状棉条。除了轴棍,一些地方还有搓棉的搓板,搓板一般用杉木制作而成,长七八寸(一寸约为 3.33 厘米),宽五六寸,两面抛光,搓棉时将棉花平铺在搓板上,用轴棍卷起,待棉花将轴棍一层层包裹完毕之后还要不停揉搓,再抽出轴棍,棉花自然形成了小指头粗的一束一束的纺线初料——空心棉卷,便可进入下一步的纺织环节。

2. 纺线

过去,湖南少数民族地区人们的衣服基本都是自纺自制的。要想把麻、棉、毛等纤维原料加工成衣服,必须先纺成纱线。在我国,许多新石器时代遗址都曾发现大量原始的纺线工具,可见在当时就出现了原始的纺织技术。早期人们曾用陶或石头制成直径大约五厘米、厚一厘米的圆盘来纺线。圆盘的中央凿有一小孔,可以插上一根杆子,纺线时先把要纺的棉或麻缠绕在杆子上,然后垂下,一边提杆一边旋转圆盘,在旋转中不断添加棉或麻进行牵伸,等到纺到一定的长度就把纺好的纱线缠绕在杆子上,如此不断重复,直到杆子缠满为止。这种纺线方式非常原始,纺出的纱线不够均匀,速度也缓慢。在长期的生产劳动中,手摇式纺车很快替代它成为纺线的主要工具。手摇式纺车的历史迄今为止还无法确定,有关类似纺车的早期文献是西汉扬雄(公元前53—公元18)《方言》里记载的"繀车"和"道轨"。山东临沂金雀山西汉帛画和汉画像石上出现了最早的单锭纺车图形。1956 年,在江苏铜山洪楼东汉墓出土的画像石上面刻有村民们操作纺车纺丝、纺线的生活场景,展示了汉代纺织技术和纺织生活。从中可以看出纺车在汉代已经成为普遍的纺线工具,因此也可以推断出纺车的出现应该比这早一些。[①]

纺织是中国传统的民族手工艺。湖南的纺织技术在春秋战国时期就已经达到了很高的水平。《管子·小匡》记载楚"贡丝于周室",说明早在西周时楚

---

① 张立胜. 物华天宝[M]. 兰州:敦煌文艺出版社,2010:374.

国的蚕丝便被列为向周王朝奉献的贡品，"并通过中原，远销到今西伯利亚一带"①。在古代的东方民族中，百越是最早种棉纺织的，《吴越春秋》中就有"越罗谷纱"的记载。"流传于贵州省黎平县的一首侗族《盘古歌》这样唱：'请静听我唱首盘古歌，那些往事都有根源，……我们祖先原来是猿人，树叶置作衣，后来……'要代、玉美置棉布，去那树皮才穿上好衣服，我们穿的衣服都是他教缝，我们穿的棉布开始都是他种，……'"②歌中就有侗族人对于纺织起源的描述。湘西一带的苗族古歌里有："勒归发明纺车纺棉花，勒保发明织布的机床；勒归教四个女人纺纱，勒保教四个女人织布，旺几叫世上的女人纺纱，旺保叫世上的女人织布。这样，女的才来穿裙，这样，男众才来穿衣。"③湖南土家族的摆手歌里也有："今天的太阳出得好，棉纱棉线干得好。羊角织机搬来了，'起里垮那'织在了，'几呀嘎呀'做在了。"④湖南少数民族妇女们用自己的巧手，追寻先人的方法进行纺织，家家户户为一体，自给自足。纺车纺出来的纱一般较细，需要将两股细单纱捻成一股才可作为织布的原料。一匹家织布从棉花到布匹的形成要经历纺线、纺织、染布等多道工序。

所谓纺线，就是使用纺车把搓成空心的圆筒状棉条纺成棉线。纺线是妇女们制作家织布耗时最长的一道工序。湖南少数民族地区使用的纺车一般是与汉族手摇纺车大致相同的手摇式单锭纺车(图1-1)。这种纺车由车座、车叶、车叶连绳、摇柄、传动轴、大传动轮、车带、竹管、纺锤、锭子、纺芯组成。纺线需要很娴熟的技术，否则纺起来就会很困难。纺线时摇动手里的摇柄带动车叶，由车叶连绳传递给车带，车带带动锥管和纺芯。纺线时，妇女们从空心棉卷上捏下少许棉丝捏细，用口水粘在纺芯上，左手捏棉卷，右手摇纺车。右脚伸至锭子前，脚拇指缝控制竹管，手柄转动绳轮，带动锭子转动将棉丝捻成纱线，纱线捻至约1米长时松开脚拇指，朝相反方向转动绳轮，通过脚拇指缝控制移动，将纱线回绕在竹管上，如此反复，使竹管成为

① 黄能馥，陈娟娟. 中国服装史[M]. 北京：中国旅游出版社，1995：54.
② 姜大谦. 论侗族纺织文化[J]. 贵州民族研究，1991(2)：64.
③ 石宗仁. 中国苗族古歌[M]. 天津：天津古籍出版社，1991：29.
④ 湖南省少数民族古籍办公室. 中国少数民族古籍土家族古籍之一：摆手歌[M]. 长沙：岳麓书社，1989：288.

纺棉线　染花布

图1-1　湖南怀化通道侗族地区手摇式单锭纺车

两头细中间粗的纺锤形纱线锭，同时经常整理纱键，使其均匀，每锭重约0.1公斤。

　　将纺成的纱织成布还需经过浸碱、浆洗、牵理等工序。纺线都是妇女操作，以前村寨里的姑娘很小的时候就要跟着母亲学习纺线，十一二岁时，操作的熟练程度已像成年人一样。妇女们都干农活，并担负做饭、饲养等家务，所以纺线都在晚上和早上出工之前进行，晚上劳作到十二点甚至更晚。每年腊月到次年五六月为农闲，也是妇女们纺线的黄金时间。纺线要花很多时间，有时妇女们整个冬季都在做这枯燥的工作。很多时候，夜晚一家人围着火塘，大一点的女孩跟着奶奶或母亲学习纺线，小点的女孩子和男孩子则听爷爷或父亲讲故事。

　　纺线是考验耐心的一项技术，在纺线的过程中，还需要经过盘纱、煮纱、浆纱、牵纱等几道工序。

　　盘纱是纱线纺好之后，利用盘纱工具把纱线盘成一个中间粗两头尖的纱锭之后再拆转成子纱的一道工序。

　　煮纱要利用草木灰水将子纱浸泡并蒸熟，再漂洗、晒干，使纱线更为结实。这是很讲究的一道工序，将纺好的纱线浸泡于草木灰制成的碱水中，一个小时后，拿到河边用水清洗晒干就可以来煮纱了。

浆纱时一般先将薯莨、白芨和米粉浆三种原料洗净，然后把原料煮熟、捣烂、掺水、纱布过滤，用水调匀，再以慢火煮成黏性糯糊，放入棉纱进行揉搓，待棉纱完全浸透浆液之后取出晾干，再倒入第二道浆液即可。将通过碱水浸泡晒好的纱用白芨浆或米粉浆混合搅拌浸透煮透后捞出晾干。这道工序要一气呵成，边浸边揉，边挤浆水边炼，边洗边晒，纱线间才不粘连。之后将纱一支支地挂在竹竿上，每支各用一根小竿把纱扭紧，让水滴尽，待纱支干后解开再进行下一道工序。

牵纱是纺线织布过程中难得的集体合作的工序，也是在忙碌的农活时间村寨里的妇女们聚集在一起，一边干活一边闲聊家长里短的好时机。牵纱是妇女们各自将家里已经处理好的纱线用可收缩的"X"形轮车和纺锤形的竹篓倒纱成大纱纤，当地称为"斗府"。牵纱要选择一个开阔的地方，如凉亭或是晒谷场，最好是阴凉的天气，因为雨天容易淋湿纱，晴天太干燥又会晒脆纱。邀请几个好友一块来帮忙，将大纱纤放在牵纱架上，把七支纱合在一起沿木柱或木楔来回牵纱，在最末处绕成一端开口的"8"字，让每一支纱交错缠绕在木柱上。牵完纱之后立刻进行理纱，把牵好的纱线逐根牵进竹筘里挽在卷架上，二至四人手持木梳不断地梳理经纱和推移棕、筘，一头梳理好后轻轻拍打棉纱使其完全绷开，一头边转动卷纱板边卷入梳顺的棉纱，并隔一段距离用一个小木块间隔开以防止棉纱重叠过多而搅和在一起，同时要及时发现断纱并接好。棉纱梳理完毕后根据织布所需要的幅宽，将纱的头端穿棕穿筘后分层卷在卷架的卡槽里，将卡槽装到织布机上就可以织布了。筘和棕是织布机上用来分解经纱的主要部件，将棉纱分成相互交替的两组。筘是用竹片或木片做成的梳齿状筘眼，将纱线从筘中穿过，用以控制织物的密度和把纬纱推向织口。棕是用麻线制成棕丝，每个棕眼控制一根纱线，织布时，每当升起一组时与降下的一组之间形成两寸左右垂直高度的梭口，供梭子从中穿过。牵纱、理纱工序繁杂，很多村寨经常将很多家的纱线放在一家牵纱，大家一起帮忙，一鼓作气，牵纱、理纱在一天内完成，最后将理好的经纱轴(架)上织布机、挂筘、吊棕，安好织机后就可以选择一个黄道吉日开机织布了。

3. 织布

织布是一项非常耗费时间和精力的工作，多是中老年人操作。一般是织白布做坯布，染色后做衣服。织布机有一个单人床那么宽大，一般放在家中的阁楼上或主妇卧室采光比较好的地方。织布机的种类较多，各地织机的结构稍有差别，主要以平织机（图 1-2）和斜织机（图 1-3）为主，一些地方也有卧织机。平织机主要纺平布和方格布，斜织机可以织锦和织平布。平织机的主干骨架与地面平行，呈长方形，高约一尺六寸，长约四尺七寸，宽约一尺六寸。斜织机的主干骨架前高后低，机身与地面约成 25 度角，经轴架在前立架间，用卷布轴来收缩纱线，织布时一长一短的两块踏板（杆）在脚踏的重力作用下分别带动综丝进行纺织。卧织机属于一种踏板织机，利用织机的踏板将一层开口的综丝控制住，再搭配竹扦搭，既能够提高生产效率，又能保证产品的质量稳固牢靠。

图 1-2　平织机　　　　　　　　　　　图 1-3　斜织机

织布机作为织布的生产工具，在过去每户人家都是必不可少的。侗族自从祖先开始穿棉织品的那一天起，就有了属于自己的织布机。侗族织布机的起源可以追溯到非常古老的年代，侗族古歌《当初歌》唱道：

Dangl xup sax yangp	当初萨样
jiv dens dangh，	置事物
Maoh jiv dens dangh	她置事物
jiv dens mieec	置棉纱
Maoh jiv dens mieec	她置棉纱

jiv dens yal,　　　　　　置棉布

Maoh jiv dens yal　　　　她置棉布

jal daol nyenc donc xaih,遮体团寨人

jal nyenc donc xaih　　　团寨之人

liaivmaoh wanh xip gail. 托她换新颜

　　这首歌所阐述的意思是：人类最初没有衣裳穿，是"萨样"——侗族的祖母神缔造了棉纱和衣裳。托"萨样"的福，人类告别了以树叶蔽身、草叶遮体的历史。歌中虽然没有明确交代棉纱、棉布最初产生的时间，但说明了置棉置布的人是当初的"萨样"。① 据考证，侗族先民早在春秋战国时期就已经会种植葛麻，会使用织布机。虽然纺织工序复杂，但每当农闲时，随便钻进一家老妇人的农舍都可以看到纺车在飞快地转。织布对妇女们要求较高，心灵手巧才能织出好布。侗家俗语说："Banl weex ongl lainaengc jaenl yav, Miegs weex ongl lail naengc beenl jal。"②翻译过来的意思是：看男人耕的田就知道他是不是会干活，看女人织的布边缘整不整齐就知道她能不能干。所以侗家的姑娘都非常用心地学习纺线、织布，讲究精益求精，个个都是织布能手。在过去，小伙子娶媳妇，除了看姑娘是否会干农活之外，会不会纺织也是一个重要的考查标准。姑娘纺线、织布不仅关系着一家人能否自给自足、抵御寒冬，也是小伙子在外炫耀媳妇能干的"面子"，遇到家中日子过得拮据时，还能靠着纺织技术贴补家用。勤快能干、心灵手巧的姑娘在寨子里很受欢迎。因此，家中的女孩在很小的时候就会由母亲手把手地教纺线、织布，每当农闲时家家户户都会传出织布机的声音。小姐妹们在一起聚会时会讨论纺织技巧，互相比较谁家的线纺得更细，谁家的布织得更密。婚嫁迎娶时，姑娘们会把她们织的布、绣的花摆在最显眼的位置，可见纺织在当地女性心中的重要性。

　　纺布时，先要确定好所织布的长度，根据布长来理线，然后在一定的距离插上木杆，确定两头位置。将缠线盘上的棉纱前端抽出来，将线头逐列排好，在两头木杆之间来回拉，直到将所需的纱全部排列好为止。接着理顺好纱线，将纱线有序地相互交叉套挂在织机的"齿"上，然后与织布机上之前拆

纺棉线　染花布

---

①　林良斌，吴炳升. 服饰大观［M］. 香港：中国国际文艺出版社，2008：27-28.

②　林良斌，吴炳升. 服饰大观［M］. 香港：中国国际文艺出版社，2008：30.

下来的旧布头连接，以纱的头端为起点，将纱线全部卷起来，并压入卷架的卡槽里作为纱头，安放竹筘的木架上悬吊臂端，借木架的自重用手来回摆动以推纬、打纬、紧纬。将穿好的棕、筘分隔之后，把经纱卷在经轴上机后，拿一个木头的长柄卡在卷轴的角上以控制车转动吐经，一只手转动卷布，另一只手扯着经纱，操作时双脚踩着两块踩板，使两根上下所扣的经线各往上下拉开，张大梭子来回的路线，于是一手忙着织布，一手麻溜接布，接着把挂在木架子上的竹筘拉下来紧纱。如此，根据穿梭情况的需要，左踩右放，右踩左放，灵活运用，两组经纱跟着一起张开，相互交替；两手更是如飞如舞，轻巧自如，有条不紊，得心应手。此外，在织布过程中除了上述操作，还有很多细节。其中为了保持布面宽窄一致，用一适当的篾片呈弧形绷紧布面，每织上一节布将之跟着前移。当不便于操作的时候，抽出布卷上木梢子转动布卷，将此节布卷入布卷里。为了便于穿梭，每当放过来一节经纱都用涂了蜡的蜡杆上一次蜡。梭槽内的经纱管上面的棉纱用完之后，予以更换。而备用的经纱管上面的棉纱全部用完之后，另行缠绕。织平布一天大概可以织三至五米，除了织白坯布，湘西一带的苗族老人还喜欢织花布。要织花布，则需要将浆好的纱线直接染色再织。

4. 缫丝与绩麻

湖南少数民族的纺织技术，除了纺线织布，还有缫丝、绩麻。缫丝是为了纺出丝线，织出丝布。湖南气候温暖湿润，十分适合种植桑树。苗族的《养蚕歌》道出了苗家植桑养蚕有着十分悠久的历史，苗寨家家都种植桑树，户户都养蚕，都掌握了很好的缫丝技术。缫丝先从养蚕开始。每年春天，蚕蛹破茧而出成蝶，养蚕人家在蚕房铺上厚厚一层干草，让蚕蝶在上面产卵，等蚕卵变成幼蚕，采来新鲜桑叶切碎喂食。蚕要细心照看，晚上需要喂食三四遍，同时要注意蚕室的清洁，蚕的粪便很容易引起细菌感染，蚕的幼虫会生病或死亡。并且蚕的幼虫最忌刺激性气味，类似煤油、农药、酒等，对蚕的发育不好。更要防止虫类鸟类叮咬破坏。蚕室温度不能过高，到一定时候，还要在蚕室搭一些树枝，便于蚕爬上去吐丝。等蚕全部变成蛹之后，把茧放在大锅里用沸水烫煮，同时用棍子搅动。煮完之后，准备一个竹弓，将茧抽出丝头，套在竹弓上，缫拉成线，晾干备用。缫好的丝线，有的用来制成蚕丝服、蚕丝被，保暖效果好。有的用来做装饰品，用染料把蚕丝染成各种颜色，可以用来刺绣、挑花。

　　除了桑蚕，古时少数民族地区还织麻为衣、搓麻为绳。麻是从各种麻类植物中获取的纤维，麻的种类很多，主要有苎麻、黄麻、青麻、大麻、亚麻、罗布麻、槿麻，等等。可以作为纺织原料的有很多，如亚麻、罗布麻，粗细长短与棉相近，并且有很好的透气性，可以散湿散热，并且轻盈，穿在身上凉爽、防蚊虫且不易污染。麻质纺织品可以与许多材质混纺，例如棉、毛、丝或者化纤等。黄麻、槿麻的纤维较短，只能用来做较硬的麻袋，不适合人体穿着。少数民族地区种麻绩麻的习惯一直延续下来，至今很多人家仍然在家中保留着麻线和麻布袋，在一些祭祀活动和白喜事中使用。

　　少数民族对种麻的土地选择十分严格，最好是背风向阳、灌溉方便、离村寨较近的良田或屋边地，每一片麻田面积都不是很大。每年的三四月份春暖花开、降水充沛，正是种麻的好时候。同种棉花一样，妇女们计算好麻田的面积，让家里的男人提前挖好麻地，将土翻松，浇水后给土施一层肥料，把种子均匀地撒在土地上，再盖一层薄土，最好能在上面撒一些草木灰，盖上保暖用的干草之后播种就完成了。当麻苗长到四十至五十厘米高的时候需要间苗和除草，麻的成长要定期杀虫、经常浇水，保持土壤的湿度，促进生长。麻一般一年三收，从下种到收割大约七十天。等到植株长到两米左右，叶子变黄脱落，植株也由绿转黄时就可以收割了。一般麻第一次收割在五六月份，第二次收割在七八月份，第三次收割可以到十月份。为了留存第二年的麻籽，收割时不能够全部收完，还要挑几株茁壮的麻留下来让种子发育成熟。麻收割完晒干，捆成小捆搬运回家放在避雨的地方。麻纤维里含有大量的果胶，如果不及时除去会影响麻的色泽和质量，民间采用沤麻法和沸煮法来脱胶。沤麻可采用露沤和水沤，露沤是在晴天的晚上将麻拿到屋外吸"露"，连吸几晚便可开始刮麻。麻晾晒干透后，一家人围坐在一起，一边聊天一边刮麻。有的家庭如遇农忙，来不及刮麻就会将收割后的麻直接放在木盆里或家中的水池里泡着，称为水沤，沤好之后，用竹片制成的麻刀刮出麻片，再用木槌捶打蓬松。把两片麻的尾端条分缕析地撕开，捋顺了像挂面一样晾成一排，再将尾对尾地交叉搓扭，使它们紧密连接在一起，用同样的方

纺棉线　染花布

法将麻片头部同样撕开，分别与另两片麻片的头部搓扭接紧，这样一片一片地将头部接头部、尾部接尾部地接下去，然后绕成"8"字形麻线。绩麻完成后，把水和干草灰按1∶0.1的比例放在锅里搅匀。麻线煮沸大约一小时，完成第二次脱胶。第二天用清水捶洗后扭干晾晒，然后再用草木灰水煮，如此反复三四次，直到麻线变白为止。煮过的麻线十分紧致，经久耐用。清洗麻线时最好到河边或是宽敞的水渠边去冲洗，清洗时一边清理麻线里的草木灰渍和脱落的麻片，一边抖动麻线将其理顺，将麻片浸泡蒸煮晒干后搓软才能分出细如头发的麻丝来。麻丝用专门的纺车纺，可以纺出细麻丝织成麻布用来做衣服；用手在大腿上搓就扭成"8"字形的麻线，可用于纳鞋、缝衣、钉被等。

（二）蓝靛与彩靛

1. 蓝靛

早在周朝，中国的染色工艺就已经比较成熟了，专门管理染色的官职有"染人""掌蜃""掌炭""职金"等七个之多，集中专业的管理使古代染色技术水平高超，织物颜色丰富。湖南民间的蓝靛染色工艺历史悠久，先秦时期，勤劳的祖先们就知道大量种植蓝靛，并使用蓝靛染布。

（1）蓝靛的历史

蓝靛是一种纯天然的染色材料，它指的不仅仅是一种植物，而是蓼蓝、菘蓝、苋蓝、吴蓝、马蓝以及木蓝等植物的统称。换而言之，凡是可以制成靛蓝（靛青）的植物，都可叫为蓝靛。我国早在夏朝就已经开始种植蓝靛了，《夏小正》写道："五月，启灌蓼蓝。"意思就是到了五月份，人们可以种植蓼蓝（蓝靛）了。《诗经·小雅·采绿》中记载："终朝采蓝，不盈一襜。"[1]东汉时期的文学家赵岐路过陈留（今河南开封一带），看见漫山遍野的蓝靛曾写下《蓝赋》。古人在很早的时候就了解了蓝靛的种类。郑樵在《通志》中把大蓝、蓼蓝、槐蓝统称为"三蓝"。方以智在《物理小识》中也有对蓝草的记

---

① 柴颂华. 图解湘西苗族民间印染[M]. 成都：西南交通大学出版社，2016：10.

述："蓝有数种，槐靛叶似槐，以五月种，畏水浸之；蓼靛叶团；大叶蓝似苦荬；惟山靛染易上青，叶似赛兰，三月插条种之。"湖南地区盛产蓝靛，野靛在山区丛生。蓼蓝生长于水沟边（也有叫水蓼），喜欢潮湿的环境，茎直立，高五十至八十厘米，叶子呈宽椭圆形，花朵为淡红色，果实为宽卵形，既可以染色，也能入药，有消毒、止痛、止痒的功效。用来染色的部位是叶子。蓼蓝在史书上第一次出现是在魏唐，因为它的不稳定性，所以一直到唐宋都没有把它用来做靛。唐朝《新修本草》中说："蓼蓝不堪为靛，唯作碧色尔。"宋朝《本草图经》说："蓼蓝但可染碧，而不堪作淀。"直到明代才把蓼蓝做成靛。

马蓝又叫山蓝、山青、大青，湖南少数民族一些深蓝色的家织布就是用马蓝染成的。和蓼蓝一样，马蓝也喜欢潮湿的地方。湘西南和湘西地区时常阴雨连绵，非常适宜马蓝的生长。木蓝又叫作茶蓝，早年运销欧洲，其根部就是我们熟悉的板蓝根，可以提取蓝色。村民们既可采集野靛，又可以种蓝，到了六七月间，蓝靛叶子变青就可以采集了。制靛的蓝草种类很多，湘西苗族多数种植蓼蓝。"窝雅""窝娘"是苗族对蓼蓝的叫法。农历三月中旬是种植蓝草的时节，也是种蓝人最忙碌的时候。蓝的种植分为两种，一种是把上年留好的茎剪成一段段直接插进土里，另一种则是秋天收割的时候就把种子播种，等它来年自行发芽。五月份去除杂草并把长势差的苗子拔掉，撒上化肥。蓼蓝像韭菜一样可生两茬，六七月份除草追肥时可以进行第一次收割。七八月份可将收割过的蓝草存放在地窖里。待到三个月后将余下的蓝草再收割一次。蓝草因为本身就有很强的药理性，一般不会招虫子。有经验的收蓝人都会选择在太阳还没升起的时候趁着雾气收割，这时蓝草还没经过太阳的照射，水分尚未蒸发，叶片相对肥美。待到快入冬的时候把茎剪下来，挖好一个深坑，铺好稻草把茎放进去，再盖上树枝就可防止霜冻。蓼蓝对土壤要求较高，一般在蓼蓝茂盛生长的地方，土壤底层会有赤铁矿，因此汉朝张华写道："地多蓼者，必有余粮。"

（2）蓝靛的制作

秦汉之前，每当蓝草收获的季节，人们都会采集大量的蓝草，把它们捆在一起，整体剁碎，泡出染色的液体，并制成不溶于水的蓝色染料。这个过程要非常注意加工以及放置的时间，如果放置的时间过长，染液会变成蓝色的沉淀物而无法染色。因而每当蓝草收获时，村寨里的染匠们都纷纷忙碌起来，抓紧时间调染液、染花布，提炼出来的蓝靛要赶紧使用，否则会失效。

关于蓝靛染布，有这样一个故事。相传曾经有个姓梅的小伙子，一跤摔倒在了地里，他发现衣服沾染上的黄色怎么也洗不掉。一天他挂在晾杆上的衣服掉在了一堆蓝草上，衣服立马变得蓝一块、青一块。他的一个姓葛的好友得知此事，于是两人一起研究其中的奥秘，终于弄懂了蓝草的原理，摸索出染布的技巧。于是他们俩成为染坊的祖师爷。关于梅、葛二位先生染布，民间还有一则传说。从前有对善良的夫妻，常年受到哥嫂的欺负，房子、田地都被哥嫂以不正当的手段给夺走了。夫妻俩走投无路只好一边乞讨，一边做短工为生。有一天，夫妻俩帮别人在田里干活时，看见对面走过来两个浑身脏兮兮的乞丐，夫妻俩见他二人可怜，将自己仅有的两个馒头给了他们。两个乞丐心存感激，一边道谢一边朝地上撒着种子。两个乞丐离开之后，突然一阵狂风刮过，他们撒下的种子全部长成了草，锄都锄不掉。正在诧异中，丈夫突然想起乞丐在走前告诉他们这种小草可以用来染布，夫妻俩按照乞丐说的方法割下这些草，找来一个大缸把草浸泡在里面，等到第二天缸里的水有点黄之后再加了一点酒，这时白布很快变成蓝色。夫妻俩把这种草取名叫蓝草，在懂得染布技术之后，夫妻二人借了点钱开了家染坊。随着染布水平的不断提升，染坊的生意也越来越兴隆。原来那两个乞丐就是传说中的染仙——梅福和葛洪，他们看见夫妻俩为人真诚善良，生活又穷困，便把蓝草和染布的方法传授给了他们。从那之后，夫妻俩的染坊供奉二位染仙，并且把染仙传授的染布技术发扬光大。直到现在，湖南、湖北的一些地区每年九月初九重阳节和十月二十二日，染坊内都要祭祀梅、葛二仙，祈求染仙的保佑。

民间也流传着另外一个故事。一个村子里有两位染匠，忙活了一天都没有把染缸里的染液用完，眼看染液就要变成沉淀物了，两人气得喝酒解愁，其中一人不小心把酒瓶踢翻了，掉在染缸里。第二天醒来一看，缸里染液上面居然漂着很厚的泡沫。二人用棍子将染液搅拌，沉淀物质竟然神奇地消失了。他们觉得奇怪，就放一块白布下去试染，看和之前有什么区别，于是神奇的一幕发生了。白布慢慢被染成褐色，随着时间越来越久，开始渐渐地发生变化，变成了蓝色，而且颜色可以保留很久。显然，经过酒精的作用，布的固色时间变得更长了。两位染匠高兴坏了。原来蓝草染料加入酒精不仅不会破坏染色的效果，还会延长染料的固色时间。后来染匠师傅根据这个原理，在染料中加入一种具有还原性的酶，让不溶于水的靛蓝染料还原为电容性靛——隐形酸，以达到延长染料寿命、稳固颜色的目的。从此，这个技术流传下来并被人们广泛使用。由于这种植物所制成的染料颜色为蓝色，所以又被称为"蓝淀"，人们还专门造了一个字来概括它——"靛"，意为青色的沉淀物。

种植蓝靛需要黑沙土壤，雨水丰富。在头年腊月的时候，把土挖至大约两尺深，二三月，太阳出来的时候，把土再次挖松，规整一下，整成行列，深六寸。然后把三到五颗蓝靛的种子栽进去。等种子发芽出土的时候，用枯灰和粪料施肥，把杂草薅锄二三次，靛草就会长得非常茂盛。立秋至白露前的三四天就是成熟期，村民们先把发黑的老的靛叶摘掉，因为老的靛叶会影响新叶子的成长。待到了霜降前的四五天，拿刀收割，挑出好的靛草放在缸里浸泡，做"靛精"。每一百斤靛草需撒入四十斤左右的石灰，还要时刻关注着气温的变化，每一天翻一次。等到染液逐渐变为深绿色的液体时，捞出靛渣，用木棒子把染液搅匀，等"靛精"慢慢沉淀到缸底，接着把上面的水从暗沟放出，只留"靛精"。"靛精"被村民们用瓢盛到箩筐中，带回家后用缸贮藏。等开始染布的时候，就把"靛精"取出来放进染缸里，烧火煮开，然后把布放进缸内上色，还要时不时搅动，让布受色均匀，蓝色、青色均可，染出来的布色泽鲜艳，与快靛染效相同。

①制靛

魏晋南北朝时期，制靛技术得以引进，并在中原广泛传播开来。最开始，人们先用菘蓝制靛，后来发现的蓝草种类越来越多，制靛的原料也丰富起来。蓝靛制作的时间一般选在夏天最热的时候，这样有利于蓝草的发酵，制作出来的蓝靛颜色更鲜艳。在湖南，村民一般从农历七月开始采蓝草，一直到农历十月。野生的蓝草采集起来比较慢，家家户户更多的是自己种植蓝草。蓝草采集回来之后，清洗干净放进一个直径约八十厘米、高一米的杉木染缸(过去用木桶，现在也有用大塑料桶或者橡胶桶)里，倒入清水没过蓝草。制作一缸好的染料水温很重要，于是就有聪明的人想到了一个办法。在缸里盖上一层草，可以用最简单的杂草、茅草或者蒿草，等等。盖了一层草会延长水分的蒸发时间，并且减小水温昼夜变化。每缸泡十五六斤生叶，待叶子全部没入水中，上面用一两块砖头压实(图1-4)。泡制之前，如果染料原料里有板蓝根，还会用木槌子把板蓝根捶碎，再放进缸里发酵(图1-5)。民间又把这一过程称为"起染水"。泡制时间依据温度而定，天气热、温度高只需要两至三天就行，如果天气冷、温度较低，则需要五天至一个星期。待蓝草泡软，用一根长棍不停地搅拌，再将缸盖上。值得特别注意的是，在这期间一定要防止油盐或不干净的东西混入染缸内。待两三天后，当把缸盖揭开时，一股药草的清香就会扑鼻而来，这时观察水里是否有暗红的丝络，蓝草叶是否变软，如果有暗红的丝络并且叶子开始变软，就说明已经发酵出染液了。等蓝草叶泡到基本脱色后，把它捞出来，倒入一斤左右的石灰水，一般一缸需要一斤左右，之后不断搅拌，使两者快速发生化学反应，直到染液开始浮现白色泡沫(若先出现的是蓝色泡沫，则继续搅拌，直到出现白色泡沫)(图1-6)。发酵至出现白色泡沫时，靛水的颜色已经逐渐变深，呈深蓝紫色。生成的沉淀物就是蓝靛。第二天，发酵结束，蓝靛沉于染缸底层，将上面的水倒掉，进行过滤，只剩靛泥，每缸十五六斤生叶可生产两斤半蓝靛(图1-7)。把靛泥用塑料纸包装封存，等待蓝靛晾干之后再仔细观察，如果蓝靛的颜色黑而发紫就是发酵成功的蓝靛；如果蓝靛的颜色呈深蓝色就说明石灰放得太少；如果蓝靛的颜色是灰蓝色就说明石灰太多，布很难上色；如果蓝靛完全变成黑色，那就说明蓝草叶子浸泡得太久，靛叶成了烂叶，如果用这种蓝靛来染布，染色效果不好。最后把蓝靛密封在陶瓷或者塑料桶中，压上石块，保持干燥，一般可保存三至五年，这期间有需要染布时，随时可以拿出来用。在过去，要选日子祭拜靛神后才能开始制靛，还要准备好制靛的工具。因为制靛受天气、温度、石灰水等因素的制约，不太容易精确控制，人们只好祭拜靛神，请靛神来保佑制靛过程一切顺利。整个过程需要准备一只活鸡、一瓶酒、一碗红烧肉，祭拜的时候焚香宰鸡许愿，向靛神祈祷和表达愿望。

图1-4　浸泡蓝草

图1-5　捶板蓝根

图1-6　放石灰水

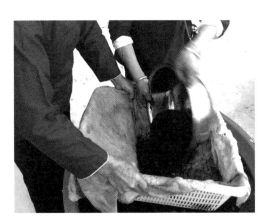

图1-7　过滤

②染色与固色

织好的白坯布，待制好靛后就可以进行染色了。早上，将要染色的布放入染水中浸泡，中午捞出放在染架上滴水，下午依旧重复上述工作，晚饭后把半斤蓝靛放进染缸里搅拌均匀盖好。第二、三天同第一天一样，不停地浸泡、捞出、浸染，连续三天后拿出染好的布到河里清洗。清洗很简单，将染好的布浸泡在河水里，然后折叠成长二十厘米、厚五厘米左右的布堆，放在水里轻轻拍打，然后晒干，就完成了印染的第一道工序。对已经染色晒干的色布再按第一道工序反复添料、捞出、浸染、清洗、沥干，经过至少三遍靛染之后，白布就变成蓝色或藏青色棉布了，也可以根据各自对颜色的要求确定浸染次数，需要的颜色越深，靛染的次数就越多。这期间染水每天要放半碗蓝靛，有的还加半碗酒，称为"喂靛""养靛"。每次"喂靛"之后，用木棍

纺棉线　染花布

沿着桶壁迅速转动约二十分钟，就可以继续染色了。染好的布要固色才不易褪色。固色的方法是将一定量的黄豆磨成粉（或将白芨捣烂）加水搅拌，用布过滤去除废渣即成浆水，倒在备好的木缸（或木桶）中，再往缸中加水，使缸中的浆稀一些，将染好的布浸在浆水里，待浸染透后理顺晒干。晒干后再放入染缸里浸染（要加入新的靛在靛水中），再捞出晾干。这样反复地泡浆、晾干、浸染、蒸布。

侗族妇女爱美，会将自己织的土布染成侗布，如蓝靛染蓝、茜草染绛等。侗歌《嘎乜》唱道："棉纱不织成布，怎样也做不成衣裳。用树叶来染衣服，哪里会有蓝靛那样发亮。"[①]侗族的蓝靛染料以蓼蓝、马蓝和木蓝三种蓝草为主。染布时，先将漂洗好的白布一头缓缓放入染缸，把这一头染好再一节一节地染另外一头。染完晒干的布还要放在牛皮胶水中浸泡，叫作"上皮"。上皮这道制作工序是为了保持颜色稳固，使其不容易脱落。上色的固体胶是从牛皮中提炼出来的。制作牛皮胶需要经过三道工序，侗族妇女分别把它们叫作初色胶、深色胶和成色胶。这种胶液的提炼方法是：把一块晒干的牛皮去毛洗干净，用文火熬成黏胶状，然后进行降温，用棕片活纱布将皮渣和一些杂质过滤掉就可以得到天然的牛皮胶了。现在在家里自己用牛皮制胶的已经越来越少了，人们一般都是去市场购买现成的牛皮膏熬制。侗布至少需要上三次胶，才能使染布颜色更加稳固，每次把布匹下缸染三次，当地人把这一环节叫作"每皮见三缸"。每次上胶需要用到两至三张牛皮。经过初色皮、深色皮、成色皮、着茛，整个过程要反复四五次。

初色皮。经剎白处理之后上初色皮。布匹放进染缸之后，在染料的作用下，呈现出浅蓝色叫作初色。接着给它上头一道胶液。具体操作方法是：预备脚盆，把盛胶液（经加温）的器皿放于边上，往盆内倒入少许胶液，把晒干卷成筒的布匹放到盆里，拉开头端的一节，使之充分浸透胶液，然后以此为轴心再卷成圆柱形布卷，边卷边淋胶液，再揉搓湿透。直至把原来的布卷全部拆开淋透胶液，又卷成一个新的布卷为止。再把布卷摊开，挂到晾杆上晒干胶液，连续下缸过染三次，即下染缸浸透染液又当即捞起来晒干，又下缸过染又捞起晒干，反复进行。此后又将布匹卷成圆柱形，为下次上胶液做准

---

① 龙耀宏，龙宇晓. 侗族大歌·琵琶歌[M]. 贵阳：贵州人民出版社，1997：10.

备，这是初色皮的染色过程。

深色皮。在上述操作环节的作用下，布匹由浅灰色逐渐变成颜色均匀的深灰色，为了固定这层颜色，又上一次胶皮，其操作方法同上。

成色皮。所谓成色就是成品的颜色。这道工序是在布匹着茛之后进行的最后一次上皮，是为了固定布匹成品之颜色，使之经久不褪。

着茛。着茛与上皮相同，只是过染的次数比上皮多一些，达七八次。着茛之后，布匹应该呈现棕红色，但由于底色的缘故，再加上多次过染（每次过染的时间浸泡不长，以防脱茛），因此呈现出来的颜色比棕红色更为深沉优雅、美观大方。由此处理过的布料，侗家称之为"茛布"。

蒸布。侗布经过上皮、着茛之后还需在器皿中进行水蒸气处理。侗家人一般在初春的时候蒸布，一蒸就要一整夜，蒸完过十天半月后还要按照上面的方法再蒸一次。蒸过两次的布匹，色泽、质感更好。初春时节，气温还是有点低，几家人就聚在一起蒸布，大家一边蒸布一边绣花、纳鞋底，嘴里唱着侗歌，到了晚上，大家还动手烧锅浓茶、吃着点心聊天，这样一来，时间很快就过去了。小伙子们借机邀姑娘们前往坐夜，一起唱侗歌。姑娘们在蒸布时，经常拿几个鸡蛋摆在甑口上，给小伙子们享用。据说小伙子吃后，蒸出来的布会更加鲜艳。

捶布。捶布就是用木槌来捶打布匹。布匹需要经过反复捶打，这样可以使布变得紧实；另外侗布经过捶打之后表面光滑，具有反光效果，光泽感强。捶布只能用木槌，相比于铁锤、石锤，木槌的力度最恰当，在布上着力也均匀，不会捶坏布。捶布一般在早上进行，因为早上露水重，室外挂晒的布被露水

图 1-8　捶布

打湿而变得比较湿润，易于捶打。捶布方法也很讲究，把布匹折叠成几层，放在光滑平整的石板上，面向外，慢慢从布端开始捶，均匀用力，反复捶打多次，同时要求重心对正，不能偏向，以防木槌沿口咬损布匹。布在反复捶打中即进行了轧光处理，表面鼓起的一些绒毛纤维被压平，面料的空隙变

纺棉线　染花布

小，整体变得平滑、光亮。捶好的布再次进染缸染色，再拿到河里洗净晾晒，既能固色，也增加了光泽，布匹就可以用来缝制衣裤了。布被捶打的次数越多，质量越好，越光亮。侗族人家家户户都要捶布，许多侗家村寨街头巷尾或是村道旁边及路口大都放着一块又长又大且表面平整光滑的岩石，专供大家捶布使用。平坦、宽敞、凉快的鼓楼，除了议事、开会外，也是捶布的好地方。妇女们常常三三两两，一边扯家常，一边捶布（图1-8）。有些地方的妇女只捶一次侗布，捶出来的布匹颜色深厚，古色古香。有些地方的妇女会捶三到五次，甚至更多，捶布的力度也偏大。这样经过反复染洗、反复捶打后制作出来的布更光滑、透亮，色泽更加鲜艳。有的布匹还呈现出铜红色。布匹捶好之后卷成圆柱形布卷，储存在家中，裁制衣服时再取出来使用。

③侗布

湖南很多侗族地区盛装所用的衣料都是侗布。侗布也叫亮布，又因为制作时要用到鸡蛋清，也叫"蛋浆布"。侗布是侗族最有代表性的服饰面料之一，工艺非常复杂，与刺绣和织锦相比一点也不逊色。侗布是把家织布先用蓝靛、茜草等植物染料进行染色，再辅以鸡蛋清或豆浆水、牛皮胶等进行上浆处理，然后通过反复捶打、染洗，使布匹的表面呈现出光亮如漆、纹理若隐若现的效果。侗布工序复杂，完全不逊色于侗族织锦，备受侗族人民的喜爱，是侗族人民用于制作盛装、赠送亲友的佳品。若想侗布颜色光亮并更加固色，就在靛染之前把普通侗布放在甑子中蒸，然后再进行染色，反复染两三次，再漂洗，晒干，直到布泛红。甑子是侗族人特有的蒸布工具，也是侗族人在几千年制作侗布的过程中反复试验总结创造出来的。要想让染出来的侗布发红发亮，最重要的一点就是在蒸的时候要加一些植物药草。所以很多人家在蒸布时会在甑子的底层铺上一层稻草，稻草上按照顺序放上一些干辣椒和带红色的花草。每个地区所放的布蒸草都不太一样，如黎平肇兴地区除了放干稻草、干辣椒以外，还多了一种带毛的杜鹃花茎叶。蒸好的布拿去晾晒，干后捶打至发亮。至此，又红又亮的亮布就基本做成了。① 总体来说，侗布的制作过程为靛染——薯莨染——上牛皮胶——捶打——汽蒸，在具体

---

① 苏玲. 侗族亮布［M］. 昆明：云南大学出版社，2006：43-44.

操作中可参考以往的实际制布经验进行调整，将其中的某些环节反复进行。捶打与靛染的次数影响着侗布的成色，对于侗布的颜色与光泽度，不同地区人们的喜好也有所不同。如湖南通道地区的侗族，侗布的颜色大都是深沉的暗紫色，含蓄而内敛；贵州从江、榕江一带的侗族，侗布的颜色更加鲜亮，呈现出铜红或铜黄的光泽感。为了追求这种鲜亮的颜色，这一地区的侗族人在制作侗布时还会加入鸡蛋清和牛血来固色。有的地区的侗族人不喜欢侗布过于红艳，想制作双面颜色，在制作中将黄豆水倒进木盆，将布平铺在木盆里，浸没于黄豆水的一面晒干后颜色变黑，这样可以使侗布正反呈现出两种不同的颜色。侗布制作周期长，工序烦琐，要得到一匹好布，历时约两个月。虽然为了固色，已经经过反复甑子汽蒸处理，但是相较于运用现代技术机械化漂染的棉布而言，手工侗布还是存在易掉色、易褶皱、易裂缝并且不能水洗的缺点。所以侗族人将这种得来不易的布大都用在盛装服饰的制作中或做成嫁妆，平时放在衣柜中，遇上重大节日才拿出来穿上。

侗族人也喜用这种亮布做百褶裙。侗族的百褶裙用料一般六丈左右，裙长略微过膝。制作时将布裁切好铺平折好并在上面涂抹浆料。侗族常用的浆料有三种：黄豆浆、青柿子浆和鸡蛋清。制作时用手将裙子均匀地一褶一褶地折起来，每折好一段就用脚或者用石头压好，然后涂抹浆料。三种浆料都要涂抹，涂抹的顺序也有讲究。第一步是黄豆浆，先把黄豆剥皮放入碗中碾碎调成浆，然后抹在褶峰上，每块布要涂抹三次以上，涂的时候要注意抹均匀，过厚或过薄不易干；第二步抹青柿子浆，青柿子浆是将柿子捶烂然后用纱布过滤挤出柿汁，等到黄豆浆干了以后再涂抹，同样不能过薄或过厚；第三步抹鸡蛋清，在鸡蛋壳上开一个小洞让蛋清流出来，涂抹到百褶裙褶峰上，涂抹时动作要轻，不要将蛋清渗到褶谷的凹槽里，涂抹三至五次，做一条百褶裙要耗费鸡蛋至少五个，抹完蛋清之后再蒸煮，固定蛋清。如果不喜欢百褶裙的褶峰太亮，还可以放进染缸再加染一次，这样做出来的百褶裙亮度适中，走起路来还会有忽闪忽闪的条纹亮光，很是好看。总体而言，一个侗族妇女一生中穿着侗布盛装的次数不过数十次，侗布服装的珍贵性就不言而喻了。

④染布禁忌

染布时，一般不讲究日子，但也有一些禁忌。有些苗族人家认为染布在浸染、浆洗、晾晒过程中如果被飞鸟粪便污染，就必须拿着这布匹到厕所走一圈再拿回来用。因为被鸟粪污染的布用作衣物布料穿在身上会容易生病。把脏的东西拿到脏的地方，可以把附在布上的脏东西留在粪池里，布就干净了。孕妇不能染布，担心孩子生下来会像染料般花脸。村民常常会在墙上贴上红纸，目的是驱邪。染色的方法从祖先流传下来，但在制作过程中总有不确定因素，为祈求染布顺利，民间染匠会在墙上贴上吉祥词，寓意一帆风顺。

2. 彩靛

中华服饰多姿多彩，在古代封建社会，服装的颜色除了有装饰功能之外还有显示身份等级的重要作用。历史上不同的朝代对色彩的要求各有不同。商周时期，不同服装的颜色代表不同的社会阶级，黑色代表奴隶，朱红、鹅黄等鲜艳颜色是专门为贵族织造衣服的，赭色、褐色是平民多用的颜色。到了隋唐，黄色成为帝王的专用色，平民着装更有严格规定，各个等级官员的服饰也需严格按照颜色划分。宋中兴年间规定了"四品以上紫，六品以上绯，九品以上绿"的官服色彩，各级不得僭越。多种颜色的汇聚形成了中国上下五千年的绚丽华服。明代的《天工开物》《天水冰山录》记载了57种色彩名称，到了清代《雪宦绣谱》一书中出现的颜色名称多达704种。明清时期，我国在染料制作和染色上都已经达到了空前的水平。湖南少数民族喜欢在蓝色上面加上红色或者黄色，各种颜色相辅相成，简约华美。

苗族有自己独特的可以用来染布的植物。苗族妇女经过长期实践，在用各类植物染色方面积累了很多的经验。与中原染布用的植物，例如茜草、栀子、槐等功能相似，但是大多数染料还是苗族特有的，染色手法也不同。中国古代的染色原材料大都以天然矿物或植物为主，主要有以下几种常用的颜色。

红色。又称为赤色，红色在民间印染中使用最为普遍。起初红色用赤铁矿进行染色，但其固色性较差，后来换用一种红泥巴，价廉易得但是固色时间短。有很多植物原料可以用来做成红色染料，例如高粱籽粒的壳儿，熬制出来的红色比较淡；猫爪刺和茜草的根，熬煮都可以得到红色染液。此外，自周朝起，民间还用椿树皮、茜草等野生植物制作红色染料。将它们切成段放入水里，用小火慢煮，熬到锅里的水变为红色时，捞出椿皮草渣，再把织布放进锅里，翻搅织物使它受色均匀即可。如要深色，则浸泡时间加长或反复浸染多次就可以。

蓝色。采用靛叶制作，过程烦琐。先用靛叶制作"靛精"，然后把"靛精"放入染缸制作染液。当染液呈现深绿色时，放入石灰和适量的糯米酒。染的时候，浸泡的次数越多，蓝色越深；浸泡的次数越少，蓝色越浅（月蓝）。染完之后把布料放在通风处进行氧化，再用醋固色。

青蓝色。又称蒸青。先准备一盆新鲜猪血，加入冰块，然后把用靛叶染蓝的布放里面浸泡，拿出后用火蒸干，再将布浸入靛蓝染液进行二次上色。多数上色手法都为煮或浸染，为了固色，在染的过程中都会加入碱性物质，例如石灰水、桐籽壳灰或草木灰水。染液的酸碱度 pH 值以 9 到 10 为宜，染匠们一般直接上手摸一下，感觉打滑就可以了。添加媒染制剂是使植物染料的色素在棉纱上固着并显色，因许多植物染料本身就含有媒染因子，不同的媒染剂可显出不同的颜色。通常使用的媒染剂有铝、铁、铜、锌等，属金属盐类。实际上民间的所谓媒染剂比较简单，来源自然，明矾是铝媒染剂，而铁锈加醋就成了铁媒染剂，等等。染色后的织物纱线大多数还需露天放置 2~3 天稳固颜色。蚕丝的染法与棉布大同小异，但往往需反复次数更多，还需加明矾固色定性。

黑色。关于黑色历代都有说法，秦始皇崇尚黑色，衣服、旌旐、节旗皆为黑；魏晋时也崇尚黑，因此当时建康（今南京）以染黑而著称，但在其他一些朝代，如东晋和唐代则以黑色为低下，穿黑衣即"皂衣"者为平民百姓。把蓓子磨成粉放进水里熬制，加入少量碱，放布的时候加入明矾就会变成黑色。

褐色。使用的原料为柿子。褐色染料的提炼既可以使用未成熟的柿子，将果皮和果肉榨汁后，直接涂在布料上，再经过石灰的染制后，可以得到深褐色；也可以直接提取茎叶，用文火慢煮，把其中所含的色素煮出，再与铁离子化合物反应得到赭色或咖啡色。

白色（漂白）。漂白的原理很简单，将布料放进加有碱性物质的水中浸泡或煮沸，例如石灰、牛粪等。多次拍打或在染液里反复浸泡，直到漂白。

玫瑰红色。使用的植物为苋菜，苋菜根部汁水多，在锅里熬煮可变为玫瑰红色。

紫色。紫色在我国古代代表着雍容华贵。用紫草提取紫色染料的方法，我国南北方都有。紫草是多年生草本植物，根富含紫色物质，主要从其根部、茎部提取染料。

黄色。野生植物黄栀子是一种小灌木，果实放在锅里煮烂可以煮出明亮的黄色。也可用一种叫黄荆条的小灌木皮，煮染成黄色。除了黄栀子，民间使用较多的还有一种多年生的草本植物，俗称酸酐，取其根熬水煮成黄色。

（三）蜡染与扎染

1. 蜡染

蜡染古时称之为"蜡缬""点蜡幔""蜡缬"，是一种在民间用纺车纺织的白色土布上用蓝靛作染料，以蜡作为防染材料绘染出蓝白相间图案的印染技艺。印染中，还能通过揉拧、揉捏等技法，使蜡破裂而制造出"冰裂"效果。"蜡缬"一词在文献中最早、最确切的记载是唐代释慧琳编著的《一切经音义》卷五十之"众缬"："今谓西国有淡靕汁，点之成缬，如此方蜡点缬也。"但是根据所考古的文物来看，中国在汉代已经有了"蜡缬"工艺的纺织品。"缬"是以辅染物辅助印染过程而染出的织物，缬的出现标志着我国古代丝绸印染技艺的重大进步。[①] 蜡染布曾被称为"阑干斑布"，又因为主要产于苗、瑶地区，所以又称为"瑶斑布"。唐代时期蜡染十分盛行，各色各样的纹样出现在蜡染上，各种动植物，无奇不有。到了宋朝少数民族蜡染工艺更细化更完美，而中原蜡染工艺已经日趋衰退。周去非在《岭外代答》中记载："瑶人以蓝染布为斑，其纹极细。其法以木板二片，镂成细花，用以夹布，而溶蜡灌于镂中，而后乃释板取布，投诸蓝中。布既受蓝，则煮布以去其蜡，故能受成极

---

① 贺琛，杨文斌. 贵州蜡染［M］. 苏州：苏州大学出版社，2009：1.

细斑花，炳然可观。故夫染斑之法，莫瑶人若也。"①可见用蓝靛和黄蜡在白布上染出精致花纹图案是"瑶斑布"的主要特征。蜡染以沸蜡作画笔，在白布上点绘出各种各样的花纹图案。而后将绘制好的布以蓝靛浸染，取出洗净晒干，再用碱水浸泡去蜡，做成花裙所需的斑花布。宋代时就有很多少数民族穿着蜡染的服装，到了明清时期湖南湘西、贵州一带的苗族、瑶族穿蜡染服装就已经十分盛行了。蜡染工艺由苗族、瑶族、布依族的先民传入中原并广为流传，目前湖南省蜡染地主要集中在湘西地区，湘西作为土家族、苗族聚集地，汇聚了非常多的民间手工艺人，他们创造出了大量精美的蜡染作品（图1-9、图1-10）。

图1-9 湘西蜡染（1）

图1-10 湘西蜡染（2）

到如今，蜡染在湖南少数民族妇女中依然盛行，她们运用蜡染技艺制作的节日盛装，充分体现了她们的心灵手巧。姑娘们的蜡染才能逐渐成为生活

① 玉时阶，瑶族传统服饰工艺的传承与发展［J］．广西民族大学学报（哲学社会科学版）．2018（1）：88．

中理想配偶的标配之一。每一幅用心制作的蜡画,都能充分表现中国劳动人民的智慧和艺术创造的才能。各民族人民对蜡染的喜爱与研究,已经成为一种习俗。他们祖祖辈辈在蜡染艺术上倾注了大量的心血、精力和热情,创作风格独特、纹样丰富、造型稚拙、构图饱满、意境淳朴。

(1)蜡染的起源

新事物的产生往往源自人类本身的需求,蜡染也是如此。蜡染是一种古老的染色技术,是特定的历史环境、自然环境和技术环境条件下的产物,也是人类在满足"衣"的最基本的遮身蔽体要求之后对美的精神追求,蜡染的出现反映了人类物质水平以及科技水平的进步。对于蜡染最早的起源地,目前各国专家学者持有不同的看法,有源自中国和日本之说,有源自埃及之说、也有源自印度和非洲之说。无论蜡染起源于哪个国家,它都是世界艺术的瑰宝,都是人类文化进化史中一颗璀璨的明珠。

关于蜡染的起源还有许多神话故事。在苗族地区流传至今的一首《蜡染歌》中这样描述蜡染的起源。古时候有十个老人开天辟地,天由于不稳开始崩塌,老人们用自己的身躯顶天,但是崩塌处太多,老人们实在无力,他们只好请了女神娃爽,希望她能缝制一把用来撑天的伞。娃爽用云雾编织了一块巨大的白布放在一棵梨树下面,一阵大风刮过,吹得树上的梨花纷纷落在布上,蜜蜂也成群结队地来布上采蜜。蜂蜡滴落在布上,把花的轮廓也印在了上面,白布又被地上的蓝草染成蓝色。娃爽看到白布变成这个样子,十分着急,带着布去河边洗。天上的火王(太阳)看到了,叫她不要着急,火王用阳光帮她把布上的蜡化掉。于是,白布神奇地变成了蓝底白花的花布。娃爽就用这块布制成了撑天伞,把蓝色的底变成了天,白色的花纹变成了星星和月亮。她把这种技艺传授给了人间的阿蒲、阿仰姐妹,从此人间就有了蜡染技艺,姑娘们从此穿上了美丽的衣裙。① 苗族地区还流传着一个故事,讲的是苗家有个漂亮的小姑娘,因为家里太穷了,没有一件像样的衣裙,无法像别的姑娘一样接受小伙子的邀请去户外参加活动。她只好一个人闷闷不乐地在家中的院子里绣花、织布。一天姑娘织布织累了,睡眼蒙眬进入了梦乡,

---

① 贵州人民出版社. 中国贵州民族民间美术精粹:蜡染[M]. 贵阳:贵州人民出版社,2014:9.

一群蜜蜂从天而降，围着织布飞舞，蜂蜡和蜂蜜留在织布上形成了花朵的形状。姑娘睡醒之后，并未意识到发生了什么，仍像往常一样将织好的布放进蓝靛染缸中染色，但发现织布有的地方沾了蜂蜡和蜂蜜，染不上颜色。姑娘以为是织布被弄脏了，于是将织布放入沸水中煮，打算重新再放入染缸中加染一次色。当姑娘将织布从沸水中捞出来的时候，她发现蜂蜡和蜂蜜在高温之后脱落了形成了美丽的白花图案。姑娘十分欣喜，随即用蜂蜡继续作画，绘出了漂亮的花草图案。第二天，姑娘穿上自己特制的花纹蓝裙参加聚会的时候，立马成为场上的焦点，受人瞩目。大家纷纷打听裙子的制作方法，从此蜡染技术就一传十，十传百，相继传播开来。随着时间的推移，蜡染不仅仅在苗族地区，也在与之交界的瑶族、布依族地区慢慢流传开来。会蜡染的妇女越来越多，穿着蜡染服饰的姑娘也越来越多。

　　蜡染主要集中在贵州省少数民族聚居区域及湖南省湘西地区。几乎所有的蜡染能手都是女性，姑娘们自幼就跟随长辈学习这一技艺，她们的母亲都会手把手地教女儿制作蜡染。她们自己纺线织布，自己染布绘布，将所见所闻描画出来。蜡染代代传承，已成为妇女生活中一种重要的手艺。妇女们将自织的白布蜡染成面料，用来制作姑娘出嫁的嫁衣、成年男性的包头帕以及走亲、赶场的盛装。大块的蜡染布也可以用来做生活中的床单、被面、帐帘和桌布等等。湘西蜡染图案与生活息息相关。劳动人民极其富于想象力，将平时生活中所见到的图案，通过联想、变形的手法，并加入恰如其分的装饰，用蜡画在布上，表达了他们对大自然的热爱以及对美好生活的向往。湘西蜡染图案往往还蕴含着吉祥的寓意，与汉族人民的喜好也相通。

（2）蜡染的工艺

　　蜡染是用蜡来染布，蜡的材质在古代用的是蜜蜂的蜂蜡，现代用的是石蜡、蜂蜡、枫蜡或是其他一些混合蜡，蜡在一定温度下呈现半凝固状，较好控制。蜡染的基本原理是在需要露出白色图纹的地方用蜡涂画，然后再用高温把蜡融掉。有蜡的部分在染色时不会着色因而在融蜡时会成白色。人们利用蜡的这一特点，以蜡作画，绘制各种美妙绝伦的图案。

　　①蜡染的材料

　　妇女们一般都是在自织未染色的白色土布上进行蜡染，这种土布纹理较

纺棉线　染花布

细，经纬线密度较为适中，厚度也适中。太薄、太稀的布容易漏蜡，从而影响到绘制图案的成形。她们主要使用黄蜡(蜂蜡)、石蜡作为防染剂，有时也在里面掺和白蜡作为混合蜡一起使用。这些蜡不溶于水，不会被蓝靛所制的染色剂影响，在高温水中会自然融化。

民间蜡染的防染剂主要有以下几种搭配方式：

石蜡。石蜡是矿物蜡的一种，也是石油蜡的一种，是半透明固体。石蜡的特点是比较容易破碎，如果在图案中要表现裂纹(冰裂纹、冰凌纹)，即可用100%的石蜡来画蜡。因为石蜡易碎，所以要防止石蜡脱落。

石蜡和蜂蜡的混合蜡。蜂蜡，又称黄蜡、蜜蜡，是一种脂肪性物质。80%的石蜡加20%的蜂蜡是蜡染中常用的比例。由于石蜡黏度小，容易破碎，而蜂蜡黏度大，不容易破碎，前者适合表现纹理，后者适用于勾勒轮廓线条。

石蜡、蜂蜡和松香的混合蜡。松香是一种松脂，可从多种松树中获得，松香在融化之后黏度非常大。由于松香比较廉价，因此经常作为上光油和颜料的掺杂物使用。蜡染中松香一般不能单独使用，常用75%的石蜡、20%的蜂蜡和5%的松香混合使用。这样比例的蜡液比较适合绘制线条精细、冰裂纹较少的图案。

②蜡染的制作工具

蜡染一般采用人们自制的蜡刀绘画，枫蜡有时候也会用毛笔画。蜡刀由一组组打制好的铜片制成，铜片相较于其他金属恒温性更强，蜡刀通常有半圆形、三角形、斧形等，侧面呈三角形状，上宽下窄，易于随蓄蜂蜡。每组铜片之间留有一定空隙，最宽的部分铜片之间大约相隔1厘米，一端用金属丝绑在木柄或是竹竿上。绘制图案时，根据线条粗细的不同，使用不同规格的蜡刀。

③蜡染的制作过程

织布处理。挑选适合蜡染的织布漂白洗净，有些地方还会把淀粉类糊状物涂在织布的背面，晒干后再磨平，这样做一方面使织布更为硬挺，另一方面可以增加织布的厚度，使织布不容易被蜡浸染和浸透。

图案绘制。将白织布平铺在桌面上，先画好蜡染图案的底稿，也可以先将图案的轮廓勾画出来。一些蜡画经验丰富的妇女可以完全不用打草稿，直接使用蜡刀徒手绘制。作画时要将蜡加温，随时保持在融解状态中，村寨中的妇女一般将蜡盛在陶瓷碗或金属碗里，放在火盆中，这样在天冷的时候可以一边烤火，一边沾蜡作画。

蜡布染色。蜡染配色是非常丰富的。蜡染在染色时可分为单色染和复色染（多色染）。单色染是最为传统的蜡染方式，即只染一种颜色。染单色时将用蜡画好的布放进调配好的蓝靛染缸中，用棍子搅动使织布均匀上色，染几分钟将织布提出晾挂，等染料氧化后形成蓝色。如果想要颜色深一些，可以反复多染几次，织布染得越深需要氧化的次数就越多，使用过氧化氢或过硼酸钠氧化也可代替空气氧化。如果需要染出深浅两种蓝色调，可以在想要变浅的那部分上面盖上蜡，再进行浸染，就可以染出深浅不一的蓝色。复色染（多色染），就是用多种颜色配合蜡进行防染（一个颜色的深浅仍视为单色染，而不是复色染），复色染的颜色有时可以达到四五种。人们在长期的蜡画创作中形成了一些固定的色彩搭配，用色和谐统一，能产生不同的视觉效果。湘西苗族虽然掌握了熟练的复色染技巧，但在平时的生活中，还是单色染较多。

高温除蜡。将染好颜色的织布用清水洗去染料，此时织布已变成蓝色，民间会架一口大锅，将水煮沸，把织布放进去除蜡，最后经过清洗，此时蓝底白花的蜡染完成。当沾蜡的织布在染缸里浸染时，有些蜡会折裂或脱落，产生天然的冰裂纹。冰裂纹是在蜡染凝结后自然形成的图案，并且每一次蜡染的冰裂纹和每一处蜡染的冰裂纹都不相同，冰裂纹的出现有极大的偶然性。冰裂纹是蜡染花纹中的精品，这些花纹产生的不统一的纹理形成一种特殊的效果，使蜡染图案更加丰富，更自然。

2. 蓝印花布

我国传统的印染工艺品比较典型的就是蓝印花布，又称为"夹染"，是由石灰与胶汁（黄豆粉）调成浆状替代蜡染中的"蜡"作为防染剂，再除去防染浆粉，这两样原料取材方便而且价格低廉，使得印染成本大大降低。石灰附着力强，黄豆粉能使浆料松软，还容易刮除。湖南印染花布的使用分布区域广，其中以蓝印花布最为出名，在湖南的邵阳、常德、湘西地区广为流传

（图1-11）。湖南蓝印花布是从西南少数民族的蜡染中演变而来的。《中国民间美术》"民间印染"篇中介绍："旧时湖南蓝印花布遍及全省，用途广泛，包袱布、门帘、衣服、被褥、桌布等多采用这种价廉而制工精美的蓝白花布……因此旧时的湖南又有'蓝印花布之乡'之美称。"①民艺学者粟千国在《湖南民间蓝印花布图案》一书的序言中写道："这就是我们故乡——邵阳——的蓝印花布在孩子们中间的影响。至于成年人也并不比孩子们冷淡，他们也热爱这种花布。故乡妇女们的衣服、头巾，大都是这种花布做成的。她们爱这些图案中的龙凤呈祥、吉庆有余、五福捧寿……等吉祥的含义，和那些花鸟虫草的朴素生动的形象。我深深地记得，一群农村姑娘在劳动之后，坐在老柏树底下乘凉，同伴们取下头巾比着花纹的情景，她们那愉快的笑容，可以使我们体会到她们对蓝印花布是何等喜爱。"②早年湖南的印染业十分发达，染布颜色丰富，非常受老百姓的欢迎。清末民初湖南调查局编印的《湖南商事习惯报告书》中，列举了品种丰富的各类颜色。在"染坊条规"安化篇中，有对不同颜色的布料进行定价的条例，其中列举了翠蓝、苏月、省青、毛蓝、墨青、宝蓝、洋青、吊灰、毛红、双绿、印花等二十来种色彩③。与江浙地区的蓝印花布图案风格柔美精致不同，湖南的蓝印花布较为粗犷大方，但在构图上湖南的蓝印花布布局较满，结构紧凑，更加浑厚朴实。

随着工业化的进程加快，传统的印染行业正在遭受前所未有的剧烈冲击，湖南境内的染色行业颜色锐减，手工染色的种类仅保留蓝、黑两个颜色。以前在常德、邵阳、洪江、武冈、攸县、益阳、长沙、吉首等多个地方分布广泛的蓝印花布，也逐渐萎缩，目前湖南蓝印花布印染遗存以凤凰县和邵阳县为主。

凤凰县属于湘西土家族苗族自治州，位于湘黔交界处，东交泸溪县，西接贵州省铜仁市、松桃苗族自治县，南连怀化市麻阳苗族自治县，北邻吉首市、花垣县。凤凰县被群山环绕，自古交通闭塞、民风淳朴，因而保留了大量的民间传统手工技艺。在湖南，凤凰也被称为蜡染之乡，蜡染艺术存在历史悠久，蜡染花布纯美典雅、原始朴素，是凤凰民间工艺品中的精品。明清

---

① 易心，肖翱子. 中国民间美术[M]. 长沙：湖南美术出版社，2004：111.

② 粟干国. 湖南民间蓝印花布图案[M]. 北京：人民美术出版社，1958：1.

③ （清）湖南调查局. 湖南商事习惯报告书[M]. 长沙：湖南教育出版社，2010：420-421.

图 1-11　蓝印花布

时期，凤凰地区染坊林立，以蓝印花布最为出名。新中国成立以后，传统印染作坊急剧减少，但随着生活水平的提高和凤凰县旅游业的兴起，近些年来印染行业有所恢复，并且蜡染、扎染等传统工艺也逐渐兴旺起来。其中以国家级非物质文化遗产项目传承人刘大炮为代表的民间传统工艺——凤凰县蓝印花布，历史悠久。刘大炮，1936 年出生在湖南省凤凰，本名刘贡鑫，祖上五代都是县城里有名的染布匠，因为脾气像大炮一样直，人称"大炮"。刘大炮从小家境贫寒，生活拮据，为了能够生存，十二岁就子承父业做了染匠，把祖辈的印染绝活传承了下来，染得一手好花布。凤凰县的蓝印花布大量采用细密的小点组织线条和图案，空白处以小圆点填充，形成有丰富层次、含蓄阴柔的艺术特点。

　　邵阳县位于湖南省中南部偏西，东邻邵东县、祁东县，南连东安县、新宁县，西接武冈市、隆回县，北抵新邵县和邵阳市区。邵阳县的蓝印花布距今已经有 1000 多年的历史，邵阳县的五峰铺镇、白仓镇、九公桥镇、渡口镇及老宝庆城一带自古便是蓝印花布的重要生产区域。据《邵阳县志》记载："唐贞观时期，宝庆邵阳境内棉纺织业兴起，邵阳人已在苗瑶蜡染的基础上，首创以豆浆、石灰代蜡防染的印染法。至明清两朝，邵阳已成为华南乃至西南地区最大的蓝印花布生产、印染、销售中心，邵阳亦被誉为蓝印花布之乡。"明末清初，邵阳还是蓝靛的重要出口地和流通地，清代湖南调查局在调研邵阳水路交通时记录："宝靛上出洞口，下达三湘、资江一带，长、宝两府贩靛之人，络绎不绝。其顺流而下者无论矣。有舍舟就陆，运送蓝田等处，则麻溪乃屯堆转货之区域。"①邵阳独创了以豆浆混合石灰进行防染的技法，为区别于豆粉和石灰粉防染法，当地的蓝印花布又称豆浆布。同时，将镂空花板改做桐油竹纸代替以前的薄木板，使花板更加精细入微。邵阳蓝印花布更为粗犷大气，注重画面的大效果，常用大块面的蓝白、粗点、宽线来表现对象，同时也有非常丰富的细节描绘，将粗犷与精巧、朴实与秀丽、稀疏与致密、奔放与含蓄完美融合，既有栩栩如生的写实性图案，也有韵味独特的装饰性图案，富有浓厚的乡土气息。②

湖南白族人也擅长蓝印花布，白族人很多服饰都是用自印自染的"印花被面"制作而成的。白族印染业的发展历史较长。相传明代，白族谷姓先祖在京为官，带回靛青，并开设第一家染铺。刚开始只能染单一的浅蓝和深蓝色，随着技术的发展，逐渐掌握了刻板印染的蓝印花布技术。

湖南蓝印花布的主要特性为耐磨、耐脏、透气吸汗，这些特性深为农家人所喜欢。近年来，人们将古老的蓝印花布工艺与现代工艺相结合，在保持基本素色的同时不断创新，让这种古老的手工艺增添了不少的时尚感。印染的布料也进行了改造，变得更加薄、细，穿着更加舒适亲肤。蓝印花布在国际市场上深受欢迎，并迅速销售到国外市场。

(1)蓝印花布的制作工艺

①挑选织布

蓝印花布的织布最好挑选棉质上好的布料，这样的布料吸水性强。

②棉布脱脂

布料先要放在含有助剂的水中浸泡，水温以 50 摄氏度左右为宜，可以先软化棉布，以便更好上色。棉布浸泡完毕之后放在清水中两三天，晾晒干以后就可以随时染色了。

---

① （清）湖南调查局. 湖南商事习惯报告书［M］. 长沙：湖南教育出版社，2010：422.
② 谭鹏敏. 湖南传统印染技艺研究——以传承人口述史为视角［D］. 湖南师范大学，2015.

③刻花裱纸

首先需要裱好刻花所用的纸板，蓝印花布的纸需要裱三至五层，其中的二至三层是用贵阳皮纸或桑皮纸，一至二层最好是高丽纸。用刀子刻完花之后就用糨糊涮裱，糨糊一般是用面粉和水调成的，等待完全晾干，还要在表面刷一层熟桐油，晾干后压平。

④画样、替版

先用直径为四至五厘米的羊毛自制一把刷帚（将一头包扎收紧），然后用另一头沾少许颜料粉把原样替下，或者用新设计样稿。

⑤刻花版

首先需要将二至三层油板纸固定在一起，之后刻花。刻花时为达到上下层花形一致的效果，所用刻刀需竖直。刻刀主要分斜口单刀、双刀、用铁皮自制园口刃（俗称"统子"）三种类型。制花版时以单刀刻面为主，如果要达到取刻制线宽窄一致的效果就要使用双刀。季青树板材质松软细嫩，所以刻制、铳制花版所需的圆点时纸板下都需要垫季青树板，除此之外还能起到刻画自如的作用。在湘西一些地方还使用薄木板镂空雕刻花纹来制作，将木板压在要绘制的白布上，将蜡灌入镂空花纹内，再将布放入染缸。这样如同木板印刷一样，大大降低了蜡染的绘制难度，提升了蜡染速度。

⑥上油

在加入油之前，首先用石子将花盘的背面抛光，然后用桐油刷二或三次，待干透。

⑦刮浆

民间蓝色布用玉米粉、小麦粉和糯米粉作为抗淤浆。经过不断的探索和实践，现在已将豆粉和石灰粉作为抗染色浆粕。如果只使用豆粉，不仅夏季容易变质，而且成本高。在大豆粉的基础上加入石灰粉，不仅刮得好，而且在染色后也容易刮出浆。大豆粉和石灰粉的比例为 $1:0.7$，大豆粉的多少因花型要求而不同。刮胡子前，先把灰布上的水擦干净。刮刀通常是在江苏和浙江煅烧制成的，把手是木制的圆圈。在湖南和湖北地区，牛角和木板是常用的材料。刮板过程中连接板是非常重要的，尤其是对于要求较高的复杂的板件。最重要的部分是刮削的准确性和简易性。

⑧染色

染色前，为了防止染色布下沉到筒底而影响染色效果，首先在筒体中间准备一个竹篮，然后在水里打开剃须和干燥的布，直到织物浸透。20分钟后，风被抽出。为了使织物均匀氧化，织物表面应连续旋转。根据织物的差异和气候变化，判断和调整下筒的时间和氧化时间。

⑨刮灰

染色后的圆筒会变灰色，呈碱性，因此必须吃酸来固定它的色调。在清理布料后，将布料剃在托架上，用两个圆形的灰色刮刀或家用厨房刀，以45度的角度倾斜，以刮掉砂浆。

⑩清洗晾晒

经过刮灰后，为了把残留在布面上的灰浆及浮色清洗干净，一般需要清洗二至三次，清洗干净后由染色师傅用长竹竿挑到七米高的晾晒架上（因受到刮浆、染色、晾晒等工艺程序严格要求的影响，蓝印花布的长度一般限定在十二米以下），最后用石头将布压平整。

3. 扎染

扎染是以丝、带状物进行手工缝制，把织物捆扎起来进行染色的一种防染工艺方法。扎染以线为防染媒介，其结扎主要是通过手工用针在白布上刺扎，在浸染的过程中染液根据捆扎的松紧逐渐渗透于布上。扎染同样源于"缬染法"，唐人应玄在《一切经音义》第十卷中写道："谓以丝缚缯染之，解丝成文曰缬也。"原理是使用针、钩等金属工具穿引蜡线，按照纹样要求把织物的某些部位轧住以免染色，染色完毕后再松开，没有与染料接触的地方没有图案，与染料接触的地方会形成各种不甚规则的图案。这里的"缬"较蜡染更接近于扎染。扎染的制作条件简单，只要备有针线就可以。扎染不单可以多处结扎，还可以多次结扎，并通过不同部分的多次结扎、缝制而染出多种颜色，所起的皱褶痕迹也可以千变万化，但在结扎时不能绑得过于紧密，否则花纹和图案界限分明，颜色之间不能很好地自然过渡并且相互晕染。最初的扎染纹样仅有蓝白效果，且针法单一，多以大小团花为主，近代图案大多取材于当地生活中常见的自然景观与人文景观，出现了吉祥纹样、人物纹、动物纹、自然景物纹等复杂纹样。扎染的作品色调柔和，大多给人一种飘逸朦胧之感。

　　湖南的扎染技艺较出名的是凤凰苗族扎染。凤凰县的扎染技艺始于明清时期。《凤凰县志》中记载："清代以前……男女头戴各式包头帕，有方格花帕、横格花帕、青丝帕、狗脚印花帕等。"说明凤凰扎染服饰历史悠久且花纹多样。云南白族扎染工艺与湘西的扎染工艺大致相同，随着白族迁入湖南，也把传统的扎染技术带了过来。据相关统计，白族流行的花样有两百多种，这些图案多源于生活中常见的动植物，如花、树、昆虫等等，几乎每一个白族妇女都能扎出十多种图案。白族的扎染先根据设计图案的构思，用麻绳或线将一匹白布按一定方法扎起来，然后进行染色。主要用靛将白布染成蔚蓝色，如果在蔚蓝色的基础上再进行加染，就成了深蓝色，称为"海蓝"；如染的次数少，就是浅蓝，也叫"月蓝"。因为湖南白族的祖先来自大理洱海之滨，对点苍松、洱海月的颜色非常钟情，故称深蓝为海蓝，浅蓝为月蓝，这是其他民族和地域的人难以体会的故土情怀。布匹待染成且漂洗干净之后，将麻线扎的疙瘩一个个解开，这时一个个奇特的白色图案便很规则地点缀在蓝色的布料上，有的像梅花，俗称"狗脚迹"，有的像菊花、玫瑰花、山茶花等，各种各样，令人眼花缭乱。白族人用这些扎染布做成被面、围裙、衣裤等，显得格外别致、美观。有的还用来做房间的装饰，如桌布、窗帘等，也十分好看。扎染与土家的织锦、苗家的挑花一样，也是白族人民的自豪与骄傲。[①]

4. 湘西苗族印染图案

　　湖南少数民族通过印染，记录下各种图案，真实地反映了先民们对于原始生活的认识和理解。湘西苗族印染图案在湘西漫长的社会和经济发展中，结合了远古图腾、神话传说、历史故事、风俗习惯等诸多因素，形成了几大类鲜明独特的风格。

（1）植物纹

　　湘西印染的图纹线条流畅、图案生动，出现最多的图案是梅、兰、竹、

————————
　　① 谷中山. 湖南白族风情[M]. 长沙：岳麓书社，2006：232.

纺棉线　染花布

菊、桃子、石榴、荷花、牡丹、枫树、桃花等等。苗族人认为服饰上的植物纹样是对苗族祖先在迁徙过程中所见环境的一种记录。《苗族古歌》中有这样的唱词："我们离开了浑水，我们告别了家乡。天天在奔跑，日日在游荡。哪里才能生存啊，哪里才是落脚的地方！让我们摘下路边的野花，插戴在姑娘的头上。让我们割下树浆，染在阿嫂的衣上。让我们把涉过的江河，画在阿妈的裙上。不要忘记这里有过我们的胎盘，时刻记住祖先用汗水浇灌的地方。"①苗族没有文字，他们将这段历史用图案的形式描绘下来，并代代相传，以牢记祖先长途跋涉的艰辛，他们把沿途中所见到的花花草草全部记录在衣裙之上。如苗族印染中的"梨花纹"就有特殊的意义。传说，苗族的先祖们在迁徙过程中经过一个叫作梨花坳的地方。当时苗族先祖们被生活所压迫，不得不一路迁徙，正当他们感到痛苦与绝望时，在梨花坳看到一大片梨花正值开放，生机勃勃，给他们带来了巨大的能量。植物都能在艰苦的环境中顽强生长并且绽放得如此灿烂，更何况四肢健全的人呢？于是，他们将梨花画在衣服上，象征着生命与希望。另一个传说是，在迁徙的过程中小孩子穿着有梨花图案的印染衣服就可以渡过难关，所以梨花也是吉祥图案。传说中蕨草可以治愈苗族妇女的病，所以蕨草也成为苗族印染图案。苗族人还经常以枫树作为描绘的题材。枫树在苗族被视为树神，苗族崇拜枫树，一方面是因为相传枫树生下苗族的祖先——蝴蝶妈妈（妹榜妹留），并且她死后又回到了枫树的老家；另一方面相传枫树是蚩尤的化身，枫叶之所以是红色的，是因为沾染了蚩尤的血。出于对蚩尤的尊重，苗族人对枫树更加珍爱，许多苗族村寨里都种有高大的枫树。湖南城步地区的苗族有祭"枫树神"为病人消除病患的习俗。枫树不仅仅是苗族祖先崇拜的对象，也是侗族祖先崇拜的对象。侗族织锦中有大量的枫树图案，他们认为枫树的树干是蚩尤的躯体变成的。《山海经·大荒南经》中就有"蚩尤所弃其桎梏，是为枫木"的记载。苗族古歌里也多次提到了枫树的来历，说它"生长在天家""枝丫漫天涯""结出千样种，开出百样花"。

随着各族人民的大杂居、小聚居，楚汉文化对苗族文化的影响越来越深

---

① 韩红星. 解读贵州蜡染服饰图腾及其传说［J］. 贵州师范大学学报（社会科学版），2002（3）：73.

刻。汉族地区的"四君子"——梅、兰、竹、菊也逐渐被应用到苗族的印染图案中。在中国传统文化中，"竹"代表着君子，代表着蓬勃向上、生生不息的生命力，代表着长寿，具有素雅宁静之美。苗族的竹除有长寿之意外，还包含了生殖崇拜的意蕴。苗族印染中桃子的图案也代表长寿，石榴代表多"籽"多福，荷花、牡丹、枫花代表吉祥如意，牡丹还有富贵之意，经常被画在荷包上，用作定情信物。

（2）动物纹

苗族印染中的动物图案多选材于神话传说中的动物形象，题材广泛，包括禽类、兽类以及各种昆虫，有龙、虎、麒麟、狮子、大象、鲤鱼、青蛙、虾米、螃蟹、乌龟、凤凰、鸳鸯、喜鹊、锦鸡、蝙蝠、蝴蝶、蜜蜂、蚂蚱……苗族印染中的动物图案不仅仅有对现实动物的模拟，还有依据远古传说、宗教信仰进行的想象和大胆创造。

龙纹。湘西苗族对龙的崇拜非常普遍。苗族认为，龙是吉祥幸福的象征，龙纹在湘西苗族印染中是最为常见的图案。

牛纹。在苗族传说中，始祖蚩尤的长相为"人身四蹄、四目六手、耳鬓如剑戟，头有角"，即为双角牛头。传说中龙是马脸牛头的形象，因而苗族把牛视为龙。因为牛、龙相通，所以苗族人的祖先崇拜里也有了牛。

蝴蝶纹。蝴蝶纹在苗族印染中非常普遍，这些栩栩如生的蝴蝶图案大量出现在苗族的剪纸、刺绣、蜡染、绘画等作品中。苗族人对蝴蝶有一种特别的情结，其中一个重要的原因在于蝴蝶具有十分强大的繁殖能力。传说蚩尤兵败于黄帝向南迁徙，因为无数次战乱人口数量急剧下降，蚩尤部落的族人必须在艰苦的环境中大量繁衍后代才能使族群的血脉留存下来。蝴蝶因为具有旺盛的繁殖能力，所以被苗族人视为崇拜对象，进而创造出千姿百态的蝴蝶形象，因此对蝴蝶的崇拜也是苗族人的生殖崇拜。蝴蝶一生只寻求一个伴侣，蝴蝶这种对爱情的忠贞不贰也是苗族人崇尚它、喜欢它的一个重要原因。所以苗族女孩在蜡染中画出蝴蝶图案，做成床单、被套，穿在身上，制成蝶恋花纹样的荷包送给心上人，代表她们对美好爱情和婚姻生活的向往。

鱼纹。鱼纹和蝴蝶纹一样，是苗族印染中永恒的创作主题之一。苗族人认为鱼是男性，鸟是女性，将鱼和鸟组合在一起代表夫妻恩爱和睦。汉族的鱼有诸多象征意义，如"鲤鱼跳龙门"寓意着步步高升；鱼谐音为"余"，过年过节餐桌上一定要有一条鱼，象征着"年年有余"；汉族的鱼也有生殖之意，如中原很多地方流行过年在家贴"肚兜娃娃抱鲤鱼"的年画，除了吉祥喜庆的寓意之外，还蕴含着人丁兴旺的寄托。与汉族不同的是，苗族蜡染中的鱼更多地保留了生殖崇拜的原始意识。鱼是苗族人的重要食物来源，苗族人一方面喜欢鱼，将鱼作为图腾，希望得到鱼的保护，在艰苦的岁月能够捕获到更多的鱼，从而获得稳定的食物保障；另一方面，苗族人对于鱼的崇拜同蝴蝶一样，鱼产卵数量多，有强大的繁殖能力，以鱼作为图腾希望能保证种族的延续。苗族人在印染里大量运用鱼的图案，代表了他们对于生存和繁衍的渴望。

鸟纹。苗族印染中的鸟纹同样也含有祖先崇拜的意义，图案有虫身鸟足、龙头鸟身、鸟头龙身等等。苗族古歌中的蝴蝶妈妈生出的十二个蛋是由脊宇鸟孵化而来的，所以鸟对整个苗族有恩。很多苗族部落也以鸟为图腾，远古的蚩尤部落就有以鸟为图腾的"羽族"后裔。鸟有翅膀能自由地在蓝天翱翔，先民们崇拜鸟，希望能像鸟一样自由，成为"不死鸟"。苗族后来的锦鸡文化、百鸟衣文化、芦笙文化等都是从鸟图腾文化中衍生出来的。与鸟相似的锦鸡也是苗族人心中的神鸟，苗族人也将锦鸡画在印染中以寄托对先祖的思念。

蝙蝠纹。蝙蝠纹是中国传统中具有美好寓意的纹样。蝙蝠是一种哺乳动物，属于动物学中的翼手目。它既不是鸟也不是鼠。蝙蝠纹的寓意是幸福的象征，因"蝠"与"福"同音，所以蝙蝠的飞临意为"进福"，寓意幸福就会像蝙蝠一样飞进家中。

昆虫纹。苗族印染中也时常出现除蝴蝶之外的昆虫图案，如蚱蜢、知了、蜜蜂等等。昆虫纹在服饰中起到装饰的作用，常用在服装的衣襟、袖口、下摆、裤脚口等部位。在苗族印染中，昆虫图案一般不作为主体出现在画面的正中央，而是作为一种点缀出现在以人物、动物、景物为主的画面里，穿插搭配，为画面增添一丝生气。

（3）景物纹

苗族印染的景物题材有太阳、河流、树木等，这些题材大多来自大自然中的万事万物，但造型又不拘泥于自然中的形象，多数采用了夸张和变形的手法，用以表达对大自然的热爱和对美好生活的追求。

铜鼓纹。铜鼓纹是湖南湘西和贵州民间印染中最传统的纹样。古时候，将军出战，会将铜鼓纹绣在布上，蒙在鼓上，以鼓舞战士们的士气，燃起斗志。印染的纹样多会从铜鼓纹中提取素材，早期印染就是"鼓膜取之"。找一块布蒙在鼓上，用蜡摩擦，把纹样拓印下来。最常见的是铜刀点绘。圆外围加圈，中心的圆代表太阳，周围可加锯齿纹、针状纹、瓜米纹、花瓣纹、圆带纹以及钱纹、鸟鱼纹、花草纹、韵文、万字纹、寿字纹等等。中心实际上就是太阳纹。在原始社会"太阳崇拜"是一件很神圣的事情，人们敬仰太阳，崇拜太阳，太阳纹成为世界各民族神话中最具有代表性的纹样。

十字纹。十字纹在我国南方一带少数民族地区中经常使用。十字纹的来源可以追溯到南方的铜鼓纹中，有的则直接与民间传统的太阳纹和铜鼓纹造型相似，是苗族图腾文化中重要的纹样之一。它寓意着生命、吉祥、幸福。

旋涡纹。旋涡纹最早出现在新石器时代。旋涡有三种说法，一是模拟水纹，象征生命之源。二是为了纪念苗族祖先经历长途迁徙，跋山涉水，为后人创造幸福而创作的抽象图案，象征曲折坎坷、百折不回。苗族群众经常将旋涡纹应用在印染衣背上、被套上、衣袖上。三是传说杀牛祭祖的时候记录牛头上的旋涡纹三十三纹。这象征祖先的祝福，这种纹样在汉族工艺品中鲜少出现，但在贵州民间印染中经常见到。

由此可见，湖南少数民族在长期的历史进程中，因生活地域的不同而创造出形态各异的印染图案，这些印染图案的不同符号形态有其深刻的文化底蕴，这些图案符号既是历史的记录也是文化的印证，兼具功能性、审美性与文化性，涵盖了各民族的自然崇拜、祖先崇拜以及信仰崇拜等等，以其独特性成为本民族所特有的文化符号。

贰

着衣裳　看时节

◇　时节与服饰款型

◇　服饰配件

湖南是一个多民族省份，全国 56 个民族都有居民在境内生活。据 2010 年第六次全国人口普查统计，湖南省常住总人口为 6568.37 万人，汉族人口 5914.94 万人，占总人口数的 90%，少数民族人口 653.44 万人，占 10%。① 少数民族中人口较多的是土家族、苗族、侗族、瑶族、白族和回族等。从行政区划上来看，湖南少数民族分布广泛，遍及全省 14 个市州及所辖各县市区，但多数在湘西、湘南一带，呈小聚居、大分散态势。全省有 1 个民族自治州(湘西土家族苗族自治州，辖 7 县 1 市)、7 个民族自治县(城步、麻阳 2 个苗族自治县，新晃、芷江、通道 3 个侗族自治县，靖州苗族侗族自治县、江华瑶族自治县)、100 个民族乡。②

湖南少数民族服饰研究的文史材料众多，就形式、形制类型问题观点众多，具有代表性的观点是根据民族方言区和次方言区划分服饰类型。如苗族的服饰根据方言区以及次方言区划分出花保型、凤凰型、吉泸型等几种类型。侗族服饰有一寨一类型的说法，并根据地形分为南北部侗族，二者的服装款型各异。瑶族、土家族、白族等也由于生活区域条件的不同，服饰类型特征也存在着很大差异。由于生存环境、历史、经济、文化类型等差异，湖南少数民族服饰在质地、形制、纺织、色彩、制作工艺、图纹装饰等各个方面，都显示出鲜明的地域性和民族性特征，并以其独特的艺术形式诠释着本民族的意识形态、民生民风、审美情趣等信息，彰显着本民族的历史发展进程和文化积淀，是本民族"历史文化的活化石"。湖南少数民族服饰虽然类型繁多，各具特色，但是就服饰组构形制而言，又有其相近相似的一面，体现出一些共同的特点和规律。

(一)时节与服饰款型

时节，指季节、时令、时光、时候，也包含有节日的意思。"看时节，着衣裳"需要从两个层面来理解，一是季节变换与穿衣打扮的层面，二是节

---

① 数据来源：国务院人口普查办公室、国家统计局人口和就业统计司编. 中国 2010 年人口普查统计 http：//www.stats.gov.cn/tjsj/pcsj/rkpc/6rp/indexch.htm

② 省情介绍. 湖南省人民政府网站[2017-12-1]. http：//www.hunan.gov.cn/hnszf/jxxx/hngk/rkmz/201712/t20171201_4887068.html

日与服饰着装融合方面。

　　湖南少数民族服饰从款型上分为盛装和便装(包含春夏秋冬装),从年龄上划分有老年装和童装等。盛装,为节庆、礼宾和婚嫁时穿的服装。湖南最具代表性的侗族、苗族、土家族、瑶族、布依族等少数民族盛装都有一个共同的特点:服饰装饰工艺精美、图案精美绝伦、色彩绚烂夺目、银饰璀璨华丽,集中体现湖南少数民族服饰的艺术水平。平时穿的便装,其色彩花样及装饰不及节庆、结婚时穿的盛装鲜艳。

1. 湖南侗族服饰款型

(1)湖南侗族的起源

　　侗族在湖南省主要分布于怀化市的新晃、通道、芷江、靖州和邵阳市的城步、绥宁等县,2010年全国第六次人口普查统计,湖南省侗族总人口数约85.50万。侗族自称为"干",即住在"峒"里的人的意思。侗族人还以"金佬""绞""金坦"等互称。侗族人也以服装颜色分为"干帕"(蓝侗)、"干巴"(白侗);或以居住地域称为"三宝侗""天府侗"等。就湖南省侗族而言,通道侗族自治县、新晃侗族自治县、靖州苗族侗族自治县的烂泥冲及芷江侗族自治县的大部分侗族自称"金坦",而通道侗族自治县的坪坦河流域等地的侗族则自称"金绞"。[①]

　　侗族是先秦百越的后裔,秦时以其居地统称为"黔中蛮",新中国成立后统称为侗族。现今侗族主要居住在湘、黔、桂毗邻地区,湖南省境内的侗族为整个侗族的重要组成部分。关于侗族的族源也有很多不同的说法,有的认为来自骆越地区,也有民间流传的来自江西、广西梧州,等等。

　　侗族根据侗语方言语域分为北部侗族方言区(简称"北侗")和南部侗族方言区(简称"南侗"),以贵州锦屏的启蒙镇(婆洞)为界。启蒙镇以南为"南侗",在贵州主要集中在黎平、榕江、从江等地;在湖南主要集中在通道、靖州等地;在广西主要集中在三江、龙胜等地。启蒙镇以北为"北侗",在贵州主要集中在锦屏、大同、剑河、天柱、三穗等地;在湖南主要集中在新

　　① 游俊,李汉林.湖南少数民族史[M].北京:民族出版社,2001:59.

晃、芷江等地。

（2）侗族男装

①侗族男盛装

侗族男盛装最具代表性的就是芦笙衣
（图2-1）[1]。芦笙衣又称"百鸟卉衣""百
鸟衣"。芦笙衣是古代侗族族群首领穿的
服装，后来演变为在祭祀、庆典中演奏芦
笙的专用表演服。芦笙衣便成为侗族非常
有特色的男子盛装。侗族村寨每逢重大节
日举行欢庆活动时，芦笙队员们都会穿着
芦笙衣进行芦笙表演。芦笙衣款式和形制
很有特色，款式上留有远古时期侗族先民
遗风，飘带裙以树叶、皮毛、草藤串结而
成，有挑织精美图纹。芦笙衣的外面穿用
侗布制作的马甲，衣的形制有左衽式、右
衽式、对襟式和包裙式等。衣服上满饰日

月星辰、龙凤鱼蛇等图案，背襟多绣"双

图2-1　通道芋头寨芦笙衣

龙抢宝"图案，花纹、叶龙、花龙和太阳是常见的题材。下身是侗锦和侗绣
缝制的双层花带裙子，衣服的下摆处有一圈绣花的小花带，花带有十二条左
右，绕腰一周，花带上挂着许多羽毛，并用珠串相连。当男子吹着芦笙载歌
载舞时，芦笙衣的羽尾飘起，让人惊艳不已。

②侗族男便装

侗族男便装样式比盛装样式素静、简洁，用料少，费工少，供日常穿着
之用。改土归流之前，侗族男子都着裙装，后来逐步演化成着裤装：上衣对
襟，直领窄袖，包头帕。侗族男子的传统服饰一般分两种款式：一种对襟窄
裤式，一种右衽短衣宽裤式。对襟窄裤式是侗族男装的普遍款式，直领、对
襟、窄袖、布扣，随着年龄不同，扣子的数量和口袋的数量也有所不同。侗

---

①　张柏如.侗族服饰艺术探秘[M].2版.台北:台湾汉声英文出版社,2015:36.

族青壮年的服装一般有九至十一粒扣子，两个上衣口袋；侗族老年人的服装一般有五至七粒扣子，三个上衣口袋。裤子一般是宽裆窄筒，老年人穿的要宽松些，裤筒也宽一些，扎绑腿，穿草鞋。一些偏僻的侗族地区还保留了更为传统的右衽短衣宽裤式款式，上衣一般无领右衽，有五粒扣子，钉铜扣或布扣，没有口袋，下装为宽裆宽筒便裤。过去，侗族人冬天不穿棉衣，叠穿多层单衣以御寒。侗族冬装用上等茛布制作，款式为对襟窄袖，衣扣排列整齐，依次敞开，可以让人一眼就看到穿了几件衣服。同苗族一样，侗族人将单衣一层一层地往身上穿，穿得越多越显得家庭富有，越显得家里的女主人勤快能干，多的可以穿十几件。

（3）侗族女装

①侗族女盛装

湖南南北侗族服饰各具特色。分布在芷江、会同、新晃一带的北侗，由于交通较为便利，生产力水平较高，长期与汉族杂居，服饰受汉族影响较深，大部分妇女不穿裙装穿裤装，裤子颜色以蓝色、黑色为主，服饰款型简洁，上衣为蓝色右衽大襟衣，右衽有花边装饰，着长裤，包头帕，系围腰，捆腰带，常戴环形大耳环。北部侗族的服装一般无刺绣装饰，盛装与便装的区别不大，盛装只是在便装的基础上佩戴一些银饰作为修饰，有的地方加上挂了银饰的红腰带用以区别便装。分布在通道、靖州一带的南部侗族地区因为地处深山内陆，交通欠发达，因此保留了古老的侗族

图2-2　侗族四十八寨女盛装

传统裙衣服饰（图2-2）。这一带的侗族妇女擅长刺绣，服饰精美，衣襟和衣袖都绣有十分精致的马尾绣。图案大多以祥龙瑞凤为主，以各种纹样为辅，例如水云纹和花草纹，下身穿百褶裙，脚踩翘头花鞋，头戴银冠，脖颈戴银项圈，项圈、耳环、手环、腰带等各式各样的银饰令人眼前一亮。侗族女装

的传统下装原本是长筒裙而不是百褶裙，由于侗族在迁徙的过程中进入了山区生活，长筒裙窄而长，不利于在山区行走及劳作，因而侗族妇女吸取了其他民族的下装优点，用百褶裙替代了长筒裙。

②侗族女便装

侗族女便装较为简单，大多穿深黑色百褶裙，由于侗族生活的地方炎热潮湿，穿短裙不穿绑腿容易受到蚊虫的叮咬，穿上绑腿又容易闷热，因而一些地区的侗族妇女在穿短裙的同时还会穿长裤。这体现了侗族妇女的衣着习俗是随着生活环境的变化不断变化的。侗族女便装按款式主要有交领式、对襟式和大襟衣三种。

交领式。上衣无领，左衽无扣，只在左侧腰间用一条布带相系，衣长过臀，常系胸襟，颈部吊银链。下装婚前穿裤，婚后穿细褶裙，扎裹腿，直至民国以后才逐渐改为穿长裤。甘溪、坪阳、坪坦、黄土一带的妇女服装就属于侗族比较古老的宽松型交领式左衽款，保留了百越古族遗风。

对襟式。上衣直领，无扣无带，常以一方围裙系于腰部，过去衣长及膝，后来逐渐改短，衣袖瘦长窄紧，内配紧身绣花胸兜，胸兜用带子系住，下装一般是百褶裙或长裤，裙长至膝，扎绑腿或裹布套，足穿船形鞋或绣花勾鞋。春冬季时，外面套一件琵琶襟或右衽衣，绾扁髻或盘髻，用木梳固定于头后，如出嫁、赶坡会或逢节日时会着盛装，戴上项链、项圈、手镯、银耳环及银梳等全套银饰。对襟式主要流行于坪坦、高铺一带，这一带原属广西三江，直到新中国成立后才归属于湖南，所以这一带妇女的着装习惯仍与三江保持一样。20世纪早中期，通道一带侗族女子的盛装，上衣为琵琶襟，领襟及袖口为其重点装饰部位，镶绣彩色布边及织锦边，并绣饰有双龙抢宝、花草、蝴蝶等纹样，马尾绣工艺，配色和谐俏丽，下为百褶裙，百褶裙不过膝，裹绑腿。

大襟衣。衣长齐臀，无领或矮领，大多为蓝色或深蓝色上衣，并以白色绒布条镶边，冬季时，穿三到四层外套夹衣，围腰裙。夹衣由三种自制的不同面料做成，一是用浅蓝色侗布做里料的"夹衣"；二是以侗织棉绒布料做里料的"棉绒衣"；三是以现代机织的棉绒面料做里料的"洋绒衣"①。独坡、播

---

① 何相频，阳盛海．湖南少数民族服饰［M］．长沙：湖南美术出版社，2010：58.

阳及团头、地阳坪一带女装多为右衽大襟衣。新中国成立之前，中青年妇女穿裤装，老年妇女大部分穿裙子，扎绑腿。新中国成立以后逐渐改为穿裤装，不扎绑腿。右衽大襟衣是通道境内最为普遍的款式，虽然款型基本一致，但每一个地区又略有区别。

(4)侗族童装

童装是侗族服装中的精华。侗族擅长织锦，儿童的衣、裤、帽、鞋、背袋常常用侗锦做成。侗族儿童围圆形坎肩，穿马褂衣。

2. 湖南苗族服饰款型

(1)湖南苗族的起源

苗族是一个历史十分悠久的民族，居住在湖南的苗族自称"果雄""缩""牡"等等。主要聚居在湘西土家族苗族自治州的花垣、凤凰、吉首、保靖、古丈、泸溪等县市，张家界市的永定区、桑植县，邵阳市的城步、绥宁以及怀化市的沅陵、靖州、芷江、新晃等县，根据 2010 年第六次全国人口普查统计显示，湖南省苗族总人口 206.04 万。苗族的先民被称为"苗""苗民""三苗"等。尧舜时期，"三苗"中的一支部落被赶到南方，至商、周之际，形成了一个强大的部落集团，被称为"南蛮"。至秦汉，"南蛮"又因居住地域而产生"黔中蛮""武陵蛮"等称谓。这些被称为"蛮"的族群不仅包含了苗族先民，也包含了土家族、瑶族等其他民族的先民在内。唐宋之后，随着苗族经济和人口的发展以及苗族人自身认识的提高，出现了"苗"的称谓。到了明清，史籍中关于"苗"的记载增多，"苗"的概念才更加明确，虽然很多记载中经常将与苗族相近而居的一些民族也误称为"苗"，以至于"苗"如同之前的"蛮"一样，成为西南很多少数民族的泛称。人们常根据服饰颜色、民俗风情、居住地域赋予苗族人不同的称谓。如根据服饰颜色称为"红苗""花苗""白苗""黑苗"等，根据地域而称"乾州苗""靖州苗""镇竿苗""城步苗"等，根据习俗差异而有"生苗""熟苗"之称。其中有些称谓还往往含有贬义，有的虽不称呼为

"苗"，但实际又是苗族的一部分。① 新中国成立后，党和政府综合社会及苗族人民的意愿，统一称为苗族。

　　由于苗族没有文字资料可供考证，苗族的来源至今仍众说纷纭。目前主要有"三苗"说(朱熹《记三苗》等其他古籍)、"髳人"说(清末章炳麟以及近代一些学者，认为三苗被禹灭之后迁往陕甘地区发展成髳国，并在武王伐纣后，迁往其他封地)、苗汉同源说(通过对比苗汉的宗教、语言等)。此外还有"南蛮欢兜"说、贵州苗族土著说、长沙武陵蛮说等观点，大量外国学者对苗族的起源也颇有研究。不论苗族起源究竟为何，在漫漫的历史长河中，苗族先民与其他民族相互融合，成为现在的苗族。②

(2)苗族男装

　　湖南苗族男盛装与便装区别不大。清末，男子多穿又肥又宽的无领右衽满襟衣，少数穿对襟衣，一般是五粒钉布扣，袖口小而长。青年男装色彩亮丽，胸前、衣领处、袖口处有绣花点缀。民国后期，服饰上的绣花装饰逐步减少，男子裤长至踝关节以上部位，裤身大，裤脚更大。20 世纪 50 年代起，男装以宽松为主，便于劳动。上衣以立领对襟衣为主，盘布扣，有七粒、九粒之分，衣袖长又细，下装裤腿又短又大，最长仅过膝盖，颜色大多是自染的青、靛色的花条格格等等。有些地区苗族男子还有穿七层衣的风俗，在节日或者迎接贵客时，将新衣一层一层套上，最多可达七层，以示尊重，系扣子的时候故意每一层都少扣一粒扣子，将七层衣服全部都展示出来，形成男装的独特之美。

　　湖南怀化靖州、通道地区的"插花苗"（又称"花衣苗""花苗"）男装，上衣为三个口袋的对襟短衣，前襟一般为七粒布扣。颜色随季节而发生变化，夏季以浅色为主，如白色、蓝色，而冬天以青色和深紫色为主。花苗男子盛装会在领口用红、蓝、黄三原色的丝线绣出锯齿形的波浪纹，代表河流。下身穿着便裤，裤脚较为肥硕。花苗还有一个特色就是冬天裹绑腿，绑腿上也绣有波浪纹。如遇到婚礼等隆重场合，新郎一方派去女方接亲的家客中，长

---

①　游俊，李汉林. 湖南少数民族史[M]. 北京：民族出版社，2001：43.

②　游俊，李汉林. 湖南少数民族史[M]. 北京：民族出版社，2001：43-44.

辈基本都会身穿大襟长衣，以表尊重和礼数。

草苗男装与侗族男装很相似，上装为对襟短衣，左右两个口袋，直领，头上包青帕，下装为大头短裤，十分简洁。裤子是大裤头，宽裤腿，没有其他装饰，裤头左右对折，然后圈起，不用捆带子也可以穿。

城步、绥宁地区的"青衣苗"也有自己的特色，清朝时男子流行无领梅条花边对襟衣或者大襟衣，宽短的下裤镶着花边，打青色的绑腿，布条巾扎腰。民国以后，青衣苗的男子装扮以及头帕都越来越汉化了。

凤凰地区苗族男装服饰简朴，喜缠青布头巾，长丈余。老年人穿四粒扣子的右衽衣；青壮年喜束腰带。衣裤青、蓝色居多，裤长只至膝盖下四寸许，裤口较大，擅打绑腿。有的老年人穿白布袜、布鞋。

（3）苗族女装

湖南苗族服饰在改土归流前后有比较大的变化。改土归流以前，湖南的苗族服饰已经形成较为完整的体系，男女装之间差别十分细微，都穿裙装，上装是青色或蓝色的绣花衣，下装是百褶裙，并且包头帕。改土归流之后，清政府在苗族地区将土司制度改为流官制度，要求苗族服装分男女。苗族服饰在吸收汉族服饰文化的基础上有了较大改变，自此苗族传统男装逐渐消失，由裙装改为裤装，女性在延续传统服饰文化的基础上也出现了区域性的差异。苗族女盛装精美繁复，艳丽多彩。服饰工艺有绣花、挑花、贴花等多种形式，工艺精湛，极富特色。便装样式比盛装样式朴素简洁，用料少，较少有绣花，供日常穿着，耐脏耐磨。

①苗族女盛装

苗族女盛装以湘西苗族女盛装和怀化靖州"插花苗"女盛装最具特色和代表性，是湖南苗族较为典型的盛装形式。湘西苗族女盛装分布在凤凰、吉首、花垣、麻阳一带。每当节日喜庆和婚嫁之时，女性都会穿自制的繁复华丽盛装，在展示女性服饰精湛的制作工艺的同时，尽显湖南苗族服饰艺术的精髓。上装右衽大襟，圆领、无领或是小立领，袖口较宽，衣襟的位置用五六粒本色布的纽扣进行合拢，两侧缝开衩，有的衣襟下摆有开衩，衣衽、衣襟、衣摆及上装环肩部位绣有精美花卉图案，颈处系着围裙和扎着花带；下装为直筒裤，裤口齐脚踝。衣服环肩和袖口处、衣襟的襟边、裤脚周围有黑色包边。头缠各种式样的包头帕，头帕为格子布或青色丝帕，头帕包成尖顶或圆顶，额前配有银帕，银簪和银花饰满整个头帕，佩戴者举手投足，各种银花随之舞动，各种银饰叮当有声，光彩照人。妇女的上衣带有云肩是湘西苗族女盛装的一个特点，云肩颜色艳丽，围绕着肩部的肩线路径，一道精美的刺绣花边和两道精细的滚边结合，虽然纹样看起来朴素简单，却巧妙绝伦。如果再加上杏梨形态的高腰绣花的胸围兜，和盘肩组合创造出一种匠心独具的服饰艺术风格。下装是绣花裤，裤脚镶有黑色宽边，脚穿绣花鞋。夏天上衣多为白色或浅色，下裤多为蓝色，冬天多会穿深蓝色或是深灰色的背心马甲。湘西苗族女盛装还有一个重要的特点是银饰精美。银饰包含的种类有很多，例如耳环、银帽、项圈、手镯、凤冠、牙签等等，这些银饰不仅凸显了苗族人的审美意识和生活情趣，而且还是地位和财富的象征。苗族姑娘在未出嫁之前，娘家人会亲自动手或是请当地寨子中手艺精湛的绣女绣织嫁衣，并且还会为女儿准备好做工精细、图案精美的各种银饰，这些银饰越华丽越彰显家族的富有。这类婚嫁盛装不只是穿一次，在日后生活中每逢喜庆佳节照样穿戴。湘西苗族女盛装绣织艳丽、银饰璀璨，扎花腰带、系围裙、穿花鞋、披肩，有的还穿红褶裙等，服装多而不乱，造型动人。

靖州"插花苗"女盛装在《靖州乡土志》中有记载："女则上衣直领，下裙襞绩而短，仅能掩膝盖，衣裙缘以花，妇平挽两角为满装，花衣苗也。"盛装盛行中锹(今三锹)、上(今藕团乡的高坡、高营、老里和平茶乡的棉花、江边、地祥、新山等村)和新厂乡的地交村的苗族，服饰、首饰基本相同。这一带的姑娘出嫁或参加芦笙节等喜庆节日活动时，头缠花辫，并戴上两端绣花的头帕或银帽，花辫上插银花、银蝶，胸系围裙，身着胸襟边缘和袖口都镶有红、绿、白相间的栏杆式的右衽"梅条衣"，腰围自织的并用红、绿、白纱精工挑绣的花带，下着红兰花边的黑色白褶裙，内穿滚绣花边的长裤，脚穿布袜子及勾勾花鞋(鞋尖勾上)。耳吊银环，颈挂项圈，胸前挂"盾牌"(即银质胸花)、"香包"、银牙钎、银剑、银马刀等以银链连缀的一大串银饰，手着银圈。[1]

湖南其他地方苗族盛装就要简单得多。生活在通道一带的"草苗"，女装

---

① 怀化市民宗委事务委员会. 怀化市民族志[M]. 北京：线装书局，2014：267.

独树一帜，十分有特点，主要由头帕、腰带、百褶裙、绑腿以及云头鞋等五部分组成。它的主要颜色为深色的青黑色。整体结构就是头上裹着头帕，上衣是矮领右衽大襟，衣长过臀，衣扣配有银圆扣，在斜衽边和袖口镶染着五种颜色的布条叫作"五彩边"，有些地方后将五彩边发展为"七彩边"；腰间缠绕着鲜艳的腰带作为装饰，而这种腰带是用丝线织缝打造出来的，腰带的两边还坠着五彩的流苏，向下低垂着直到腹前。花苗的围腰系于腰部，大多由矩形织锦片或刺绣片缝制而成，织锦花纹图案为典型的几何图形，在周边拼缝的土布上绣有花草等吉祥图案。也有用同一种面料绣上大朵牡丹、龙凤等图样，四边同样绣有连枝花纹。下身是一条及膝长的百褶裙，以深黑色或者藏青色土布做成，裙下摆有挑花、刺绣、织锦而成的花边。这些各式各样的图案花纹，常常含有深意，有代表祖先居住地山峦河流，也有代表故地的万亩良田，以示对祖先的追忆之情。小腿上捆扎绑腿，绑腿上端由一根丝线织成的手指肚宽的花带捆绑着，吊在小腿的位置上，脚穿着绣花鞋，绣花鞋的鞋面和鞋帮处都绣有鱼虫花草等纹样。

泸溪、沅陵等地区的苗族妇女，她们自称"瓦乡人"，服装十分简朴，多为立领大襟衣。春季和夏季的上衣一般为浅白色；秋天和冬天的上衣多为深蓝色，上衣几乎没有绣花，围兜挑花的颜色也大多是蓝、白或黑、白这些朴素的颜色。

②苗族女便装

苗族便装相对地保留了传统风格，虽称为便装，但同样讲究色彩搭配和图案装饰。女便装以深色布料为底色，在领口、袖口和裤脚处用黑色的宽边来衬托，刺绣上各种花边图案。布料选用和刺绣图案采用对比色，比如青、靛、蓝、紫、红、白、黄、绿等颜色，色彩搭配明亮，对比强烈。

生活在麻阳、凤凰、花垣、吉首、古丈等地的苗族妇女保留上衣下裤的传统，春秋时节上衣多为白色或浅色条纹，下裤多为蓝色。上衣主要是以胸襟式为主，胸襟和袖口处都以黑色为衬托，绣有花纹；裤脚镶有黑色宽边。脚穿绣花鞋，腰上系着绣着各种动植物纹样的围裙。冬天多会穿深蓝色或是深灰色的背心马甲，头缠黑色、青色的布帕或者丝帕。靖州苗族妇女便装较为简单，未婚姑娘身穿右衽长衣到膝盖，腰束青色大腰带，脚穿尖勾花鞋。

湖南怀化通道、靖州一带的苗族女性仍然穿百褶裙、打绑腿。便装崇尚简朴，自织、自染、自缝。青年妇女的便装较素净，中年妇女不打花瓣，而挽发髻，插上木梳，也穿百褶裙、打绑腿。中老年妇女的头帕较青年妇女的短些。老年妇女的腰带是用白线、青线织的，叫大白带。

湖南其他地区的苗族由于生活的区域相对发展得快一些，他们的穿着打扮在一定程度上受到了其他民族的影响，虽有保留服饰的民族特色，但也只是起到装扮和点缀作用。

（4）苗族童装

男童身穿对襟衣，系围衣，下穿裤子；女童穿右衽衣，系围腰，着百褶裙或裤子。苗族的幼儿主要有帽子和"口水兜"装扮，童帽式样复杂，做工精细，有狗头帽、凉帽、菩萨帽等。

3. 湖南土家族服饰款型

（1）湖南土家族的起源

湖南省目前除汉族以外，人口最多的少数民族是土家族。湖南的土家族主要聚居于湘西土家族苗族自治州的龙山、吉首、保靖、花垣、永顺、凤凰、古丈、泸溪、张家界市的桑植、慈利县和永定、武陵源两区，以及常德的石门、桃源县和怀化的溆浦、芷江和沅陵等县市，据第六次全国人口普查，湖南省总共有土家族人口 263.25 万，约占全国土家族总人口的三分之一。

土家族自称"毕兹卡"或"毕际卡"。秦、汉以前，史书将土家族同其他少数民族一起统称"蛮夷"，并结合地域称为"武夷蛮""五溪蛮""澧中蛮""黔中蛮"等。唐宋时期，为了不与"苗""瑶"等其他少数民族混淆，这才有了"土人""土兵""土丁"等较为固定的名称，"蛮"演变为"土"。随着明初大批汉人迁入土家族地区和清初改土归流之后，出现了"土家"的称谓（土家族人用汉语自称"土家"，而对于新迁进本族的汉人称之为"客民"，将苗族人称为"苗家"）。民国时期国民政府不承认土家族的民族成分，蔑称其为"土蛮子""蛮子"，直到新中国成立，在党和政府的关心下，国务院批准了"毕兹卡"为单一民族，并正式命名为土家族。从此，土家族成为56个民族大家庭中的一员。

湖南土家族族源问题较为复杂，学术界争论较大，至今仍难定论。目前有江西迁入说(主要来源于湘西一带土家族的民间传说)、乌蛮说(认为土家族是在唐代从贵州迁入的乌蛮人融合土著人、巴人而来)、湘西土著居民说(根据对龙山、泸溪、张家界的新石器文化遗址的考证，认为土家族是古代湘西地区土著居民与后迁进的巴人、汉人融合而来)、羌人后裔说(有历史文献和考古学、民族学的资料可证)、古代巴人后裔说(中央民族大学潘光旦教授撰写的《湘西北的"土家"与古代的巴人》中首先提出)。除此之外，还有濮人说、多元说等等，各种说法虽有一定的道理，但是一个族群的形成是历史上诸多原因综合产生的，不能简单地归纳为一种说法。

土家族的服饰在土司统治时期就形成了自己的风格。改土归流之前，土家族一直沿用旧制穿本民族的传统服饰。清乾隆《永顺府志》卷十二《杂记》中曾记载："土司时，男女服饰不分，皆为一式，头裹刺花巾帕，衣裙尽绣花边。"清乾隆《永顺府志》卷十《风俗志》记载："土民散处山谷间，男女垂髻，短衣跣足，以布裹头，服斑斓之衣……性耐寒，虽隆冬止单衣。"又引《明统志》记载："土民服五色斑衣。"这些记载都可以大致地描绘出土家族服饰的基本特点。由以上资料可以分析得出，直至乾隆年间，土家族服饰受中央王朝服饰的影响与冲击不大，主要表现在两个方面。首先，明时规定庶民衣长去地五寸，妇女需遮天足。清时男穿长袍女着长裙，而土家族男女的服饰差别并不特别明显，女性穿短衣短裙、衣长齐臀、裙长齐膝、布缠绑腿、赤足等，都是为了在田地之间干农活方便。因为织布机尺寸的限制，裙子须用八块天蓝色的布拼接而成，用扣子或绳子系于腰间，边缘绣有花边，称"八幅罗裙"。男子的裙子比女子稍短，不过膝，男女裙子的主要区别在花边上。其次，明时庶民一般头戴由六块三角形的罗纱制成的瓜皮帽，俗称"六合一统帽"，或戴由黑色纱巾制成的四方形高顶巾帽，俗称"四方平定巾"。而土家族不论男女都裹头帕，头帕一般由棉布或织锦制成，夏天以巾勒额，冬天以布裹头。乾隆二十年间的《皇清职贡图》线描图第一次呈现永顺、保靖一带的土家族人形象。部分土家男人已开始着裤，上衣为圆领短袍，衣长至大腿，包头巾，系腰带，裹绑腿；女人则"高髻螺鬓"，内穿立领短袍，外套对

着衣裳 看时节

襟背心，下着过膝百褶裙，以布缠腿。① 清朝实行改土归流，清政府官员针对土家族的服饰制定并颁布了"土人宜令剃头""服饰宜分男女""限一年，尔民岁时伏腊、婚丧宴会之际，照汉人服色"等条款，使土家族服饰发生了彻底改变，服饰有了性别、年龄的差异，男子不再穿八幅罗裙和佩戴耳环首饰而改穿满装，也不编发而是剃头了，女子上穿满装，下着汉裙（八幅罗裙）。

（2）土家族男装

土家族男装上衣分为三种：琵琶襟上衣、对襟汗衣和右衽大襟。在很久之前，男性也是身着花装的，在他们的上衣和裤子上都有梅花条进行包边，裤腿上还会有图案丰富的"膝花"。改土归流后，男性的花装慢慢消失了，但头上仍是裹着白帕。土家族男子多穿右衽的琵琶襟上衣，琵琶襟安有铜籽扣，在衣边上有梅花条和缀银钩进行装饰美化，后来逐渐演变成为内穿对襟汗衣，外穿对襟短衫。土家族的对襟汗衣，一般由青色、灰色或蓝色土布制成，其肩背部、袖口下摆及两襟镶有花边，中钉五至七排布扣，两侧下端开衩。裤子主要是青、蓝色，大裤裆短裤脚，白布裤腰，裤子上一般没有口袋。土家族还喜欢用布或织锦、彩带缠腰，青年人把情人送的荷包挂在上面，老人们则可以将烟袋斜插其间，使用起来非常方便。劳动的时候，人们常在腰间用一块蓝色或青色的布作围腰，以解决衣服肥大带来的困扰。许多老年男性都穿圆口的布鞋，夏天或平时上山干农活时多穿草鞋，尤其是棕耳草鞋；秋天或参加一些正式活动时穿布鞋，布鞋一般青面白底，鞋底较厚。

生活在怀化市沅陵县的土家族喜欢在衣边、头巾上镶五彩刺绣，质朴与华美搭配，十分别致。服装以青、蓝两种颜色为主。成年男子在头上包青丝帕或青布，呈人字形，穿对襟衣，衣服多为黑色和青色，正中钉上七对、九对、十一对不等量的布扣。衣领较高，衣袖小而长，袖口镶花边。宽松自如，行动方便，体现出彪悍之气。裤子也是青、蓝布料，裤腰为白色，青年人喜在裤口处镶花边，中年人则喜在裤口处贴异色布，老年人的裤口通常为素色。

土家族男子通常留短发，头裹人字格的青丝头帕，以青、蓝、白或条纹

---

① 何相频，阳盛海. 湖南少数民族服饰［M］. 长沙：湖南美术出版社，2010：6.

布为主，长二三米。身着高领布扣的对襟衣，白裤腰短裤脚的大裆裤。上山下地劳动时多穿"水草鞋"，平日赶场(赶集)、做客则穿多耳麻草鞋或青面布底鞋。

（3）土家族女装

①土家族女盛装

土家族妇女的上衣有左开襟和右开襟两种，上衣无领，喜欢宽袖栏杆衣。宽袖栏杆衣由土家族自纺自织的土布制成，大多染成蓝色、青色或灰白色。右开襟，从上领到下摆到衣裙脚都绣有花边，袖口处镶上自织的一大二小三条花边(称栏杆)，袖子特别大，有一尺二寸，相当于一般袖子的两倍，也称为"宽袖"。钉五至七粒布扣，前后幅很长，一般要求过膝盖，袖口和托肩的颜色与前后幅的颜色各异。胸前外套围裙，俗称"妈裙"或"围腰帕"，围腰帕是土家族中青年妇女劳作时必穿的服饰，有利于更加便捷地进行农务。围腰帕由土布制成，单幅，上部分为半圆或椭圆形，下为三角形，从上半圆形及下脚也有一圈花边，宽约一寸。胸前绣花约五寸见方，镶上宽边及花带边。上部分用布条系于颈部，腰部有线织花带。围腰帕正中一般绘有龙、凤、花鸟、蝴蝶、蝙蝠等吉祥图案，色彩鲜艳亮丽。土家族妇女的下装初为裙装，款式有百褶裙、八幅罗裙、筒裙等，八幅罗裙是土家族最具代表性的裙装。八幅罗裙尽管在款型上受汉族服饰文化的影响，但裙上的刺绣与图案却保留了土家族特有的审美情趣。清朝末年，土家族妇女由穿裙装逐渐变成穿裤装。相对于裙装，裤装在生活上、劳动中更为便利，后来，八幅罗裙逐渐消失，土家族妇女穿的基本上都是短而肥大的裤子，颜色大多是青色或者黑色，加白裤腰，裤脚有一道边，心灵手巧的妇女会在裤脚边挑绣一圈花纹。土家族女鞋比较讲究，有船头鞋、气筒鞋、圆口鞋、钉钉鞋等，鞋面是青色、蓝色或红色，上面绣满花，鞋口滚边细细挑花。

土家族姑娘出嫁必定要穿"露水衣"，"露水衣"是土家女孩最为讲究的嫁衣。"露水衣"一般右开襟，红色，大袖大摆，领口、袖口镶有黑色窄边条，下装搭配八幅罗裙或百褶裙。土家女孩出嫁时头顶银凤冠，身上佩戴全套银饰，闪闪发光。土家族女子的发式因年龄不同而不同，小女孩梳羊角辫，未婚女子留两条长发辫，已婚妇女大都将头发编成单辫并向后挽起梳成"粑粑

着衣裳 看时节

髻"，头戴五凤勒子，插转心花，耳配银坠，腕戴银圈，胸前挂亚铃牙签。

②土家族女便装

土家族便装更加生活化、实用化。土家族妇女头上包青丝头帕，服装用料多为家织的青、蓝棉布，上衣一般向右开襟，滚花边，不做衣领。裤子亦多为青、蓝、绿色，上连白花裤腰。裤脚处蓝底滚青边，边后缀三条梅花条。鞋子有"尖尖鞋"和"瓦片鞋"两款。鞋面用料为青蓝色或粉红色绸缎，鞋口滚花边，鞋尖部分用五彩丝线绣图，展示了土家族妇女的心灵手巧和勤劳智慧。

沅陵土家族便装讲究整洁漂亮，中老年妇女头包青丝或青布帕，头帕长1.7至2.3米，一般包成"锅螺圈"形。女子上装通常是大襟衣，这种衣服的特点是左开襟，袖大而短，无领，滚边，衣襟和袖口有两道不同的青边，但不镶花边。还有一种是银钩衣，银钩衣为矮领，衣袖比大襟略小略长，衣襟和袖口镶宽青边，袖口青边后再加三条五色梅花边，胸襟青边则用彩线绣花。另外一种是三股筋衣，衣大袖长，袖口镶16.5厘米宽边，领高1.65厘米，镶三条细边。

(4)土家族童装

土家族儿童的服装款式与大人的款式类似，主要是对襟和右衽大襟，也有有领和无领之分。最具特色的是童帽。土家族妇女根据孩子年龄和季节的不同制作了许多类型的童帽，如满月婴儿的"金瓜小帽"，半岁至两岁孩子的"虎头帽"；春秋季节的"紫金冠"，夏季的"凉帽"，冬季的"狗头帽""狮头帽""鱼尾帽"；等等，还在帽子两侧和帽尾挂上了银铃，走起路来一摇一摆叮当作响，甚是可爱。土家孩童还喜欢佩戴项圈，项圈上挂有"长命百岁"的同心结或者如意。白虎是土家族的图腾，传说土家族的祖先以射杀白虎而闻名，土家族小孩至今保留着头戴"虎头"或"猫头"形的童帽、脚穿虎头鞋的传统，以表示对祖先的崇敬，并祈求祖先保佑。

4. 湖南瑶族服饰款型

(1) 湖南瑶族的起源

湖南瑶族主要分布在永州、郴州、衡阳、邵阳、怀化、湘西土家族苗族自治州等地市的 30 余县，据 2010 年第六次人口普查，湖南省瑶族总人口约 71.32 万人，其中以江华瑶族自治县的人口最多，其他则与汉族杂居或者散居在各县。瑶族作为湖南省境内的一个古老的少数民族，分布地域辽阔，而且大多生活在山区。关于瑶族的起源，有学者认为源于山越，有学者认为源于长沙武陵蛮，有学者认为源于夏商时期的"尤人"，还有学者认为源于古"摇民"等。

瑶族中一大支系的盘瑶源于黄河下游与淮河之间的尤人，另一大支系布努瑶在春秋战国时期被称为"摇民"。据有关史料记载，居住在洞庭湖沿岸的瑶族先民，在宋代分两路向南和西南迁徙。一路沿衡山、郴州、桂阳、零陵向南，与原已迁徙的"莫徭"在南岭诸山汇合，成为"蛮徭"或"徭人"。《宋史·诸蛮传》称："蛮徭居山谷间，其山自衡州常宁县，属于桂阳、郴、连、韶四州，环行千余里。蛮居其中，不事赋役，谓之徭人。有山徭、民徭之分。"这就是说，他们是今湘南瑶族的先民。另一路则向湘西南迁移，沿资水而上，与梅山蛮相会，名"莫徭"或"徭人"，为今湘西南瑶族主体，"莫徭"名称在这一时期的文献中大量出现，标志着瑶族名称已开始确立。湖南瑶族的名称很多，一般自称"尤棉"。分布在江华、零陵、新宁、蓝山、宁远、道县、城步、辰溪等县的是盘瑶，自称"勉"，盘瑶是湖南瑶族人口最多、分布最广的。分布在隆回、通道、溆浦、辰溪等县的是花瑶，又称花脚瑶，自称"吾奈"。分布在江华、江永等县的平地瑶，自称"炳多尤"。此外，还有过山瑶分布在江华、蓝山、宁远等地区，八洞瑶自称"洞里瑶"，分布在新宁县，等等。新中国成立后，根据瑶族人民的意愿，统称瑶族。

(2) 瑶族男装

瑶族男子喜欢蓄发盘髻，以红布或青布包头，穿无领对襟长袖衣，衣外斜挎白布"坎肩"，下着大裤脚长裤。瑶族各支系服饰存在较大差异，男子服装以青蓝色为基本色调，以对襟、斜襟、琵琶襟短衣为主，也有的穿交领长衫，配长短不一的裤子，扎头巾、打绑腿，朴实无华。

居住在湖南溆浦山背与隆回小沙江虎行山一带的花瑶男子上衣为无领对襟长衣，一般长至膝下，前胸排列的鸳鸯扣有二十对，在袖口和对襟两旁有花纹图案，腰间系绳花腰带。头捆绣花巾，即将两端绣有花纹的长头巾捆于头上，成圆形，平顶。

通道盘瑶男装与侗族男装基本相同，头扎青布瑶帕，上身穿高领、对襟五扣或七扣缝制的三荷包短衣，下身穿对折大头大筒裤。

(3)瑶族女装

湖南瑶族由于居住地区比较分散，瑶族女装就式样来说，有六七十种之多。瑶族服装一般都用蓝靛染布作底，用黄、蓝、绿、白、红等色点缀，运用绣、挑、织染等工艺装饰，以挑花最为精美别致。瑶族妇女上衣多穿齐领无扣对襟绣花衫或右衽长衫，袖口或衣边以红色宽边加以装饰，衣长齐膝。下穿宽脚长裤或筒裙，腰间系有红、黑、白等多种色彩织成的腰带或织带，下装有裙装和裤装。着裙装的穿绣花筒裙，着裤装的绑绣花绑腿。早期，瑶族女子穿裙装而不穿裤装，随着很多地区的瑶族往山区迁移，逐渐改为穿短脚裤装，并在裤脚加绣花边。瑶族女服饰在形制风格和图案上区别很大，但上衣都是对襟齐领。

花瑶女装以花带缠头为帽，后留流苏(意为狗尾)，圆领斜扣门襟，挑花围裙，色彩以橘红、湖蓝为主，与其他瑶族支系的服饰在整体的样式和色彩上都有很大差异。花瑶女子普遍着素色衣，喜欢穿绣花衣裙，腿系绑带，身缚花腰带，喜欢颜色鲜艳的头巾。上衣对襟无领，开口于胸，里衣长盖，外衣长近踝骨，袖口与衣下摆均刺有彩色花边或以花布滚边，衣扣以红、蓝布结成，里衣每边六个，外衣每边十个，每两个缀一边，纯为装饰。腰带以八节以上圆筒形彩布连缀而成。圆筒布最讲究花色，裙以粗纱白布为料，前幅以细股彩色毛线挑刺成菱形、三角形、梯形、矩形等几何图案，裙中、后幅以素色纱线挑刺花鸟走兽图纹，裙脚亦以花布滚边。绑腿带以白布为底，边沿刺花，绑时由下而上，形成节节彩纹。花瑶服装因年龄不同而有所不同。

老年人喜欢蓝灰色上衣，中年人穿深蓝色上衣，青年人穿浅蓝、浅绿或者白色上衣。

居住在常宁、新田、祁阳以及宁远等地的顶板瑶妇女有戴架的习俗。瑶族女孩 10 岁以后就开始剃头留发了。她们将头部正中三寸方圆的头发留住，其余全部剃光。待头发长后扎成小髻，并戴上一块四周都镶有花边的青布。到十五六岁就戴上顶板，即戴架，以示成年，可以谈情说爱了。[①] 顶板瑶妇女一辈子只戴一次，直到结婚怀孕后才取下，因而戴架成了顶板瑶妇女的标志。

江华瑶族妇女有的将头发盘于脑后，用黑色的纱网包住，再用银簪别好；也有将头巾做成帽子佩戴的。

盘瑶妇女的服饰由头巾、上衣、坎肩、围裙、腰带等组成。头巾一般为一丈二尺长，象征一年十二个月。少女头巾以浅色和红色为主，象征妙龄如花，青春红似火，又是未婚的标志。中年妇女多用蓝色，寓意洁朗如天，纯情似水。老年妇女则用青色，表示庄重稳健，青松不老。上衣除领口衣脚袖筒刺绣外，其他部位少见绣花，朴素而庄重。布衣扣五对，象征五神临门。搭肩，也称坎肩，用若干层布料叠成，呈椭圆形状，搭在肩上既具装饰美，又有实用价值。挑重担、背背篓时，能减轻对肩膀的重压和摩擦，避免衣饰磨损，可谓别具匠心。围裙用珍珠银链点缀装饰，光彩夺目，行走在山间小道，只闻环佩叮咚。裙边饰以山峦图案，意在山峦之中安居乐业。裙的中央不绣花草，表示心地纯洁。腰带是用手工织成的线带，宽约六寸，长约六尺。中部有浓艳的红色，意味着心中炽热。两端绣花草飞禽，缀上银珠，束在身后，宛如花开并蒂，意结同心。裤脚边要绣约五寸高的奇形花样，构图浪漫。盘瑶妇女的服饰，从上到下，配合得十分得体。

（4）瑶族童装

瑶族童装在我省各民族的服装中十分讲究，也别具特色，款型与大人的相似。瑶族童帽与瑶族的图腾崇拜关联甚紧，如"狗头帽"，就是瑶族犬图腾的象征，还有钉有十八罗汉银菩萨的银帽，绣有平安吉祥图案的各式刺绣童

① 郑德宏，任涛，郑艳琼. 湖南瑶族风情[M]. 长沙：岳麓书社，2009：23.

帽，都不同角度地体现了瑶族的祈福心理。

5. 湖南白族服饰款型

(1) 湖南白族的起源

湖南的白族主要分布在张家界市的桑植县，据第六次全国人口普查统计，湖南省白族人口约为 11.57 万，主要居住于芙蓉桥、刘家坪、马合口、洪家关、谷罗山、五里桥等十余个乡镇。白族是湖南的外来民族，来自云南省的大理地区。白族迁入湖南境内的桑植县已有 700 多年的历史，白族自称"白子""白尼"，意思是"白人"。《史记·西南夷列传》中记载白族的先民生活在云南的中部和西部地区。三国两晋时期，白族被称为"叟"或"舞"，到了唐宋时被称为"白蛮""河蛮""下方夷"。宋末元初（公元 1251 年），蒙古大汗蒙哥为完成统一大业，派遣其弟忽必烈为大将，率领二十万大军自上都（今河北承德市）经河北、河南、安徽等地南下进攻南宋。在第二年攻下大理国（即现在的云南）后，组建了一支由白族人为主的"寸白军"，一路攻下桂林、衡州（今湖南衡阳）、潭州（今湖南长沙）、岳州（今湖南岳阳），这期间蒙哥战死，忽必烈返回大都继承王位，下令就地解散"寸白军"。此后一部分士兵被遣返云南，一部分从江西进入桑植，与当地的土家族、苗族、汉族等各民族人民和睦相处，逐步定居下来。明清以后，白族还有"民家"的称谓，直到新中国成立以后，"白族"才成为统一而正式的称谓。

(2) 白族男装

白族有句俗语："要得俏，一身皂。"白族人崇尚白色，以"白"为美。白族男子则喜欢蓄发盘髻，并以红布或青布包头，一般身穿对襟白布汗衣，衣外斜挎白布坎肩，下着大裤脚长裤，外套蓝色满肩马褂，也称"巴衣儿"，腰系挑花兜袋，并佩撒穗荷包。下着青色或蓝色裤子，脚穿白布袜子和天官头鞋。

（3）白族女装

①白族女盛装

白族女盛装色调明快，结构简洁。头戴绣花帕，插银饰。上身内穿白色大襟汗衣，中套青布或蓝布满襟马褂，外套绣花围裙，系绣花飘带，胸前佩挂蓝吊线牙签，有锤、夹、刀、虎爪等装饰品，腰间有绣满花纹的围腰，下着蓝色或青色宽裤，脚缠白色裹带，穿绣花鞋。未婚妇女梳一至二根发辫垂于背后，额前留有发穗。已婚妇女挽发髻，髻上有网兜，上别簪子。儿童衣服多花，喜戴鼓形菩萨帽，佩项圈、百家锁等饰物。

②白族女便装

女子内穿白色大襟衣，套黑色领褂，腰系绣花围裙，下穿青、蓝宽裤，脚踏绣花鞋，腿缠白色绑腿，头戴白色绣花或印花包头。朴素大方，美观飘逸，充分显示了白族人民独特的审美情趣。

（4）白族童装

儿童的上衣多为颜色丰富的花袄和马甲式的背心，在外面围上挑花的肚兜。童帽的种类琳琅满目，款式也是多种多样，有模仿老虎、鱼、猫之类的动物造型，还有以几何体进行拼接的各种款式。在帽子上再加上许多珠串银饰，更加灵动别致，活泼可爱。对于儿童而言，银饰的种类并没有那么多，主要有百家锁、项圈和手腕上的银圈等，在圈上会系三根小的链子，链子尾端有锤、斧、铃、签等挂件，在小孩子玩耍期间，发出脆脆的声音，格外清脆怡人。

（二）服饰配件

1.头帕

（1）头帕的由来

在古代，湘西地处"全楚咽喉"，常年是兵家必争之地，所以连年战争不断。湘西的国王名为尤，敌对的首领名为商，尤与商常年对战，一直难分胜负。尤十分苦恼，于是在城门上粘贴了一张告示。上道："天下能人志士何人能打败商国，便将最美丽的三公主嫁给他。"看到告示的男人们都很心动，却没有人前来揭告示。三天以后，一位长相俊美的男子，身披五彩花衣，脚穿五色草鞋，前来揭告示。首领很是高兴，便以美酒招待他，为他饯行。临行前得知他名为龙犬。龙犬在商国的军队潜伏了好久，发现他们军队的人有护膝、护臂和头盔，但是脖子露在外面，所以他等待时机。在一次野外伏击战中，他找准机会，幻化成真身。只见五道彩光忽闪而过，一道道血光散落一地，商人们的头纷纷落地，几乎在同时，一支毒箭也悄悄地射向了他。商国的首领死了，军心大乱，不攻自破。被毒箭射伤后的龙犬苏醒过来，提着商首领的人头去见尤。龙犬因为中毒过深，无法幻化成人身，而尤以此为借口，推托说："人怎么能嫁个犬？"便把龙犬打发了。在帷帐后面的三公主目睹了这一切，悄悄将龙犬留在自己的寝宫。一日，一位高僧说自己可以为龙犬医治，他说自己翻阅无数典籍，在《云上书》中找到一种方法。龙犬本是天上的奇兽，常年生活在云里，而云层的水汽是万物之源，可以给其元气，而在凡间只有用清晨的露水才有奇效。要重生必先将其用布裹，全身放入蒸屉中用露水蒸七七四十九天，说完便化成一道青烟消失不见了。公主照着高僧的方法做了，四十八天过去了，公主见蒸屉里没动静，不禁有点担心，想着龙犬会不会死去，这样想着越来越害怕。她一下打开了蒸屉，只见一个身披彩衣的少年正睡于其中，但这少年却没有头发，公主看到这便也安心了。可她再次盖上蒸屉时却怎么也盖不上了，这时少年醒了，告诉公主只要拿一块崭新的布包于头上，全身的毛发就可以焕然一新，果然两天以后那个翩翩少年又回来了。宫里的人都惊叹他的头发，便都以帕置于头上，希望也可以像龙犬一样让头发焕然一新。龙犬和公主的爱情也成为一段佳话。

　　白族的凤凰帽美丽而独特，具有浓郁的当地特色。位于湘西罗坪山上的彩凤寨流传着这样一个传说。早在数千年前，彩凤寨有一只金凤凰，每年秋天，成千上万的鸟儿都会汇聚于此，前来朝拜。山下住着一对勤劳的姐妹，姐妹俩靠砍柴养桑为生，一日误入一个山洞。山洞四壁金碧辉煌，如进入仙境一般，这时从洞底传来了一声喊声，姐妹两个循声而去，只见一只形似乌鸦的雏鸟躺在火堆里。姐妹俩把它带回家中小心抚养，数日后发现鸟的羽毛变得越来越丰盈美丽，同时羽毛间还泛着金光，就这样过了一个月后，鸟的羽毛长齐了。在要飞回山岭时告诉姐妹俩，它本是彩凤寨的金凤凰，谢谢姐妹俩的收留，作为回报，它送姐妹俩两片自己身上的羽毛，说完便飞向了山岭。说也奇怪，羽毛竟变成了一顶凤凰冠，戴上凤凰冠的姐妹俩变得更加美丽动人了，其他的白族姑娘也相继模仿，凤凰帽开始时兴起来，并流传至今。

（2）头帕的种类

头帕是湖南少数民族服饰的重要配件之一，样式也多种多样。湘西湿度大，温度低，昼夜温差较大，而头帕既可御寒又可以防尘，同时戴着也便于劳作，所以是出行的必备品。女子头帕多为长方形，有以织锦、挑花作为图案装饰的，也有以纯色黑白素格为元素的侗布制作而成的。包头的式样也千差万别，有包缠式的、披搭式的、左包头式的、右缠式的，更有包缠与披裹相互结合组成的，这些成为不同系部之间相互辨别的标志。

头帕可分为长帕和短帕，男头饰则分为大包头装和小包头装两种。长帕没有镶嵌任何装饰，一般就是裁一节180~210厘米的布，使用时把布的一头留一节，帕头在十分之八处，固定在额门发际，另一头往头部缠几圈，然后在发髻下面打上结即可。长帕一般在很冷的天才使用，其他时候都是以短帕为主。包头长帕一层层地重叠于头部，以扁椭圆形为主的，配上各种花巾及彩带，从外观上看显得特别雄壮大方。而小包头帕相对来说就简单得多，一般用一条黑布带在头部捆绑一圈后，再包裹上五色彩线和头巾，让小伙们显得精神抖擞。

①苗族头帕

湖南苗族头帕种类很多。包头帕是苗族人的传统，不论男女老少，都能熟练掌握包头帕的技巧。头帕大约30厘米宽，180厘米长，最长可达360厘米。苗族男子十分喜爱头帕，一般围青色头帕。譬如湘西花垣、凤凰、吉首、麻阳一带苗族男子喜爱青黑色帕，至少需挽五六圈，前后包成人字形。女子喜用青色丝织帕包头，发不外露，平正不偏斜，末挽一道要齐额上。凤凰地区的苗族也多喜爱用土布花帕。凤凰腊尔山等地的苗族妇女多喜欢用蓝底白格或有蜡染图案的花帕包头，称为梅花帕。头帕层层相叠盘缠，由额头一直包至脑后，连耳朵都包在里面，稍向后上方伸展，高高耸立。湘西苗族还有用土布花头帕的。头帕讲究折叠有序，各地包法也不一样，据说苗族有十余种头帕的包法，有的头帕包得大如斗笠，有的包得非常规整、平整，有的包成螺旋状。通道一带的"草苗"男子，头帕较为简单，平时没有什么装饰，只有在过节的时候才会在头帕上插几根野山雉鸡毛进行装饰。"草苗"的头帕与衣服一样也有长短之分，长帕有 200 多厘米，大部分在冬天使用，寒冷的季节可以多缠几层直至脸部，便于挡风保暖。短帕长约 100 厘米，缠绕两圈即可。沅陵、泸溪一带的苗族男子喜欢包白色的挑花头帕，与土家族一样，大多包成人字形。靖州的"花苗"男子头帕以青色或深蓝色为主，头帕两端绣有波浪纹，女子头帕是由黑白两色棉纱织成的，一般宽约 26 厘米，长约 100 厘米，头帕两端有以编织帕身的线头搓成的约 10 厘米长且比纱线略粗的花须。花须与帕的结合部位用不同颜色的丝线镶排成图案。未婚女子在包头帕时，一般以红、黄、蓝、青等各种颜色的绒线扎于辫子末端，和辫子一起盘于头帕外边，头帕两端绣有彩色波浪纹。头帕上扎彩色绒线球是花苗未婚女子的特色，老年妇女一般以青帕或花帕缠头。城步的"青衣苗"男女均用青色头帕和蜡染青布头帕，未出嫁姑娘不用。

苗家老妇人多喜戴粽粑样的三角帕，据说这还和我国著名的爱国大诗人屈原有关。屈原是楚国的大臣，当时楚国内部腐败，奸臣当道，屈原遭小人构陷被流放，在流放途中风餐露宿。快到苗家地界时，屈原眺望着家乡，不禁流下了眼泪。而在沿途的河边，又望着水中自己的倒影，想着自己曾经的一腔热血，满腔抱负现在还没有实现，眼看着快要到家乡了，可却是这般颠沛流离的样子，无颜面对家乡父老，自己身上的冤屈也只有家乡的河水才能洗净，想着便一头跳入河中。押送的将士见屈原跳河便急忙去寻，却怎么也找不到屈原的踪迹。夜里，屈原托梦给妻子说："水里好冷，鱼群还要吃人，我好害怕。"第二天，妻子梦醒告诉家人，家里人便用粽壳包着糯米投入水中，果然晚上妻子便不再做梦了。妻子想念屈原，便用手中的青帕包成了粽子的模样，戴于头间，村里的老夫人们见着三角帕模样甚是好看，便也相继模仿着佩戴起来。

②土家族头帕

土家族的服饰虽然在清朝改土归流时期有了巨大改变，但是土家族人裹头巾的风俗还是保留了下来。土家族男子常裹青丝帕或青布帕，这种头帕宽约30厘米，长约300厘米。包头时，将头帕一圈接一圈地裹在头上，呈人字形。有些地区如与保靖相邻的土家族地区裹白头帕，尺寸跟青丝帕、青布帕大致相同。清政府曾下令土家族人"示禁白布包头"，认为"夫白布乃孝服之用"，命令"用黑、蓝诸色"。虽然强令之下部分土家族人将白头帕改成了青、黑色，但是湘西北地区的一些土家族老人仍然保留了包白头帕的习俗。土家族山歌有唱"白布帕子四只角，四只角上绣雁鹅"，说的就是土家族人制作白布帕的精心细致，头帕的角也要绣上花。土家族白头帕由自纺自织的土布制成，经清水多次漂洗，后在草坪上晒干，看上去洁白无瑕。部分土家族妇女也包青丝帕或青布帕，比男子的略长，她们包头帕特别讲究，先将布帕折成8~9厘米的长条，再缠于头上，不包作人字形，称为"折折帕"。包好头帕后再插上头饰，显得庄重美观。"转心花"为土家族已婚妇女的头饰。土家族已婚妇女都要梳"转转"头，即把头发于脑后挽髻，用丝网罩罩住，别上银簪子。土家族妇女的"转心花"有新妇和戴孝妇女之分，新妇用红头绳进行捆扎，而戴孝妇女用白头绳绑扎。在转心处插上由纯银打造的"转心花"头饰。"转心花"有单层、双层之分，造型图案一般为龙头凤尾或菊花、牡丹等图案。"转心花"也是土家族妇女富有和尊贵的标志。

③瑶族头帕

瑶族发式主要有两种。一是以红、黑、白、蓝帕巾包头。比如蓝靛瑶男子度戒后，多数头上改戴马尾编制的圆帽或缠圆盘形状的黑布包头，红头瑶成年男子用青黑布包头。二是蓄留长发，在头顶上束发髻，扎红头绳或盘长发。头帕由瑶族织锦制作而成。瑶族妇女喜用锦巾裹头，但是头帕只有三十岁以上的妇女才佩戴。瑶族人常佩戴的头帕一般用棉丝线或蚕丝线织成，它有两种素色方形田格样式，多以红色和蓝色为主。佩戴的方式分为尖角型和平板型，瑶族男女也有以绣花青布或红布包裹头的，也有用棉纱和毛线缠头的，头饰式样千姿百态，有塔式、平顶式、飞檐式、絮帕式等等。不同的头帕类型和佩戴方式体现了瑶族不同地域和文化特点。盘瑶包头布带以挑红图案为主，大多用白线条或红线条彩带制作。层层叠叠地包住头部，呈扁椭圆状，或高或低，配上各种花巾及彩带，异常美丽。男性头饰分大包头装和小包头装两种。大包头装用10多条彩带捆叠，小包头装用一丈多长的黑布带捆扎，外叠彩带和头巾，披绣花肩垫。瑶族男女头巾形制各有特色，男性一般多用黑色头巾缠头，也有用红色或白色长带包头的，两端绣有花边图案。女性头帕较男性的颜色多，绣有精美纹样，绚丽夸张。

湖南新宁八洞瑶族的服饰有着独特的风格。那里的女子会将自己四周的头发剃光，只留圆形头顶，将仅存的一束头发一分为二，分前后两支，将湘西独有的黄蜡擦于其上，上支先向上扎高约 9 厘米并用麻绳加以固定使其直上，如同小儿的冲天辫一般，然后将其折下，和下支并齐，使二者呈直线状，再用青布包裹，并用花帕围成锥形，擦上黄蜡。装饰头发的手艺可谓是高手在人间，智慧的瑶族人想了一个奇特的办法。湘西竹叶茂盛，聪明的老乡就因地制宜，先将三根竹片横排三行。这选竹片也是有讲究的，一定要是三年左右树龄竹子的竹片，新竹过于嫩达不到效果，而老竹子竹竿发黄，效果不美观。然后将发尖分成两半扎在竹片上，外面别上红布或花布，再用花手巾盖住后脑，头周围包上一条长毛巾，让尾须垂吊在后面。这样复杂的工序和用心的手法就足以让这花帕变得独树一帜。

④侗族头帕

侗族自古习惯裹头帕，有"侗贵待头，汉贵待脚"的说法。头帕既能御寒、防尘，又便于日常劳动，头帕便成为侗族女性与男性保护头部或装饰头部辅助性的配饰。头帕男女有别，侗族男子头帕多为紫色亮布(侗布)长帕或是黑白相间的格子帕；女子头帕多为长方形，大都用侗锦制作，有黑白相间的花格帕、侗织茛布、白帕等。

⑤白族头帕

白族男子一年四季都戴着白头巾。白头巾普遍用的是自己织的"家机布"，长为五尺、七尺或九尺，在头顶包三圈以上，有的将头巾包成人字形。未婚女子头上插花，额前留刘海，已婚女性将头发挽成髻，中老年妇女则将白色头巾染成青色或者蓝色。

(3)头帕的作用

头帕可用来御寒。湖南地处亚热带地区，空气湿度较大，又因地处山区，因而又多寒湿。头帕的主要材料多以棉麻为主，有较强的吸水性，可以很好地把寒气阻隔在头部之外。头帕还可以用来保暖，头帕置于头顶，而头帕的原材料为棉布，有很好的保温作用，可以让头部的血液保持流通，加强了血液的循环，有利于维持身体的温度。头帕还有攀爬功能。湘西多山地，陡峭的山崖需要绳索攀爬，而头帕层层缠于脑袋，长度和韧性刚好适合做简单的绳索，所以必要的时候老乡也会用它来攀爬。头帕还有存放功能，层层的头帕有时紧密如盆，也好似碗，聪明的老乡有时也把它当作盛放工具，不管是山里摘的野果、草药，还是集市上买的烟草、炊瓢统统都可以放入其中，如百宝箱一般。头帕还有养发功能，据说常年戴头帕的人头发都是细密黝黑的，根根发亮。

2. 绑腿

湖南通道的侗族、江华和隆回的瑶族、靖州和通道的苗族都有打绑腿的习俗。绑腿又称护腿，顾名思义是一种用于腿部防护的服饰配件，主要是用来保护人们的腿不受伤害。草苗的绑腿不是绑，而是穿，因为绑腿是做成圆筒状穿在小腿上的。以苗家土布为原材料，将土布做成筒状，并在筒状的土布上缝上花带。这种筒状的绑腿通常在田间劳作时穿戴，而盛装时穿的就十分讲究了。侗族的绑腿一般呈长方形，长一尺二寸，宽八寸，有前后之分，前片左正中间绣花，右边也呈对称地在右正中间绣花，后片在小腿肚的位置用针挑出一块宽两寸的小织锦，并在上端两角各钉一个圆形小布条，下端用红布滚边，最后在这些部位的反方向再钉小角钉，侗族的绑腿就做好了。侗族绑腿与苗族绑腿有着许多不同的地方，但是它们的原理都是一样的。

（1）绑腿的由来

绑腿由何而来现在已无据可查，只有相关传说。据说很多很多年以前，湘西地处潮湿之地，多蛇虫，有一条修炼百年的毒蛇盘踞于大山上。山上有一个小寨，寨上的居民自给自足不下山，倒也相安无事。有一年春夏之交，一场百年难遇的洪水使大蛇上山，让原本安静的小寨出现了危机。因为洪水，食物变得尤为稀缺，毒蛇便以人为食物，寨民的生命岌岌可危。就在这时，寨里有个聪明能干的姑娘名为小玉，她实在不忍心看到乡民们被毒蛇这般欺负，便自告奋勇准备以身犯险。她潜入毒蛇的洞穴，经过数日的观察，

着衣裳 看时节

发现毒蛇不食同族，而且毒蛇只能看见膝盖以下的部分，太高的地方它看不着，咬人也只咬腿部。于是她受到了启发，在布上用线织满了类似蛇纹样的图案，并把布绑于腿上。果然，当她经过毒蛇时，毒蛇以为她是自己的同类，没有吃她。小玉便利用这个机会，一刀刺向了毒蛇，毒蛇便一命呜呼了。寨子里的人知道这个方法后，感叹小玉的聪明才智，也都纷纷效仿她扎起了绑腿，于是绑腿就在湘西各地流传开来。

（2）绑腿的作用

绑腿有助于行走。苗族人出远门时将绑腿布从鞋帮处一路平裹至膝。打绑腿时以站绑为主，会将鞋口封住，松紧适中，行万里亦如初。这是苗家走远路的土方法，又省钱又有效。绑腿还可以避虫蛇、隔荆棘。湘西地处湖南西部，西邻贵州，苗乡重峦叠嶂，水气重，湿气大，气候尤其特别，盛夏不觉热，寒冬雪封山。在冬季，绑腿在一定程度上可以用于保暖。到了夏季，这种闷热潮湿的环境，却是蛇虫的天堂，绑腿在这中间也起到了很好的保护作用，避免了蛇虫的咬叮。湘西山区的地形复杂，往往多荆棘，这些荆棘扎到人后便使人苦不堪言，绑腿在其中起到了很好的阻隔作用。绑腿在关键时刻还可以救命。如果爬山负伤了，绑腿可用作固定物接合伤口与骨头。在被毒蛇咬伤时，可以用绑腿缠绕伤口，阻止毒液和其他血管之间的血液流动。攀山遇到危险时还可以将绑腿绞成绳索，用以自救。绑腿展现了湘西少数民族的勤劳与智慧，反映了当时社会人们劳动和生产的状态，同时也是勤劳能干的少数民族人民汗水和智慧的结晶，有着深远的文化价值。

3. 绣花鞋

早在5000年前的仰韶文化时期，我国就出现了第一双原始兽皮鞋。它的产生是为了保护脚不受外界的伤害，是以一种工具的形式出现的。现在，鞋子不仅是一种工具，更是装饰。湖南少数民族鞋子种类丰富，除了农耕时常穿的草鞋之外，还有各种精美的绣花鞋。地域不同，民族不同，鞋子也不同。

制作草鞋先搓好稻草绳或麻绳，编好鞋耳（即短棕绳绞成双股线），拿一把上好的糯谷草，捶柔软，把板凳放倒，四脚朝天，套上草鞋棒，即可坐上去编打草鞋，这种草鞋称为棕耳鞋。讲究的人家，不用稻草，用麻来编制，称之麻耳鞋，这种鞋既轻巧柔软，又耐用，穿上不回汗，非常舒适。

湖南少数民族女性在节庆时都会穿绣花鞋。绣花鞋一般鞋头稍稍翘起，鞋面先用纸剪成各种图案粘在鞋面上，再用五彩丝线与平针绣法在原来剪好的纸样上绣出美丽的图案。湖南少数民族鞋子也多以刺绣制成，或以绣片为装饰，故号称绣花鞋，绣花鞋只是统称。人们平时一般穿麻凉鞋、草鞋（亦称快鞋）、绣花布鞋、大鱼棉鞋、船底鞋、钉子鞋（下雪时穿）等。这一双双绣花鞋便是各少数民族女鞋代表作，用布和缎子制作，上面饰有花卉、禽鸟等图案，是各少数民族妇女审美追求和生活情趣的生动表现。最具代表性的为苗族、侗族、瑶族的绣花鞋。

苗族绣花鞋工艺精湛，使用苗族传统图案进行刺绣，图案花纹栩栩如生。苗族最为常见的、最精致的莫过于船头鞋（图2-3）。船头鞋鞋头尖、底板窄，以便穿着。船头鞋鞋面分两节，鞋尖一头，用淡红绸底，一般绣蝴蝶、鸟类等；后一节使用蓝底或绿底，

图2-3　湘西苗族船头绣花鞋

上绣六瓣花朵，形似桃花。鞋权口用约五分宽的青绸镶边，绣有各种花卉。后跟有耳，绣有蝙蝠或花朵，有的是桃纱。鞋底有一层沿边，是头尖正底，尖处挑梅花针。

侗族绣花鞋鞋型别致，色彩鲜艳，针工细腻，穿起来轻巧利索，古朴秀丽，具有典型的地域民俗特征。其刺绣多为铺绒绣，将丝线直接铺在纸样上，因此具有绣面平整、针迹精细的特点。作为婚嫁的绣花鞋多用艳丽颜色，以自然花卉、龙凤等为图案，象征着对美好生活的向往。侗族草鞋用稻草或棕丝编织成现代的棉鞋形状，完全盖住脚板。这种草鞋保温性能良好，非常暖和。侗族还有云勾绣花鞋，云勾鞋又为老年鞋，鞋尖上勾，用根白带子把鞋尖和鞋口拉连起来，再用红线系紧，保持鞋子不变形，是侗族鞋类的精品。

着衣裳 看时节

古代瑶族男女老少皆跣足不履。清道光《庆远府志》中记庆远府瑶人事说:"瑶人素不著履,其足皮皱厚,行于棱石丛棘中,一无所损。"后来瑶族人开始穿草鞋,1949 年以后,开始穿厚底翘头的龙头鞋和青布做的布鞋。

土家族妇女对鞋子较讲究,除了鞋口滚边挑"狗牙齿"外,鞋面多用青、蓝、粉红绸子。鞋尖正面用五色丝线绣各种花草、蝴蝶、蜜蜂。

白族的绣花鞋,底厚鞋头尖,多用家织布制成。鞋子分为里料和面料,为了使鞋子硬挺,经常会在两层布之间夹一层硬布,如制作秋冬的棉布鞋就会在里面夹一层棉花,鞋面绣了精致的花草图案,色调明快。

侗族纳鞋垫和绣鞋垫的工艺十分高超,在纯棉布上用十字绣纹样打底,鞋边通常不用布包,大多是妇女用线一针针纳的,手工非常精巧细致。鞋垫上的图案多是一些传统纹样,自然纯朴、简单耐用,侗鞋不仅是一件工艺品,也是一件礼品。鞋垫穿着十分舒适,上面的针脚凸起对脚底的穴位也有很好的保护作用。鞋垫,侗语叫"地袜"。古话说:"袜子不绱底,皇帝也穿不起。"绱袜底的习惯有数千年的历史。侗家的姑娘在十一二岁时就由母亲、姑嫂带领着,开始学挑织袜底,直到姑娘出嫁。所以每逢春节、七月半、中秋节、重阳节、侗年(鱼冻)节等重要节日,侗家的姑娘都会把自己纳的鞋垫送给父母、兄弟姐妹、亲朋好友。纳的鞋底也是送给心上人的定情信物。精美的"地袜",是一件有着特殊意义的艺术品,是侗家姑娘爱情的"信使"。

4. 围腰、腰带

围腰是湖南各少数民族生活和工作时必须穿戴的饰品,围腰的形状各不相同。苗族、土家族的上为半圆形,下为方形;而侗族有的下为三角形。有些围腰胸前绣有花,约五寸见方,围带即花带,均为五彩丝线织成,一般二尺长,两头分别留有三寸未织的花缕,显示出各族妇女的心灵手巧(图 2-4)。

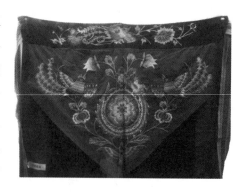

图 2-4　湘西苗族女围腰

土家族胸前外套围裙称"妈裙"，平常穿围腰是为了劳作时保护衣服不被弄脏；逢年过节或走亲访友穿，主要是用于装点盛装或显示女红技艺的刺绣水平，围腰上的刺绣是土家族人们勤劳善良的象征。

腰带是苗族一些地方女子必用的带子，因为衣服较长，一年四季都要捆腰带。腰带不是一般的布带，而是用丝线精织细绣出来的花带。腰带宽度大约47厘米，长度在200厘米左右，花带中间绣一朵花叫一毫带，绣两朵花的叫二毫带，中间绣的什么花就叫什么带，有裙花带、黄梁花带、浮萍花带、谷花带等等。花带底色主要为绿色，两头都配有流苏，凡扎腰带都捆两圈，在正面打结，两头吊流苏在腹前。一根带子要一两个月才织成，姑娘一般都在年轻时就把大半生用的花带或出嫁时送给男方女亲的腰带织好，少则二三十根，多则七八十根。

5. 坎肩、马甲

坎肩(有些民族又称云肩或披肩)在服饰文化中，是一种独特的服饰配件，是各少数民族农耕文化的缩影。坎肩是各族人民从事农耕生产、修房建寨、挖井筑塘、植树造林，过江蹚河、穿山翻岭的见证。坎肩装饰图案内涵丰富，图形及纹饰、形状构成、数字等组合的寓意形成深厚的文化底蕴，是少数民族服饰中的精品。

苗族、土家族中老年妇女穿宽袖外衣一般都喜欢套马甲(背心)。马甲为夹层，无袖，由青色或蓝色土布制成，右开襟或中开襟，钉七排布扣。马甲外面再戴上围腰帕。这种穿着显得非常干练，朴素大方。

6. 荷包

荷包是少数民族日常生活中传统服装配饰中的一种，它是人们随身佩戴的小包。荷包的造型多种多样，有圆形的、方形的、桃形的、如意形的，等等。荷包上的图案有繁有简，多是花卉鸟兽，有的绣着吉祥语，有的绣着诗词文字。土家族的姑娘们在绣荷包时，会将自己喜爱的图案绣在上面，大多是鸳鸯戏水、大鹏展翅等有美好寓意的图案，因而荷包又叫鸳鸯荷包。荷包多用白丝布作面，红色布作里，表达了姑娘们对美好生活的向往。这些荷包是送给情郎的定情信物。白族姑娘十三四岁起就开始跟长辈学习刺绣，早期给自己制作衣物，再大一些就会在家人的帮助之下精心绣织荷包、钱包和嫁衣。在白族地区，到处都是精美的绣花荷包。白族的荷包，从形式、图案、刺绣到布线、色彩分布，都经过精心构思和艺术运用。白族的荷包用途广泛，它既可以当作钱包使用，又可以储存个人使用的小物品和香料，如钱包、针线包、香水袋等。白族还有一种存储香料的"布扎"，又名"孙悟空"，有动植物立体形状的，内有着白族特有的芳香草药。每逢端午节，长辈们都会给孩子们的脸上涂上一点点雄黄，在孩子们的胸口挂上一束活泼可爱的小布扎，祈求好运，远离邪恶。年龄越大，布料越少，人们越喜欢购买和索要，据说这能获得更多的运气。白族的荷包有多种款式，大多是长的链状的，香囊大多是圆形和壶形的。而小布扎的款式就更为丰富：狮子、马、象、鹿和佛手象征着勇气；鱼、青蛙、鹅、蝴蝶和辣椒象征着生活；狮子滚绣球象征着欢乐和节日。白族的荷包图案大多具有吉祥的含义，如"富贵牡丹""梅开五福"等。有的荷包上绣有"愿好运""愿快乐""健康快乐""团结友爱"等吉祥字样。受道教影响，"太极八卦"也被用作荷包图案。白族的荷包很有装饰性。平绣、锁绣、辫绣、打籽绣、环金、串珠、粘布等刺绣工艺均可用于装饰荷包。其大胆的色彩搭配令人惊叹，强烈和谐，华丽典雅。小荷包不仅是工艺品，也是白族人民生活和精神追求的载体。

7. 童帽

(1)童帽的分类

苗族、侗族、土家族、瑶族、白族等很多少数民族都有童帽，少数民族妇女都会精心地给孩子制作童帽。童帽大都造型简洁优美，图案构思精巧，工艺精美细腻，具有极高的民族文化研究和艺术审美价值。童帽形态万千，湖南少数民族主要有以下几类童帽。

狗头帽。源于民间的"猫狗好养活"的习俗，狗头帽是少数民族地区孩童使用较多的童帽。帽体一般为双层，里子由一种深蓝色布制作而成，里子一般比前额稍高，比后脑则稍低一点，带有似狗耳朵状的耳盖，天冷时可遮住耳朵，挡风保暖。前额用一寸左右宽的蓝布当作装饰，有的狗头帽还会在帽子两耳处剪出一个卷起的狗尾形状，并在脑盖和前额交结处剪一个抽象化的狗头，带有鼻子、眼睛及耳朵，然后绣上红、白、黄三种颜色的轮廓线，显得更加逼真，惹人喜爱。有的还会在前额绣上八仙图，也有的会绣上"岁岁平安"等字样。这种狗头帽在秋冬季节戴既保暖又可爱，很受孩子的喜欢。

虎头帽。虎头帽因外形像虎而得名。虎头帽的左右两边制作有向前直立的老虎耳朵，前额处绣有老虎的标志——"王"字。有的虎头帽正面嵌了用银子打制的菩萨或"福禄寿喜"字样，祈求吉祥，保佑孩童健康成长。帽子后面垂一块黑色布帕，再用彩色的丝线锈上各种花

图2-5　湘西苗族儿童虎头帽

纹，帽尖处用银链穿过，并吊上几个银铃（一般为6个），走起路来当当作响，憨态可掬。湖南很多少数民族孩童都有虎头帽，如土家族的虎头帽除了装饰、保暖、佑吉祥之外还有祖先崇拜、图腾崇拜的寓意在其中；白族认为虎为百兽之王，可以镇邪，小孩戴虎头帽可以避鬼怪妖魔（图2-5）。

荷叶帽。荷叶帽由两块荷叶式的布缝合在一起，制作成荷叶的外形，在布边上绣上花纹并缀上几个银铃（一般是6个），因为荷叶帽的帽檐较长，非常适合在天冷时戴。

葫芦瓢帽。葫芦瓢帽又称拖尾巴帽。葫芦瓢帽由青色土布制成，夹层中有棉花，一般为秋冬季佩戴。葫芦瓢帽的形状像虎或猫，也被一些少数民族地区称为"猫儿帽"。帽子两侧是圆形"猫耳朵"，帽子正中间是12个银制"罗汉"，寓意菩萨（"罗汉"）保佑，据传戴这种童帽能辟邪，儿童好养活，易生长。

褶顶帽。褶顶帽的帽体为单层帽，大多使用蓝布制作。先是把帽身缝成直桶状，再把顶部褶折成实心圆体的样子，然后用纱线穿缝牢固，帽体便成形了。在帽子下面部分缝钉两片针织绣花布作装饰，前面和后面各缝一片。脑后部分的装饰片大约一寸八宽、七寸余长，绕包至后脑，再用红、蓝布两种绲条镶成双边。前额部分使用半圆形状作为装饰，此装饰片较厚，需多层

布块，表面使用鲜艳的深蓝色布料，它的图案分为上下两组，上组是呈半圆状的羊头剪纸图案，下组则是平形的牛头图案，所有边角线都使用红、蓝、白等彩线绞边，图案清晰逼真。

顶冠帽。顶冠帽的帽体的上半部是由六片三角形片料拼凑而成的，并用红色、蓝色两种布料各三片对调拼凑，在每片的面上都镶上一幅"火"字形的剪纸美术画，剪纸使用黄色布料或者青色布料。帽体的下半部是用一块约一寸五宽的青色布料横绕帽体一周，形成圆圈，在耳轮处略下垂的地方盖住耳朵。前额在左右两耳处另外用蓝色布料片镶在帽体下半部的青布片上作为装饰，并在耳轮处用剪纸画工艺剪成一个龙首的图案。帽子的沿口用红布绳条滚边。帽顶则是一个红布扎成的小圆球，有的还会扎一小绺红须。如此，帽子形状就像古代将士的冠冕一样，儿童戴着就显得格外活泼又威武(图2-6)。

图2-6　湘西苗族儿童顶冠帽

菩萨帽。菩萨帽的帽体用绸缎做面料，用家织棉布做里料，用线把顶部的皱褶缝紧，帽檐嵌上一排银质的小菩萨，也称为十八罗汉帽，寓意为"十八罗汉护身，鬼神远离；观音菩萨坐殿，佑尔长命富贵"。帽盖上钉一团月亮形的银片，再镌上各式花草树木，侗族称之为"月亮花"。在这团月亮花的后半部，缀上七到八条长短不一样的银链，每条链子的末端再各吊一个小银铃，戴上时一晃动，便会当当作响，极为悦耳。

湖南少数民族群众喜欢在孩子的童帽上镶上银铃铛，尤其是苗族。苗族的孩子在出生后不久，父母就会给他戴上一顶银铃帽，叮叮当当的，甚是可爱。最早的狗头帽是没有银铃和其他银饰品的，当孩子们发现自己母亲或姐姐们在节庆或赶集时穿着盛装，头戴的银铃叮当悦耳，孩子们也会哭闹要戴，所以妇女们在给孩子做帽子时，也给他们的帽子上配制银铃和其他银饰品。

（2）童帽的功用

童帽的功用，原先只是起到防寒和防晒的作用，所以只用土布制作。后来觉得太单调，也不美观，于是人们就在帽的造型上加以改进，绣上花草动物图案。随着社会的发展，人们改变了服饰的审美观，帽子的造型、图案也不断得以创新，不断赋予新意。今天的儿童绣帽，除原有的御寒、防晒功用外，还承载了长辈的期望与希望，彰显了造型艺术与刺绣工艺的发展水平。不论男孩女孩戴上童帽，都显得格外精神。童帽是少数民族服饰文化的一种载体。

花花草草　锦上织

◇　苗族织锦

◇　土家织锦

◇　侗家织锦

◇　瑶族织锦

湖南织锦技艺高超、精细，有土家织锦、侗族织锦、苗族织锦、瑶族织锦四大类，其中侗族织锦色彩纷呈，细腻精美；土家织锦纹样丰富，色彩鲜艳，视觉冲击力强；苗族织锦颜色古朴、艳丽；瑶族织锦豪迈简单、素雅大气。另外，湘西、湘西南地区盛行的织锦花带，编织精美，纹样繁多，用途广，深受人们的喜爱。

湖南织锦历史悠久，土家族、苗族、侗族、瑶族的先民们，在远古时代便学会了桑蚕养殖以及棉花栽种，并掌握了织锦技术。他们在斜织机架上织出了粗麻丝棉的衣被，创造了各民族织锦不同的织法和精美的图案，保留了本民族的织锦风格。湖南织锦从原料到工具，均处于较为原始的手工状态，大多数地区至今仍保留着汉代以来的原始窄幅织布机和原始织造辅助纺具，织品为本民族自产自用，基本保持着原始农耕文明的织造遗风。

织锦其实就是织花，就像在织布机上织布一般，织锦为重经组织的提花织物，由两个或两个以上系统的经线和一个系统的纬线堆叠交叉而成，将经纬线用染料染好颜色，经提线，纬提花，纵横交织编出图案。锦就是由"金"和"帛"所组成的，织锦在中国古代以真丝为材料，是很珍贵的丝织品。织锦还可以用来装饰服装，把编织的各样各色的图案镶嵌在日常服装上，使其更加丰富、绚丽多彩。

（一）苗族织锦

1. 苗族织锦的历史

苗族是个古老的民族，相传为三苗、九黎的后裔，这与其先民在春秋战国时期曾广泛分布于荆楚地区有很大关系。苗族人善纺织，其工艺深受楚国蜀锦影响，并创造了苗族自己的织锦。苗族织锦，是一种以编织棉线、彩色丝线而形成花纹的织品，它又称织花。苗家织锦历史悠久，其中《隋书·地理志》记载："诸蛮本其所出，承盘瓠之后，故服章多以斑布为饰。其相呼以蛮、则为深忌。"其中的"斑布"，据考证就是一种类似"织锦"的织物。而《黔书》记载的"红苗""衣被俱用斑丝"，实际就是指湘西、黔东一带的苗锦。苗族织锦有宽窄两种，宽的为"苗锦"，苗语称"芭排"；较窄的为"花带"。花带是一种用丝线编织的小物件，一般一厘米长、三厘米宽，多以斜纹为主。它的用途也有很多，有做小孩背带的，有做布包背带的，有做荷包刺绣的。花纹多是妇女们日常生活所见，构图精巧，装饰性极强。这些织锦不仅能够大量用于衣服、被面、围裙、腰带、绑腿之上，同时还是苗族人们表达爱情的信物、馈送亲友的礼物。

千百年来，苗族织锦一直伴随着苗族老百姓的生活，是姑娘们从小必须学会的手艺。湘西吉首关于苗族织锦还流传着一个有趣的故事。相传很久很久以前，在苗族村落里，村民们经常遭到毒蛇的攻击，人们想了很多办法，也不能把毒蛇彻底赶走。有一个叫作黛蓓的苗族姑娘，一天在山上放牛看见龙和毒蛇在打架，吓得她赶紧躲到树上，打了一会儿，龙咬住了毒蛇后就一口把它吞到肚子里。黛蓓灵机一动，回家取了五颜六色的布条和丝线制成与龙的颜色相似、长度相等的长带子，每当上山砍柴或下地耕田的时候就绑在身上，只要看见毒蛇就把长带子摆动起来，装作龙的样子吓唬毒蛇，毒蛇以为是龙就不敢来了。于是众人纷纷效仿，从那以后，苗族人民织花带、系花带的习俗就此流传下来。

2. 苗族织锦的工艺流程

湖南苗族织锦(图3-1)主要盛行于湘西土家族苗族自治州。织锦有宽有窄，宽的苗锦有七八寸，短花带只有几厘米。挑织、机织、编织是织锦最主要的三种编织方法。宽幅的苗锦主要用挑织，窄幅的花带主要用编织，机织主要用来织锦带。

(1)挑织

挑织是使用织布机，将经线上下交错分层，用一尺长、四至五寸宽的竹片或木片作梭子，牵引经线两边来回穿梭，带动纬线进行逐一挑织，如同织布一般，一行一行进行排列，如此循环。挑织主要用于宽幅的苗锦，牵经——上筘——引综线——挑花——穿纬——拉筘——提综线——再穿纬，通过八道工序完成一组。[1] 湘西苗族织锦挑织的一般都是彩色宽锦，但也有

① 尹婧，安勇. 湘西苗族织锦技艺传承的式微及数字化保护策略[J]. 湖南包装，2017(4)：26.

图 3-1　苗族织锦

素色的。有的织锦以橘红色为基底，配以蓝色、青色、紫色，中间以白色作为点缀；有的织锦以黑色或深蓝色为底色，配以深红、橘红色、蓝色或紫色。一般为呈菱形状几何图形，织锦的图案以花草纹为主，也有部分是动物纹，以某个图案为中心向两边扩展，画面饱满、色彩沉着、构图古朴、织工精细。

（2）机织

机织一般是用织布机织锦带，机织锦带不同于用织布机织布，它的综线要比织布机多。织布机织布因为不需要做花纹只需要在织布时做好经纬线交织就行，而织布机织锦带由于要织出花纹，因此纬线要多得多。一般来说，织布机织布两根综线就够了，织布机织锦综线起码要五根以上，并且每根综线与一块踩板相连，当进行编织时，只要用脚踏下织布机的踩板，综线就会将机子上的经纱线分成上下两层，并使其交错。但是每次只能踩两块踩板，用这种方法反复循环，获得想要织成的锦带。机织的花纹比挑织的更为简单，一般以花草纹为主，往往只是一个或一组图案的反复循环，不似挑织那般变化多样，一般以对称图形为主，不断做二方连续、四方连续，因此多用作锦带。因为图案相对简单，机织的编织速度比挑织要快，经常用作大面积的织锦。

（3）编织

编织也叫腰织，腰织充分解决了编织的便利性问题，不需要依靠织布机，编织时只需要利用腰间的腰带，用手代替综线或挑板来分开经线和纬线，携带方便、操作简单，编织时可因地制宜，随时随地进行。如妇女在下田干活时，可利用休息的间隙，将花带的一头固定在树枝上，一头系在腰上进行编织，也可以在家中将花带的一头固定在椅子上，即只要有一端是固定物即可进行。这种编织方法只能编较窄的花带，而且花带的线要稍粗，否则在进行经纬交织时很容易绞成一团，不适于用手操作。

湘西苗族编织的花带形态小巧，是一种应用性很强的民族民间精美工艺品。苗族花带编织跟苗族服饰一样具有悠久的历史，从长沙出土的史迹丝带中就得到了充分的验证。花带从构成形式上可分为黑白花带与彩色花带，黑白花带多为棉花纺织的棉线编织而成，彩色花带则基本上由丝线编织而成。彩色花带色彩鲜艳，斑斓绚丽，耀眼醒目。花带图案类型丰富，植物纹样、器物纹样及鸟纹样为花带常见图案。花带从宽度上，也分为两种，一种是由八根细线编织而成的细花带，一般用来做衣服上的装饰以及绑腿和背带上的点缀或绑绳。细花带的编织，材料和工具主要是八根丝线和编织架，编织架是在圆桌桌面上垂直钉上两根木柱，木柱之间横插两根横条，一根固定不动，另一根要能转动，能转动的这一根用于缠绕带子（称缠带条）。每根横条上分别钻有一个洞，垂直穿入一根木签，将缠带条固定好，便于编织。将八根线的一端一并系在缠带条上，另外还要备上八根竹棍，竹棍一头安有钩状装置，另一头吊一个10克重的锡砣（目的是增加重量）。八根线的另一端分别缠上八根有钩的竹棍。缠好竹棍后，还要留下一段在半圆桌上呈放射状散开的长度一致的线，竹棍下垂于桌子边沿。编织时，按先两边后中间的顺序编织。首先，分别把两边的第一、二根对换位置。之后，将两边的第二根分别移到中间，并互换位置，再调整一下线之间的距离，即完成第一遍，如此往下编，编到一定长度后，取开缠带条上的木签，就得到一根细花带（图3-2、图3-3）。

图 3-2　编花带

图 3-3　花带编织架

　　湘西一带的苗族妇女在编花带时还采用花带机架来编织。这种花带机织出来的花带相对要宽一些，在5~8厘米之间。笔者曾在湘西矮寨德夯村见过一位时大姐编花带（图3-4）。她用的花带机架（图3-5）主体类似一张折叠凳子，闲时可收起来，不占地方，使用时像凳子一样展开即可。整体机架呈三角形，分别支住花带的首尾。编花带时把丝线绑在机架的两头，操作面保持平整。操编花带时用提纱器挑提纵纱线。编织的图案与纹样对纵线的挑与提是有要求的，一般是根据图形和纹饰形状来确定纵线挑几或提几。提纱器就是把图形和纹饰编织的形状根据纵线的分离数，把组构在上面的纵纱线挑提上来，从而使横纱线经过梭子的作用穿过因分纱器分离开来的纵线中间，进行编织，依次反复，花带及花带上面的图形与纹样由此编织出来。提纱器由纱线构成，用纱线扣成一个环状，纵线以根或股为单位，从纱线构成的环状中穿过，每一个纱线扣环扣住一根纱线或一股纱线，每个纱线扣环上端均有一根纱线连接在提纱器上面，便于对纵线因编织的需要进行挑提分离，这样分离纵纱线的扣环有几十到上百个。分纱器的功能是把纵纱线以根为单位分离出来，纵纱线分两种类型，一种是衬边类，一种是中间图案编织类，分纱器能清晰地把每种类型乃至每根纵纱线分离出来。特别是中间的图案编织纵纱线分有色纱线系或无色纱线系两种类型。有色纱线系为对比色（或补色），如红蓝对比色(或红绿互补色)。无色纱线系为黑白对比。中间的色彩对比纱线用一根细小的竹签横向穿过，使之分离开来，便于编织图案时进行挑提分离。

图 3-4　湘西苗族编花带　　　　图 3-5　湘西苗族花带机架

①经纱线在花带机上的排列方法

衬边经线排列：由外至里——奶白纱线 3 根、白色 3 根、黄绿色 5 根、绿色 5 根、深红色 5 根、大红 4 根、桃红 4 根、白色 3 根、奶白色 4 根。

中间编织花样部分经线排列：如是素色则由黑白两部分经纱线组成，其排列方法为黑色纱线 57 根、白色 56 根。白色纱线为衬底色，黑色纱线为纹样编织经纱线，白色起到衬托黑色纹样的作用。

②制作工艺流程

平底衬边的编织方法：衬边经纱线由白色、奶白色、黄绿色、绿色、深红色、大红色、桃红色、白色、奶白色 9 种色调组成，共计 36 根，编织时以根为单位，采用挑 1 压 1 方法(挑 1 根经纱线，压 1 根经纱线)进行编织，挑1 压 1 使经纱线形成上下交叉分布状态，铜梭子引领纬纱线从中穿过，形成一次编织，然后，把挑 1 的经纱线压下去，把压 1 的经纱线挑上来，形成新的交叉状态，铜梭子引领纬纱线再次穿过，形成第二次编织，依次反复，衬边平底编织由此而编成。由于经纱线与纬纱线的线均很细小，纱线色彩又成块排列分布，因此，衬边面料效果非常平整，色彩成晕色状，过渡自然、细腻。

3. 苗族织锦的纹样特色

苗族织锦图案构成纹样千姿百态，在用色方面最开始是以黑色为主。随着自然环境的变化，人们在用色上也慢慢地进行了调整，不再选用单一的黑色，而是把自然色镶嵌进去，使整个纹样看起来更加丰富、艳丽。苗锦一般选择一个颜色作为主体色，做基底，其他亮色做点缀，一般以一个底色加四到五种点缀色进行搭配。如以暗色打底就以亮色点缀，如以亮色打底就以白色、黑色、深蓝色点缀。基底既可以是一个颜色，也可是两至三个颜色组成的组合颜色，点缀色一般都很亮，尤其喜欢以玫红色、深红色、大红色等艳丽的色彩作点缀，以产生强烈的视觉冲击。苗族织锦通常有龙纹、凤纹、鱼纹、蝴蝶纹、鸟纹、植物纹、器皿纹以及几何纹等等，由于经纬的限制，所有的图案都进行了艺术性的夸张，呈现几何化、平面化、抽象化。苗族妇女根据自己对图案的理解，以织锦的规律将彩线或彩锦进行有序的经纬交织的排列，并结合本民族的审美情趣，对所要编织的物品对象进行了高度的概括提炼，以点带动面，以面形成线，以线连成面，在纹样的组合过程中，以曲折线为骨架，组成的图案以三角形、菱形为主，间或有一些正方形，并以连续图像为填充，使整个画面搭配主次分明，颜色更为和谐。苗族人民以独特的民族文化心理以及审美法则和情趣，从中提炼了各种物象形态，从而产生了独特的民族纹样。

4. 苗族织锦的应用价值及意义

苗族织锦从远古时期沿用至今，用途非常广泛。宽幅的苗族织锦一般用于床上用品如被套、被面、枕套、枕巾等面积较大的织品，此类织品多为机织而成。窄幅的苗族织锦一般用在儿童背带、衣服袖口等处，色彩鲜艳，引人注目，此类织品一般由挑织而成。更窄的花带多用于服饰的装饰，如衣襟边缘、绑腿上、背带上的点缀，此类织品一般由编织而成。不论是在物质生活世界还是在精神生活世界，织锦对苗族人民均意义重大。苗锦是社会活动的重要经济产物，不仅改善了人们的生活，还提高了人们的文化素养，其社会意义应当得到认可和重视。

（二）土家织锦

1. 土家织锦的历史

土家族主要分布在湖南、湖北、重庆、贵州等山区。聚居在湖南的土家族拥有一项极负盛名且最具特色的民间织造工艺品——土家织锦。土家织锦，民间俗称为"打花"。据史料记载，早在古代巴人时期就已经出现了土家织锦。战国时期，川东鄂西的"巴子国"被秦灭掉后，有一巴人分支流入五溪，与当地居民相互融合，他们是最早迁入的土家族祖先。土家族不仅擅长农业生产，还非常擅长纺织，他们的"桑蚕""麻"成为每年进贡朝廷的贡品，因而"禹会诸侯于会稽，执玉帛者万国，巴蜀往焉"①。秦汉时期，土家织锦发展迅速，当时也被叫作"布""凡"，土家织锦可以用来抵扣赋税。《后汉书·西南蛮夷传》中记载有土家族用麻布织成的"蛮布"。晋《华阳国志》卷四记载这种布叫作"兰干细布"，并且"织成文如绫锦"。唐宋时期，随着土家族与各个民族交流的增强，土家织锦被汉人叫作"溪布""峒布"，并被贩卖到各处，此时在土家族地区，家家户户都忙于织布，"女勤于织，户多机声"。到了明清时期，土家族的织造技艺有了显著提高，棉的普及和推广对土家织锦的发展起了极大的推进作用。

织锦的图案有两百多种，《大明一统志》记载："土民喜服五色斑衣。"土家织锦当时也被称为"土锦""土布"，应用范围大大增加。清朝改土归流之后，清政府推行满汉文化，土锦逐渐向被盖、饰品等方向发展，织锦在服饰上的装饰性加强，色彩搭配逐渐明艳浓烈，土家织锦在生活中的重要性愈加明显，并且远近闻名。据 1939 年《龙山县志》记载，土家织锦"近有征往长沙，南京及东西各国备品列者（展览），惜千数百年来不知改进，甚且等而下之"。1957 年，随着土家族被政府确立为单一民族，才有了"土家织锦"这一正式称谓，土家织锦也逐渐被推向全国。

湖南土家织锦（图 3-6、图 3-7）的产地主要集中在湘西的永顺、龙山、花垣一带，其中以龙山县的土家织锦最为有名，龙山由此成为"中国土家织

---

① （晋）常璩. 华阳国志校注 [M]. 刘琳, 校注. 成都: 巴蜀书社, 1984: 21.

锦之乡"。2003 年 10 月，文化部公布了首批十个民族民间文化保护工程试点名单，湘西土家族苗族自治州就在其中。2005 年，湘西土家族苗族自治州的土家织锦被列入第一批国家级非物质文化遗产名录。

图 3-6　土家织锦（1）

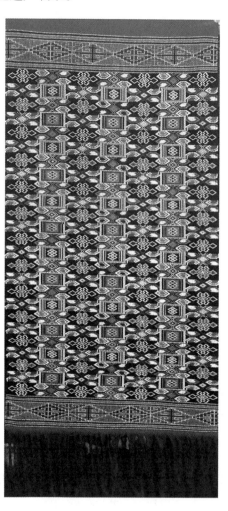

图 3-7　土家织锦（2）

　　关于土家织锦的来源有着很多传说，其中有一个在湘西龙山县广为流传。很久以前，湘西土家族村寨里有一个美丽的姑娘，名叫西兰。她从小就心灵手巧，天资聪颖，孩童时期就学会了织布。十五六岁时，西兰就织得一手好布，每次织布的时候都吸引着邻居前来观看，连吃饭都忘记了。村里面，只要有姑娘出嫁，都邀请她亲手绣头盖。她每每绣出的嫁品，新娘子都爱不释手。渐渐地，西兰织出的布远近闻名，外村的人也争相请她去织布。一年春天，西兰坐在家中，望着窗外寨子里漫山遍野盛开的山花入了迷，觉得山野中的花朵五颜六色非常漂亮，正巧家里也有这些颜色的丝线，她想把这些花织在织布上。于是她立刻将这些花采来摆在织机前，用五色的丝线，挑数着纱线，照着花朵的样子一朵一朵地织了起来。她用心织出来的花就像真的一样，引来蝴蝶翩翩飞舞，蜜蜂也飞过来采蜜。西兰非常高兴，一朵接着一朵往下织，一匹花布很快就织好了，邻居都过来看。大家都赞不绝口，一些小伙子也对西兰心生爱慕，想要娶她回去做妻子。西兰的父亲不同意，他希望自己的女儿能够嫁个大户人家过好日子。又过了两年，西兰把山野中所能采到的花都织完了，可她总觉得还有花是她没有织过的，她去请教村子里的老人，他们都告诉西兰，已经没有花是她没织过的了。一天，西兰做了一个梦，梦里出现了一位白胡子老爷爷，老爷爷告诉西兰：“姑娘，你织了那么多花，就是没有把你们家后院的白果花给织上，这种花是世界上最美、最艳丽的花朵，它只在半夜开！”于是，西兰真的半夜起床，坐在后院的白果树下等待花开，第一天、第二天、第三天过去了，白果树还是没有开花，西兰失望极了。西兰有个嫂子，整天好吃懒做，嫉妒心又强，她看见西兰在村子里这么受欢迎，心里面恨得牙痒痒。这几天她发现西兰晚上不在房间，以为西兰到外面会情郎去了，便对西兰的爸爸说了很多坏话。西兰的爸爸气急败坏，半夜躲在西兰房间外，观察西兰到底在干什么。第四天，西兰完全没有感觉到父亲及兄嫂的异样眼光，依旧半夜来到白果树下，爸爸看到西兰在树下好像在等什么人，一怒之下用刀砍死了女儿。突然间，白果树沙沙作响，满树的花朵从树上落下，其中一朵最美的白果花落在她的怀中。爸爸看见倒在血泊中的西兰，顿时明白自己误会了女儿，悔恨不已，于是赶走了儿子和媳妇，把西兰织的花布用作被子盖，感觉女儿还在身边一样。从此之后，人们为了纪念西兰，便把她生前绣的被子称为“西兰卡普”。在土家族有个不成文的规矩，身为土家族的女儿，必须从小学习织西兰卡普，并且在嫁女儿的时候都要准备被盖做嫁妆。

土家族姑娘从小就要学习刺绣、织锦，为出嫁准备嫁妆，为婚后生活准备衣被、服装等。土家族有句口头禅："养女不绣花，好比没有她。"她们起早摸黑，熬更赶夜，呕尽心血，织出自己心爱的土家织锦铺盖。土家织锦以

花花草草　锦上织

三块彩织缀联而成，每块两端织上花边，构成整幅秀丽图案。正如民歌所唱的："白布帕子四只角，四只角上绣雁鹅。帕子烂了雁鹅在，不看人才看手足。"俗称"看手足"指评判工艺技术的好与差。姑娘们亲手织出的织锦既是她们物质财富的象征，也是她们勤劳、能干的标志，人们以织锦技艺来品评姑娘，认为只有织锦织得好的姑娘才能得到大家的赞颂以及夫家的喜欢。因此每个姑娘出嫁时要准备大量精美的土家织锦嫁妆。

2. 土家织锦的工艺流程

土家织锦使用传统的木质斜腰式织机，织机一般由机架、机杼、滚子、坐板等主要部件组成。织机机身长约5尺，宽约2尺，高约3尺，其主要构件有滚板、综杆、踩棍、竹箱、梭罗、滚棒、篙筒、挑子、撑子、鱼儿以及绷带。综杆为一杠杆，杆上缠有均匀的提综线套，作用是反复提起经线；踩棍由"鱼儿"的杠杆作用连接综杆，双脚踏动，以完成经线的提升开口；梭罗主要用于穿纬线和打紧纬线。另外，挑子用于挑纬线而织成花样。土家锦的原料一般使用棉线、蚕丝。随着现代工业的发展，织锦也使用含化学纤维的毛线。棉线一般用于经线和暗纬线（梭罗线），它采用两股或三股棉纱并捻。丝线一般多根合并一股，用于打纬。土家锦取之于土家族地区，用于土家族人民，其色彩颜料也多取材于土家族地区大山里生长的自然特产，如红花、蓝靛、五倍子。将蚕丝漂洗后再染色，加以明矾增加光泽，就可以染出各种各样的颜色，如红（红花）、黄（姜黄）、蓝（蓝靛）等颜色。

土家织锦是一种限制性很强的手工操作。织造时，经线的一端置于织机上，另一端系于织造者腰间，然后左右手并用挑织。织物分为三层，挑织纬线全从织物的背面完成。传统的土家织锦工艺复杂，其工艺流程分为12步：纺线、染色、倒线、牵线、装箱、滚线、捡综、翻篙、捆杆上机、捡花、织布边和挑织。由于现代工业的发展，自染自纺的几乎没有，而平时最常见到的就是挑织部分。挑织时，人坐在上高下低的织机的低端，将缠裹织锦经线的一端"滚棒"系于腰间，用挑子在经线上挑花，并按图案所需填入色彩斑斓的纬线，另外用梭罗引纬线和打紧纬线，连挑带织，织成西兰卡普。挑织时重要的就是拉紧经线，使经面平整，参照现成的图案或心里默数图案（一般要比较精于织锦），一般自己选颜色搭配，用挑子挑起经线，数纱夹色喂纬线，投梭穿梭罗线（暗线）。织造时，脚踏分经杆，一手提综，一手投梭，相互错综打纬线，如此循环。

土家织锦编织的一个特点是"通经断纬"，特指经线和纬线的运用特点，通经是指经线由一根整线构成，断纬是指纬线不是一根完整的线，是零星和散段的，其长短和颜色根据编织的图案所需来确定。这是因为，土家织锦图案完全是靠纬线来完成的，图案有形状特征和色彩差异，为了编织出复杂的图案，只能在纬线上面做文章，因此，纬线长短不一，数量不一，便于编织。如此，纬线边有了断纬的说法。织锦的经线数量一般为 760 根到 780 根之间，长度不限，但也不能太长，长度过长，线便打绕，造成编织不顺手，最长在 15 米至 20 米之间，宽度为 50 厘米。土家织锦用于被面或嫁妆的长度为传统尺寸 5 尺。

织机的坐板能活动，坐板与滚棍的距离根据织锦女的体型胖瘦向前或向后挪移，达到舒适为止。滚棍是专门用来滚卷已经织好了的织锦的一种器具；分层棍共有三根，起到分离（厘清）和梳理经线的作用，压棍是压住分离在上面的经线。鱼或雀造型如同鱼形或鸟形，中间打孔穿插一根轴承，可滚动，前段牵引一根线连接缯，尾端一根线牵引压棍，经过踩棍使鱼或雀上下滚动，关键是带动缯上面的经线上下分离开来，便于根据花样的形态对纬线进行编织。竹筘是分离经线器，竹筘上面的线有 800 根左右，整宽 50 厘米，缯上面梳理出来的经线一根根从竹筘的隔离线中穿过，每根隔离线穿一根经线。值得关注的是土家织锦用的梭子，梭子中间有一个凹槽，是用来装置纬线的，梭子凹槽的壁板中间前后均有一个小孔，纬线从中穿出，便于编织图案。篙筒的作用是为经线分层，在此机上分成三层。滚板与滚棍起到拉扯经线的作用，当滚棍收卷编织好的织锦时，滚板必须松棍相应的圈数，使经线保持编织时用的应有长度。挂线棍是为放置织锦用的彩色纬线用的，当编织的图案需要什么样的彩线时，彩线放置在挂线棍上，用时很方便。挑挑（或挑花尺）是挑经线用的工具，作用是根据编织图案经线为挑几或压及，挑挑便把挑几的经线挑出来，使经线分离，纬线从中穿过，依次反复，精美的图案便编织出来了。踩棍是脚踏鱼（或雀）的，鱼（或）雀前后穿插的线经过缯和压线棍，最终连接在踩棍上面，脚踏踩棍可使缯上面的经线上下分离。

土家织锦分为平纹素色织锦和斜纹彩色织锦两种类型。平纹素色织锦是以纬线挖花织在普通平纹布面上，受土家族民间"十字绣""数纱绣"影响较大，一般用色不多，织出的锦比斜纹彩色织锦要薄，明暗对比强烈，起花部分凸突感强，主要产在湘西永顺县部分地方。斜纹彩色织锦由斜纹素色织锦发展而来，质地较平纹素色织锦稍厚实，纹样复杂，构图饱满。斜纹彩色织锦工艺较为复杂，主要产在龙山、保靖、古丈三县。织锦主要要掌握以下四个技巧。

上下斜。上下斜主要用于挑织土家织锦彩色的斜纹花。斜纹花是由经线与纬线按斜线规律排列在交织点上，从而形成斜向纹路的花纹，由上斜、中斜和下斜组成。

对斜。织对斜也就是织土家织锦的平纹花纹。对斜要比上下斜简单一些，织造工艺与数纱绣（十字绣）较为相似。在具体操作时，按照图案需要，把经纬线平分成上下两层，把上一层经线按规律平分，运用中斜与下斜的织法，按照图案规律进行织锦。织纬线时，只要在有花纹的地方显线，不需要花纹的地方把纬线压入布底，使纬线与面料色调形成一体。

抠斜。抠斜一般与上下斜配合编织，主要运用在一些难度较大的斜纹彩色图案之中，是一种综合性的织造方法。这种方法突破了织锦精微结构的局限，使图案能在平纹图案和斜纹图案之间自由转换，从而制成自由、理想的图纹图案。

半格。半格织造技巧由抠斜工艺发展而来，抠斜是把基本单位的"格"横向分为一半进行编织，而"半格"是在它的基础上又将一半的横格再纵向分为一半进行编织。这样在半格中同时填入两种纬线的工艺，使图案的细节及色彩表现得更加细腻，特别是在织人物和文字图纹时，这种编织方式更具优势。

3. 土家织锦的纹样特征

土家织锦纹样具有抽象性、装饰性、秩序性的特点，大多以对称和谐的构图结合写意的手法，设计出丰富的纹样，配色艳丽、造型敦实、画面充实、构图饱满。它在纹样组织上，以菱形结构为主要框架，斜线交织，以对称、重复、相似的形式组织排列，也不乏表现生动、形象的几何图形，还有近似主题性的独幅装饰构图等；在纹饰底色和骨架上，一般都作暗色处理，以衬托出花纹的明丽。织盘内的图案自由灵活、艳而不俗。很多都做底色和边饰，起到骨架支撑和色相对比调和作用。

土家族人把对自然界的观察以纹样图案的形式织在土家织锦中。纹样包含动物、植物、天地、民俗风情、文字以及几何图纹等，题材丰富，多达四百多种。土家织锦的图纹命名，一般可分成 7 个大类，360 余种。动物类有阳雀花、蛇花、实毕等 41 种。植物类有麻叶花、棱罗树纹、九朵梅等 66 种。生活用品类有船船花、椅子花、神龛花、土王一颗印等 38 种。天象地属类有岩墙花、千丘花、太阳花等 11 种。钩纹几何类有八钩、二十四钩、四十八钩等 16 种。文字类有喜字花、万字流水纹、福禄寿喜纹等 13 种。综合类有凤穿牡丹、老鼠嫁女、台台花等 24 种。现代作品有张家界风光、岳阳楼等百余种。土家织锦的纹样蕴含深刻的民族文化内涵，是土家族人民勤劳与智慧的结晶。土家织锦的代表性纹样主要有四十八钩、台台花、扎土盖（万字纹）、椅子花、岩石墙等等。

（1）四十八钩

四十八钩纹样是土家织锦最具有代表性的图样。四十八钩系列纹样种类繁多，有"八钩""十二钩""十六钩""二十四钩""四十八钩"，还有在此基础上演变而成的"双钩""单钩""箱子八钩"等特色钩纹，不管这些钩纹如何变化，但万变不离其宗，都是以最基本的菱形为中心再逐层扩散、渐变。这种扩散对称结构强调主体纹样，可以形成统一稳定的画面。钩状的图纹重复出现并且有层次地扩大，反复又具有变化。很多专家学者认为，四十八钩纹蕴含了太阳崇拜的意义，中间的菱形代表太阳；还有的认为四十八钩主纹样形似"蛙"，被视为"蛙人合一"的图腾符号；另外还有女阴说、螃蟹说、蜘蛛说等等，具有消灾纳吉、祈子求昌、兴旺种族等含义。

（2）台台花

台台花是主要用于土家族儿童盖裙上的特定装饰纹样，是一种二方连续式的组合纹样，具有抽象的效果，是土家族在清朝改土归流之前的传统图案。流行于龙山、永顺、保靖和古丈一带。台台花图纹以桃红、浅绿、淡黄等色彩为主，小块而艳丽的锦条包围着盖裙上大面积的黑色，显得雅致又富有生机。台台花有多种构图形式，主要以水纹、船纹、面纹三种图纹构成方式为主，蕴含着丰富的民族意识，陪伴着一代又一代土家族子孙的成长。

（3）扎土盖

"扎土盖"即"卍"（万字纹），是土家织锦中最常见的纹样之一。"卍"是以"+"字为中心，四边旋转90度而得，是一个在世界上分布非常广泛的古老文化符号。土家族人认为"+"象征着太阳和火，旋转的四方象征着太阳照射的东南西北四个方向，还象征着万事万物的循环反复。扎土盖表现了土家人对太阳的崇拜，并因太阳崇拜而衍生出火崇拜。扎土盖象征光明、吉祥，大量地用于土家织锦中。扎土盖既可以单独展现，也可以按规则有序排列或者成为底衬的花纹，成为土家织锦中的特色图纹。

（4）椅子花

椅子花是一种高度几何化、意象化的纹样，也是土家织锦中最经典的纹样之一，同时也是纹样中最难织造的，土家族流传着"四十八钩名堂大，最难岩墙椅子花"的说法。椅子花的两头为平纹，主体图案以斜纹为主，又在水平纬线上左右相间进行抠斜，用十八种以上的色线在斜纹和平纹织物结构上多次纵横转化，工艺复杂，织造起来难度大。

4. 土家织锦的应用价值和社会意义

土家织锦是土家族人最重要的一部分，与土家族人的社会生活、民族文化息息相关。土家织锦已经融入人们生活的方方面面，不论是包裹孩童的织锦被，还是女人出嫁时的红盖头、喜被等等，都与土家织锦密不可分。土家织锦并不只是土家族人生活中的必需品，它还是土家族人的精神载体，承载着土家族人的精神信仰，承载着土家族人对美好生活的期盼与向往。

（三）侗家织锦

在贵州省黎平县的侗族地区流传着一首《盘古歌》，歌中唱道："请静听我唱首盘古歌，回忆往事都有根源，……我们祖先原来是猿人，树叶置作衣……要代、玉美置棉布，去那树皮才穿上好衣服，我们穿的衣服都是他教缝，我们穿的棉布开始都是他种，棉苗独根秧在地中央，结棉桃用口袋去装，早晨压籽晚上纺纱，拉起来柔软盖整个地方，上织布机梭子两边摆，做成许许多多衣裳，穿上棉布服装特别感到温暖，剪根包头帕包头感到特别暖和。"①歌曲表达了侗族人民对本民族侗锦工艺起源的认识。

侗族是一个没有文字的民族，研究湖南侗锦的发展源头，我们只有通过在侗族地区流传的故事、传说进行考证，或是从侗族地区零星出土的文物进行推断。侗锦的历史可以追溯到古族百越的时代。《百越民族史》中记载，1979年在江西贵溪发掘的一座春秋战国时期的百越人墓穴中，就有各种织布机的配件，其中的夹布棍、挑经刀、打纬刀等，与现今侗族地区正在使用的织布机配件极其类似。侗锦的早期历史可以追溯到距今两千多年以前的春秋战国以至汉代。《吴越春秋》中有"越罗谷纱"的记载，在古代东方民族中，百越是最早种棉纺织的。《后汉书·南蛮传》记载，"南蛮""好五色衣服"。这里的"南蛮"是中国南方民族的泛称，其中包括了侗族先民。唐代李延寿《北史·僚传》也有"僚人能为细布，色致鲜净"的记载。这里的"僚人"主要是指以壮侗语系先民为主体的南方少数民族。据《宋史·地理志》记载，北宋时，靖州等地纺织的斑细布、白练布、白绢等均负盛名，有的成为朝中贡品。这说明从两汉至唐宋时期，侗族的纺织技术和印染工艺已有了长足的发展，特别是在织品和服饰的色彩搭配方面，已经积累了较为丰富的经验，形成了自己的审美特点。根据庄子《逍遥游》所说，百越人有"断发文身"之俗。②"文身"原是在皮肤上刺图案，目的是使蛟龙害怕，以防水患，种棉织布后，逐渐发展为在衣服上织绣纹饰，这种古老的习俗，不断刺激着百越织绣艺术的

花花草草 锦上织

---

① 姜大谦. 论侗族纺织文化[J]. 贵州民族研究, 1991(2): 64.

② 傅安辉. 侗族的织绣艺术[J]. 民俗研究, 1995(1): 61.

发展。今天的越裔民族(如侗、黎、壮、布依族)，大多保留了古越的纺织工艺，并且在生产生活实践中不断发展完善，织绣出了各具特色的民族瑰宝。

明清时期，侗锦进入发展繁荣时期。这期间，侗族的传统文化日趋发展成熟，侗族妇女编织的侗锦构图精美、图案纹样繁多、色彩艳丽、工艺精细巧妙、品质优良，受到人们的赞誉。在明初，浙江上虞顾亮滴五开卫(今黎平)作《侗锦歌》云："郎锦鱼鳞文，侬锦鸭头翠；侬锦作郎茵，郎锦裁侬被；茵被自两端，终身不相离。"明万历年间，贵州巡抚郭子章在《黔记》中称赞"侗女肤妍工刺锦"。到了清代，侗锦已远近闻名，其中以湖南省通道侗族自治县、广西三江侗族自治县、贵州黎平县等地的侗锦为最好。康熙年间胡奉衡在《黎平竹枝词》中写道"峒锦矜夸产古州""松火夜偕诸女伴，纺成峒布纳官租"。乾隆年间，张应铭有诗赞美侗锦云："苎幅参文秀，花枝织朵云；蛮乡椎髻女，亦有巧手人。"可见，侗族织绣品在唐宋时就已有名气，到了明清时代更是得到了世人的广泛认可。

中华人民共和国成立以后，人民的生活质量普遍得到改善，侗锦的传承并没有随着时代的变化而衰落，仍然生机勃勃。2008 年，湖南通道侗族自治县的侗锦被列为第二批国家级非物质文化遗产。尽管如此，随着我国少数民族地区社会经济的发展，科技的进步以及文化的多元化发展，人们传统的审美价值观念受到冲击，不仅民族传统与生活习俗受到了工业文明的冲击，侗锦工艺的传承也面临着后继无人的严峻局面。因此，如何深入研究和保护传承好侗锦文化，显得十分紧迫和重要。

即使今天，侗锦仍然在侗族人民生活中大量使用。随着国家对非物质文化遗产保护宣传力度的加大加强，侗锦正逐步走出国门，享誉国内外。正如《侗族礼俗歌》所唱的："青布、蓝布拼成方块花，红绒黄绒连成'百岁块'，纯质的白银塑出群仙图。绣出的人群能把歌堂踩，绣出的百鸟能歌唱，绣出的黄狗把尾摆，绣出的蜘蛛会牵丝，绣出的杜鹃把花开。"在一代代妇女的传承和创作中，侗族织锦艺术日臻完美。

1. 侗锦织造工艺

侗锦古称"纶织"，分为"素锦"和"彩锦"。嘉庆年间，李宗昉在《黔记》

中夸道："黎平侗锦，精甲他郡，侗族织锦有彩、素两种。"织素为纹曰"绮"，织彩为纹曰"锦"。所谓素锦就是颜色比较平常，通常以白为经，蓝黑为纬，用黑、白或蓝、白或黑、蓝二色织成。其中，以白纱为经线的锦叫作白底素锦。以青纱为经线的锦叫作青底素锦。素锦一阴一阳两边起花，经纬互为花纹。素锦的图案样式与纱扦数量成正比，图案越精细，纱扦的数量也就越多。常用的纱扦数量为八九十根乃至百余根。操作时事先根据所设计图案的要求，将设计图案中的经线分配到纱扦上去，每织上一格提起纱扦将之经纱分离，穿入纬纱，使白纱与青纬纱交织，逐步呈现图案。经纱的分配格式一般每两根经纱为一组。纬纱利用长把梭引之穿插，并随之打紧。素锦图案有喜鹊、金鸡、鱼子、蜘蛛、枫叶等抽象画图案(图3-8)。

用彩线交织成花工艺编织的称为"彩锦"，彩锦运用穿织方式，通常用三种以上染色棉线或丝线编织而成。侗锦常用的颜色有红、绿、紫、黄、蓝等，近年来大批高档彩线及各种颜色绒线投入农村市场，侗家妇女们将之灵活运用到侗锦编织上来，使得彩锦色彩更斑斓，技艺精益求精。彩锦的操作技术及工序与素锦有所不同，它在以纱扦数量规范图案的前提下，根据图案及色彩要求逐步填入相对的彩线，使之呈现各种理想的图案。其底色的拟定办法仍如素锦一样，欲想白底者以白纱作经，欲想青底者以青线作经。锦的正面，异彩纷呈、颜色艳丽，背面则蓬松错综。侗锦通过编织不同方位的直线条，采取夸张变形的手法，组成题材多样的菱形、方形、圆形、三角形，构成内容丰富的图案。彩锦用色多以暖调而不受自然色的制约，着重强调对比、明快和鲜艳，以达到艳而不俗的效果(图3-9)。侗锦用"素""彩"两种不同形式语境装饰在侗族服饰上，使侗族人民的情趣得到艺术性的升华。

湖南怀化通道侗族自治县境内织锦是用斜架式的织布机(俗称"陡机")进行编织的。这种斜织机是在传统的踞织机(主要是纺织平纹布类)的基础上，经过改进以后，可编织提挑花类的织锦。其工艺手法是以白棉纱作经线，经线作底，纬线起花，通经通纬织造。采用这种方法织造的侗锦一般面积都较大，如床单、被面、头巾等。编织时通过脚踩压经棒牵动综线提经开口，手工提梭挑花。织物为两梭组织，一梭是花纹，一梭是平纹(与经同色)，通纬梭织。侗锦编织工艺、色彩效果和实用功能最为独特，它构成了与其他民族锦类迥然不同的风格。编织一幅侗锦，要经过轧棉、纺纱、染纱、绞纱、绞经、排经、织锦等十多道工序。

图 3-8　素锦

图 3-9　彩锦

　　侗锦的图案是分段排列的，每段图案为一组，织物不管多长，也是用这一组组的图案重复排列出来的。形成一组图案，是预先在经线上编排提经数量，便于织时通纬，通过提经数量不同、通纬各异而形成花纹图案。预先编排提经数量相当于现代机械提花的电脑程序设计，需要按照心中设想好的图案，预先编织出起花的程序，然后排列在竹签上。竹签是用综丝来控制经线数量，竹签也称为"综框"。织花时，按顺序取出和移动竹条，使提经的数量不同，经线分出开口，再通纬梭织。所排的竹签使用一个轮回，即形成一组图案。图案的复杂程度不同，使用的竹签数量也不同，一般是 120 根到 180根，根据所织侗锦的密度不同，经线通常是 800 丝、880 丝、960 丝，最多到1040 丝。这需要排经编花人的技术必须娴熟精练，专心致志，对要织的图案熟记于心，才能做到有条不紊地将经纬线交织成不同的图案，并能反复循环、连续地编织。

　　挑花与织花工艺不同的是，挑花没有竹签与综丝提经，也就是说不用预先设置程序，图案全在脑海里，过纬时的提经多少全由心记，用织者手中的铜挑签数经、开口再穿过纬线。这种织法看似比织花简单，但需要特别熟练者方能准确无误地将精美的图案"挑"出来。

　　另一类是木梳式手工编织，即将一束白纱的一端钉在柱上或其他物体上，另一端作经线绕在一块一寸宽、约五寸长的木梳式竹片上，置于腹前，竹片两端以绳系于腰，用彩色丝线作纬线，像打草鞋一样编织图案。其织花原理与上述大同小异。采用这种编织方法，具有用具简单、可随身携带、随时编织的特点，妇女们到山上放牛时，将其钉在一棵树干上，就可编织，方便易行，所以也是侗族民间流行的一种织锦方法。但这种方法只能编织一些窄面长条的织物，如腰带、衣襟、袖口花边以及各种口袋的背带、系带等。花带面积虽小，但图案却精致美观。

2. 侗锦图案的特点

在普遍缺乏文字记载的中国西南民族社会生活中，服饰以其传承自然、形象直观的特点，成为物质文化传承的重要载体。图案纹样作为民族服饰文化中重要的组成部分，在表现民族审美的同时，也传递着各民族不同的价值观念。[①] 侗族人民利用侗锦将民族文化展示出来，侗锦中的图案记录着侗族盛衰荣辱的历史和寻根溯源的民族情感。

(1) 形式独特

侗锦图案源于自然高于自然，侗族妇女得大自然之点化，依据织物经纬结构的规律和本民族的审美习惯，充分利用自身对于事物直观的感受力与丰富的想象力，对所表现物象进行高度的提炼，将日常生活中常见的花鸟鱼虫都织绘成美丽图案。侗锦图案不是写真描实，而是充分运用抽象概括与夸张变形等手法，借助点、线、面的构成关系，加以装饰，将图案按一定形式进行奇妙的分解、叠加、重构。织锦的图案受织造工艺中经纬纱的局限，多为几何图形，有菱形、四方形、圆形、三角形等等，并用绣、挑、补等手工艺呈直线形织造，重大形、重表现，删繁就简、虚实结合，提炼出一些具有代表性的图形。常见的有人字形、十字形、口字形、之字形、米字形、万字形等，采用二方连续、四方连续等表现方式。这些图案或精致古朴或繁复细密，每种形、色都有象征意义，可用作头巾、肩花、围腰、花带、背带等。

(2) 内容丰富

侗锦图案以丝线或棉纱为原料，在木机上直接织成明暗相间的花纹，大部分由一些基础图形、纹样组成，取材于人类与大自然和谐共存的环境。侗

---

① 于晖. 解析中国西南少数民族背儿带艺术[J]. 艺术与设计(理论版)，2014(11)：141.

锦图案题材广泛、内容丰富，包括日月星辰、山川河流、飞禽走兽、人物和花木鸟鱼等等。侗锦图案总体来说，主要由四部分构成：动物图案、人物图案、植物图案和几何图案。前三者源于自然，是对具体物象的模拟与提炼，几何图案则源自工艺技术，是长期以来对工艺编制特点的概括与延伸，在构图上将虚幻与具象、固定与自由、写实与写意交织在一起。

（3）多元交融

长期以来，侗族妇女自种、自纺、自织，掌握了熟练的织锦工艺并不断改良织造技艺与织机构造，大大提高了织锦速度。新的时期，侗锦呈现出多元交融的趋势。由于侗族女性文化水平与审美意识的提高，为了适应现代人的审美需求，在织绣的过程中，她们不局限于传统的图案与纹样，而是打破以往的配色习惯，根据自己的喜好或是客户的要求，对传统侗锦进行改良，产生了许多新的图案、纹样和文字。

3. 侗锦图案的文化内涵

文化内涵寄存于物质文化之中，只有充分了解民族文化的深层内涵，才能懂得民族的心理，了解民族的思维和信仰。图案纹样作为民族服饰文化中重要的组成部分，在表现民族审美的同时，也传递着各民族不同的价值观念。[①] 侗锦不仅仅是直观的物质文化，还包含着极其深刻的精神文化内容。侗族人民利用侗锦展示民族文化，利用图案记载民族历史和民族情感，侗锦图案显示出来的多重文化内涵远远超出其他载体的功能和意义。

（1）族群之精神——图腾崇拜

侗锦图案体现了侗族人民的精神世界。人类初期，直接的崇拜对象是大自然，侗族亦如此。侗族相信"万物有灵"，是一个信奉多神的民族。在侗族人心中，自然界中存在着某种神秘的力量，这种力量就是他们认为的各种神灵，于是他们穿上这些神灵图案的衣服，既表示出对神祇的崇拜，又表示有神灵附身。图腾崇拜往往指与氏族有亲缘关系的某种动物或植物，成了该氏

---

① 于晖. 解析中国西南少数民族背儿带艺术[J]. 艺术与设计（理论版），2014.（11）：141.

族特定的图腾物。它是在原始宗教的背景下产生和发展的，图腾物被作为氏族的祖先而受到敬奉，起到"守护神"的作用，成为凝聚族人精神的强有力中心。如旋涡纹、水波纹源自侗族的水崇拜；龙纹、螺旋纹源自侗族的龙、蛇崇拜；圆圈纹源自太阳崇拜；云雷纹源自天、雷崇拜。侗族服饰的这些纹样早在新石器时代就形成了，有的纹样如鱼鳞纹、云雷纹、水波纹、圆圈纹、菱形纹等可以在新晃侗族自治县考古发现的新石器时代的陶器上看到。① 它一方面包含着大量迷信色彩和愚昧观念，另一方面又与神话一起共同繁衍了民族文化艺术。马克思说："任何神话都是用想象和借助想象以征服自然力，支配自然力，把自然力加以形象化。"② 它对民族服饰文化内涵的形成和发展起到了先入为主的决定性作用。侗族是一个农耕民族，特别崇拜与稻有关的自然物，侗锦中的谷粒纹就来源于此，流行于整个侗族地区"吃新节"的习俗就是谷物崇拜的反映。侗族是古代邻近的若干氏族交融繁衍而发展起来的，许多侗族地区还把鱼作为一种图腾，鱼在侗族人民的饮食和生活中扮演着极其重要的角色。如大年初一必须吃鱼，代表"年年有余"；办红白喜事离不开鱼，男方到女方家中定亲或是迎娶必定有鱼；祭祖必定有鱼，守灵、送终必定有鱼，待葬期间不可吃荤，但能食鱼。在当地风俗中，鱼代表着丰衣足食、多子多孙。鱼图腾演化出侗锦图案中的鱼骨纹、三角纹和菱形纹，其中三角纹和菱形纹由鱼的不同部位演化而成。侗族的图腾崇拜还有：龙(蛇)图腾崇拜、伞图腾崇拜、太阳图腾崇拜等等。侗族的图腾崇拜在侗锦图案中得到了淋漓尽致的体现，使得侗锦有了灵性的生命力。

(2)民俗之载体——神话故事

侗族是没有文字的民族，侗族人民将自身的文化以口头和服饰的方式相传，侗锦的图案反映出不同历史时期的侗族文化发展脉络，起到了一定"文字史书"的作用。侗锦图案具有传承历史文化的民俗之载体作用，几乎每一个图案都有一个来历或者传说，都深含民族文化，是侗族历史与生活的展示。图案的构思、设计、造型不仅凝聚着侗族人民的智慧，还表达出侗族人

① 侗学研究会. 侗学研究[M]. 贵阳：贵州民族出版社，1991：91.
② 中共中央马克思恩格斯列宁斯大林著作编译局. 马克思恩格斯选集：第2卷[M]. 北京：人民出版社，1995：29.

民对历史和祖先故址的回忆与怀念，是侗族历史意识与乡土情结的一种表达。在侗族，杉树代表着生命、团结、财富、人丁兴旺，有"同庚树""防老树""十八杉"之说。通道侗族把杉树视为部族的图腾，认为本氏族的生存和兴旺是杉树的恩赐①，衍生了很多与杉树有关的习俗，如每年要给杉树敬"年庚饭"。

在侗族的传说里，竹子因繁殖迅速尤其是雨后更能茁壮成长，成为地位、繁衍的象征。通道侗族学者张柏如在《侗族服饰艺术探秘》一书中记载，竹根花代表男性的生殖崇拜，亦与繁衍有关。远古时期，侗族对竹子还有一种特别的崇拜，不少人家把竹供奉于神龛上，作为部落首领的象征，称之"竹王"。因此，侗族妇女常以竹根花为图案，绣于头帕与被面上。侗族人崇拜蜘蛛，蜘蛛古称喜蛛子，又称喜母，在中国民间一向被视为吉祥物，喻多子，与生殖崇拜有关，被视为吉祥的象征。侗族地区流传下来的萨神系中，有位叫"萨妈岁娥"，岁娥即蜘蛛，萨妈岁娥就是蜘蛛祖母。侗家信奉的女神"萨天巴"，在侗族古歌中，"萨天巴"是创世女神，是她设计九个太阳，晒干了洪水，解救了后来繁衍侗族后代的姜良、姜妹。在天上，"萨天巴"象征日晕，在人间她的化身是金斑大蜘蛛。这种含原始宗教和图腾神话萌芽的蜘蛛图案被大量运用在侗锦之中。湖南通道的一些头巾边缘，蜘蛛图形经常以几何纹样排列。侗族还崇尚鸟纹，侗锦上织有各种造型的鸟纹，有喜鹊、燕子等等。相传洪水滔天后，在凤凰的劝说下，姜良、姜妹两兄妹结做夫妻，不久，生下一个肉团，凤凰唤来百鸟哺养，诞生出成千上万个婴儿。可见，鸟与侗族的繁衍、发展有着深远联系，他们养鸟、护鸟、敬鸟，并且将鸟当作神灵一样敬奉，把鸟当成是一种吉祥的象征。

(3)生活之愿景——吉祥祈福

侗锦艺术之所以能经久不衰，是因为图案中蕴含着强烈的民族生活气息，是千百年来侗族人民的生活写照。侗锦是一种产生于特定文化条件下的服饰艺术，反映着侗族人民的美好愿景。在侗乡，女子结婚时，陪嫁物中必定有纺车和织布机。侗族女子从小便在大人的指引下学习织锦和刺绣技巧，

---

① 左汉中. 湖湘图腾与图符[M]. 长沙：湖南美术出版社，2012：205.

以备做嫁妆。侗锦是侗家姑娘的必备品，每位侗家姑娘出嫁的时候必须要有侗锦手帕、侗锦嫁蓝巾等，同时还必须储蓄足够的侗锦布匹，当她生儿育女的时候用来制作侗锦童装被面、衣裤、童帽、背带等诸多服饰。因此，每位侗家姑娘长到十四五岁时就跟着大人学纺纱织布及绣花，待十七八岁之时已是一名织绣高手，当她出嫁时已积存大量的侗锦。侗锦展示了妇女们的聪明才智。到她们出嫁时，以侗锦制成的各种服饰，如背带、腰带、头巾、花鞋等，展示了她们的聪明才智、精巧技艺。在婆家与妯娌、小姑和近邻共同切磋纺织技艺。现在，侗族姑娘们依旧保持着织锦的传统，她们不论是在农闲还是在田角地头，仍手不离线，利用空闲时间，织绣各种饰品，整个过程就是侗族妇女的心、眼、手、脚的互动过程，也是对绚丽生活编织的过程。正如一首情歌唱的那样："我的情妹你的棉纱还卷在纱筒上，我郎特地来约情妹同竿浆，趁着此时妹的棉纱还没牵上别人家的布机子，希望妹把它牵到我家布机上来织。"人们通常都说侗族的生活是侗家妇女织出来的。[①] 侗族人把太阳纹样织在背带上，希望太阳成为儿童的保护神，保佑儿女健康成长、吉祥幸福；将"井"字纹织在背带或背面上祈求子孙满堂、繁衍兴旺，有如常流不息的井泉；将"卍"字纹织在花带、衣袖上象征着万福、长寿富贵、平安吉祥。

4. 侗锦的社会历史价值

侗锦中的各种图案和色彩，是侗族文化的完美表现，是侗族人民民族信仰和审美心理的真实写照，表达了侗族妇女对幸福爱情、美好生活的追求和对生活与大自然的热爱。侗锦在侗族人民的心目中，是吉祥、美好、智慧和幸福的象征。侗族是爱好和平、重礼崇义而又热情好客的民族。这一特点不仅表现在侗族人民的待人接物方面，也表现在他们以纺织品送客或亲友互赠上。直到现在，侗乡侗寨均保持着以"侗锦""侗绣"互赠的习俗。侗锦是侗族妇女手上舞动的精灵，是侗族人民的精神财富，具有生生不息、根深蒂固的文化底蕴。

---

① 吴安丽. 黔东南苗族侗族服饰及蜡染艺术[M]. 成都：电子科技大学出版社，2009：222.

（四）瑶族织锦

1. 瑶族织锦的历史

瑶族主要分布于湖南永州、郴州、邵阳、怀化和衡阳等地的山区，是以山居为主的少数民族之一，流传着一种说法"无山不有瑶"。瑶族织锦历史悠久，有着独特的历史文化背景。从先秦时期开始，瑶族人民就被称作"蛮人"，但由于时代的不同，又有了不同的名称，如先秦时期的"荆蛮"，两汉至南北朝时期的"盘瓠蛮"，再到隋唐的"莫徭"，直到宋代及其以后的"瑶"。瑶族文化，绵延不绝。历史上，织锦一直是瑶族人民的传统手工艺。明代邝露在《赤雅》中盛赞广西地区的瑶锦："锦有鹅头锦、花蕊锦。蛇濡锦，以蛇膏泽之，辟毒雾，入水不濡，亦名龙油锦。簇蝶锦，以熟金为之，古诗'惆怅金泥簇蝶裙，春来犹得伴行云。'"可见明朝时期，瑶族织锦的技艺已经非常成熟。瑶族在史诗《盘王大歌》中所唱的"唱起盘王献好计，献出好计造织机，造好织机织细布，儿孙代代绣罗衣"就体现了瑶锦历史悠久、代代相传，承载着瑶族人民的思想和情感。

2. 瑶族织锦的表现形式

瑶族织锦所用的棉线、麻线、丝线等均是自种、自纺、自织而成的。瑶族人将棉花经过漂、洗、晒、染、浆等十多道工序后合成上织机，并以棉作经、以彩作纬进行编织。不同于其他地区民族的织锦，湖南瑶锦属于典型的具有鲜明特色的经线起花的"经锦"。据相关文献显示，中国人在距今三千多年前的西周就已经掌握了经花织造技艺；汉朝时经花工艺达到鼎盛，直到唐代之后才逐渐被"通经断纬"的经纬织锦式工艺所替代。正是由于"经锦"的特殊性，湖南瑶族织锦还保留了与其他诸如土家族、侗族织锦不同的牵经起花工艺。瑶族织锦一般采用"一上三下""三上一下"的规律组织织造不同图案与色彩的经显花，并以"二上二下"的规律组织编织花边，将纬丝置于织锦的底经与花经之间。这种织锦方法在造型上可以摆脱经纬线的纵横限制，并可以采用自由曲线来表现较为复杂的纹样图案。

（1）牵经工艺

按照织锦经、纬线起花工艺的区别，瑶族织锦工艺是以经线起花起色的"经锦"，要求在牵经时必须将彩色经线排好，也就意味着瑶锦成品的条状色块在上织机之前就已经确定，在织造时亦无法改变，因此，瑶族织锦采用的是古老的"地桩式"牵经法。经纱的数目要根据织锦的幅宽确定。为了能使显花部分的色经与白经分开，在牵经时还需将色经与白经剪断，然后二者位置互换，重新连接、套桩，之后重复此过程。牵经人在牵引时需高度集中注意力，牢记显花彩经的数目，要时刻分清剪经和不剪经的部分，是八宝被锦等是否能成功起色、织花的关键。

（2）起花工艺

在湖南土家族、侗族、苗族和瑶族织锦中，瑶锦有别于前三种织锦从反面织造的特征，是唯一从正面织造的少数民族织锦，织女在织造时也因此能够直观地看到纹样的形式，这自然与其古老的经线起花起色的原理有关。瑶族织锦织造的时候，主要凭借一种细长的竹扦挑出色经并以显出花纹。织造时，彩色经线在上，织女用竹扦挑好花纹后，推动竹轮打紧竹扦并梳至综丝处，同时脚踩踏板提起综丝使白色经线上浮，彩色经线随之下沉，再将竹扦前推，使挑好的色经与白经一同上浮，使得完整的纹样信息得以保留；用木梭从左至右地穿好纬线后，双手再次推动竹轮将竹扦向后压紧，同时脚踩踏板放松综丝让白色经线下沉，彩色经线上浮，最后用布刀打紧刚穿好的纬线，即可完成一个打花步骤。在这个步骤中，织女手脚并用，可以清楚地看见异色的底经和面经上下交换的过程，也就是人们常说的"织机的开口运动"。竹扦也会同时随着织造的推进而留在织物中，待织到一定长度时，再将竹扦抽出。通常，有基础的织女会找一块织锦样本，搭在织机上，只需瞧一眼便能迅速用竹扦挑出纹样。

瑶族织锦的织造过程中，在挑花时能看见竹扦挑出彩色双经形成一个个色点，且彩色双经浮在织锦之上，从而组合成纹样。未挑花的部分形成了彩经与白经相交的"灰面"；瑶族织锦正面的纬线完全被经线包裹，反面的纬线则与正面的双经起花相互对应。瑶族织锦纹样如颗粒般凸起，汪为义先生将这种竹扦挑花工艺取名为"双经起拱"。实际上，根据瑶族织锦的织花原理，其卧织机没有提花装置，这样竹扦既充当纬线，又起到提花作用，是瑶族织锦织造技艺中独具一格的工具。

瑶族织锦用到的是经、纬结合起花的技术，在牵经时将色线按一定的规律排列组合，然后根据花纹图案的提沉起花要求，挑结花本，穿综上机。织造时，第一纬织平纹地，利用分经棍形成的自然开口，引纬打纬。第二、三、四、五纬起花。织完第一纬后，依次踩动踏杆，花综受力牵动，将面经拉下来变成底经，从而形成第二、三、四、五次开口，引花纬后进行打纬。第六纬与第一纬一样织平纹地，其余类推。这样五纬一组，不断往复循环。

瑶族织锦纹样皆源于自然景物和日常生活，图案纹样十分丰富，主要分为几何纹样、自然纹样、植物纹样和动物纹样等等。几何纹样主要包括：雷纹、水波纹、云纹、回形纹、万字纹等等；自然纹样主要包括：日纹、月纹、星星纹、云纹、山纹、石纹、水纹等等；植物纹样多源自自然界中的花草树木，主要包括：梅花纹、桃花纹、李花纹、茶花纹、油菜花纹、石榴花纹、荷花纹、桃纹、谷穗纹、草纹、树纹等等；动物纹样主要包括：龙纹、凤纹、麒麟纹、鱼纹、猪纹、牛纹、马纹、鹿纹、狗纹、鸡纹等等。这些日月星辰、飞禽走兽、山川景物还有花草树木构成瑶族织锦丰富多彩的素材库，同时也反映了瑶族织锦绚丽多姿的文化内涵。

瑶族织锦是瑶族人"衣被文化"的真实体现，主要运用于服装、生活用品中。瑶族织锦在色彩搭配上整体素雅纯净，图纹简洁大方，极富民族特色。色彩使用上主要以强烈鲜艳的对比色为主，如白色、红色、黄色、绿色、蓝色、黑色等等。瑶族人常常采用两种形式的颜色搭配：一种是使用间隔色彩形成强烈的视觉冲击力，凸显瑶族人民对于美好生活的真切向往；第二种是使用两种颜色的组合，以减小色彩的冲击力从而获得颜色的统一和谐，并产生神秘而又沉静的美感。两种不同形式的搭配增添了瑶族的服饰色彩，凸显了瑶族人的色彩观。世代的山区生活为瑶族人民提供了取之不尽、用之不竭的织锦灵感源泉。瑶族人民用最真实简洁的材料，遵循自然美的形式法则，通过丰富的想象和灵巧的双手，对图像进行提炼和概括，形成独具特色的瑶族织锦纹样，具有强烈的形式感和艺术审美价值。

瑶族织锦主要有瑶带、瑶巾、被裙等，其中最有特色的还要数瑶族的

"八宝被面"。

①八宝被面

在瑶族地区，人们将瑶锦制成的棉被称为"八宝被面"或"八宝被"。八宝被面主要流行于永州市江华瑶族自治县岭西瑶族地区一带，江永地区也有由花带拼成的八宝被。八宝被起源于宋朝，至明清时期已经发展成熟，是我国古代南方少数民族地区农耕文化的产物。自隋唐起，瑶族先民就已经在江华一带活动，宋朝时大量的瑶族人开始进入江华，直至明朝正式定居下来。江华的瑶族妇女们先用蓝靛把用来织被面的丝线染成蓝色、青色，并在其中辅以白色，以彩色丝线搭配，织出的锦颜色艳丽，图案美观大方。之所以被称为"八宝"，是因为被单上集合了八种不同的图案——"犀牛望月、双狮抱球、麒麟送子、金龙出洞、丹凤朝阳、葫芦藏宝、蟠桃庆寿、富贵有鱼"，应了八卦之数，故称为"八宝被"。八宝被图案在固定并列的经向条框里以单元格的形式间断出现，图案有各种几何花纹以及文字，这种方式能够巧妙地将视觉和文化结合起来，二者相得益彰。这种典型的经花工艺是一种经过当地文化传统的熏陶、工艺方面沉淀的产物。八宝被与瑶族的民俗有着密切的关系。自古以来，瑶族的青年男女婚嫁恋爱和交友都比较自由。男女恋爱结婚，除了少量是媒妁之言外，大部分都在节庆日以歌为媒向心爱的对象进行表白，对于所选择的对象，双方父母不会强加干涉。表白成功之后，男方会找一个能说会道的长辈去女方家里提亲，并会用吊篮挑一担礼物赠送到女方家。此时女方会准备好一个包袱，里面装着姑娘平时亲手织好的八宝被面、布鞋等，并放到吊篮里作为信物回赠给男方。这种赠八宝被面的风俗习惯，也为现在的织锦技术奠定了坚实的基础。八宝被是由被称为"一桶"的宽约为30厘米、长达150厘米及以上的四条并列彩经组成的，其横向纹样通常一致，经向色彩一般不同。江永地区的八宝被由手工织造的花带拼接而成。宽度由花带的宽度而定，由于花带的经密度可以随意控制，因此通常比机织锦密度高、宽度窄。江永地区瑶族花带还会在单元格内织入文字，多呈连续排列的形式。瑶族姑娘巧妙地将诗文与图案相结合，编织出具有特色的瑶族织锦。瑶族织锦展现了当地丰富的民族文化以及生动多姿的文化传承方式。

②花带

瑶族花带也被称作是"花腰带"，是用来装饰腰间的织品，瑶族花带的精致程度可以与八宝被相媲美。花带在瑶族人民的生活当中很常见，除了用于腰间，还可以用来装饰其他服饰和生活用品。花带的纹样与八宝被纹样相近，因而花带也被称作"八宝带"。除花带外还有一种宽幅较窄，图案正反两面各不相同，多以抽象的几何图形和文字为主的"字带"，这种字带的工艺更为复杂。瑶族花带的纹样源于生活，不受外界影响，具有极强的创造性。

③背带

背带是常用于包裹孩子身体的织物。日常生活中瑶族人经常把八宝被与背带配合使用。一方面，瑶族背带是编制而成的，结构复杂且较为结实，长辈们在做家务活或者干农活时，只需要将孩子用背带捆在背后，就可以腾出双手去做自己的事情，结实的背带可以保证孩子的安全；另一方面，织锦制成的背带较为厚实，可以防风御寒，即使冬天使用也不担心孩子受凉。瑶族人使用背带和八宝被包裹孩子的方法十分讲究，首先用小一点的八宝被把小孩包住，再用背带中间长方形的部分包住八宝被，并使用背带两边的两条数米长的布带对孩子进行交叉捆绑，最后把背带固定在女性的肩膀和腰部位置。虽然不同地区的背带编织和使用方法不同，但都传承和发扬了传统的背带被盖，成为在大人的背带里、肩膀上长大的一代代瑶族孩童深刻的情感记忆。

3. 瑶族织锦的传承与发扬

瑶族织锦不仅仅是一种世代传承的手工技艺，更是瑶族婚姻习俗中重要的嫁妆，大多数瑶族姑娘从小就要开始培养织锦、绣花的技能，长大后自己织绣定情信物和嫁妆。瑶族织锦在瑶族人生活当中应用广泛，所以瑶族织锦在瑶族人心中占有重要位置。自古以来，瑶族文化就与瑶族人的习俗文化相辅相成，习俗推进了织锦技术的发展，成为瑶族妇女进行织锦活动的原动力，使织锦技能不断地提升。瑶族织锦影响了一代又一代瑶族人，它在推动民族文化与民族工艺的交流和完善的同时，还促进了瑶乡经济的开发和文化事业的繁荣发展。

瑶族织锦的重要性一方面在于它的实用性，另一方面在于它蕴含着最根本的文化底蕴。瑶族织锦不仅仅是瑶族人民勤劳与智慧的结晶，更是瑶族文化艺术的重要精神载体，成为瑶族区别于汉族和其他民族最显著的外在标志，也是瑶族文化艺术的重要组成部分。瑶族织锦的纹样在各个方面都体现了它的社会价值，特别是体现在历史文化价值、工艺价值和艺术价值上。

绣图纹　制罗衣

◇　剪纸

◇　刺绣技法

◇　缝制技术

◇　服饰图纹文化内涵与构成形式

刺绣，又名"针绣"，俗称"绣花"。刺绣是绣针将彩线（丝、绒、线）以设计的花样为准，按照一定的图形和色彩在绣料上刺缀运针，以绣迹构成纹样。刺绣是我国重要的传统工艺之一。据《尚书》记载，四千多年前的章服制度，就规定"衣画而裳绣"。至周代，有"绣缋共职"的记载。湖南刺绣历史悠久，文化底蕴深厚。目前传世最早的刺绣，为湖南长沙出土的战国时期楚墓两件绣品。观其针法，完全用辫子股针法（即锁绣）绣于帛和罗上，针脚整齐，配色清雅，线条流畅，将图案龙游凤舞、猛虎瑞兽表现得自然生动、活泼有力，充分显示楚国刺绣艺术之成就。①

湖南作为少数民族的聚居地，有着辽阔的地域，各少数民族主要分布在湘西、湘南和湘东的边远地区，呈现出支系众多、纷繁多姿的局面。湖南刺绣技艺与各个民族文化交融之后，形成了独特的艺术风格。苗族服装自古有"无装不彩"的美誉，苗族刺绣有平绣、破线绣、辫绣等，无论衣袖、裤边、下摆还是围裙都绣有精美的图案。土家族刺绣与苗族刺绣区别不大，主要用在童帽上。侗族的刺绣以辫绣、绕绣为主，用在孩子的背扇和围腰上。瑶族刺绣类似苗族刺绣，主要用在童帽和枕头上。不同的地域文化赋予了湖南地区刺绣艺术千姿百态、斑斓厚重的特性。刺绣记录着各民族的历史与变迁，用不同种类的绣法描绘出了一幅幅细致精美的历史画卷。

据研究，湘西苗族的服饰刺绣习俗源自南蛮的文身习俗。《汉书》载南蛮"断发文身，以示与龙蛇同类，免其伤害"。东汉的《风俗通义》中记载，上古时期著名部落联盟首领帝喾的女儿"辛女"下嫁盘瓠，"织绩木皮，染以草实，好五色衣服"。远古时期苗族人在野外劳作时容易受到猛兽毒虫的攻击，于是妇女们在头、胸、手、脚等部位文身，表示自己和蛇类是同类，免遭它们的毒害，后来通过刺绣、编织等手段，将这些图案从皮肤上转移到服装上。随着苗绣的兴起，剪纸应运而生，形成了与刺绣相伴发展的姊妹艺术。

（一）剪　纸

剪纸，是湖南少数民族一项古老的民间艺术，《荆楚岁时记》载："正月

---

① 张立胜. 物华天宝[M]. 敦煌：敦煌文艺出版社，2010：378.

七日为人日。以七种菜为羹，剪彩为人，或镂金箔为人，以贴屏风。"唐代段成式著《酉阳杂俎》云："剪纸为小幡。"李商隐《人日即事》诗中亦有"镂金作胜传荆俗，翦彩为人起晋风"之句。[①] 在湘西的苗族土家族地区，剪纸常用于刺绣底样，而不是作为独立的装饰艺术存在(图4-1)。湘西土家族苗族自治州泸溪县的踏虎乡因"踏虎凿花"闻名，被誉为"凿花"之乡。当地流传着这样一首民谣："嫁女要嫁剪花郎，肩挑担子走四方，出门身上无银两，回来银子用箩装。""剪花郎"就是指当地的剪纸艺人。他们大多为男性，挑着担子，走乡串户，游走四方，出售花样，靠手艺挣钱致富，故而备受崇拜。踏虎乡著名剪纸艺人黄靠天，出生在踏虎乡踏虎村一个叫山脚坪的小寨，他12岁开始跟随祖父和父亲学习凿花。由于他聪明好问，勤学苦练，在师傅的指导下，不几年便成了名噪一时的凿花艺人，其技艺远在先辈之上。他的刻剪技艺高超，作品布局妥当、构图讲究、线条流畅、装饰味浓，具有南方剪纸特有的纤细灵秀、玲珑俏丽的风格。20世纪80年代末到90年代初，黄靠天的大量作品被远销美国、日本、南斯拉夫等国。

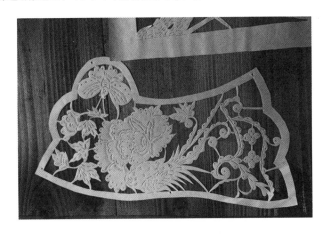

图4-1　湘西苗族剪纸绣花图样

　　湖南剪纸主要分为凿花和剪花两种。民族服饰的传统用料，一般都是自己织染的土布，在描绘图案时如果用笔直接在布上绘制很不容易，而且布也会被弄脏，因为这种布料的布纹比较粗糙。但是，如果先用纸剪出图案在贴在面料上，再沿着剪纸进行刺绣，轮廓就会比较鲜明，剪纸用白色或者其他

　　① 杨铭华，向东. 当代湘西民族文化探微[M]. 长沙：《民族论坛》杂志社，1998：125.

较浅的颜色，这样有利于施绣，使刺绣变得更加便捷。因为减少了描图这道工序，也减去了描错后修改的过程，从整体艺术角度也可让绣品显得更加规整美观。用剪纸做绣样，也方便于校对图案纹样，特别是形式美法则中的重复，可以让绣图元素达到完全一致。剪纸是众多刺绣不可或缺的制作工序，也是非常重要的准备步骤。

剪花，先将纸码齐，用笔在最上层勾勒图案，再左手拿纸右手执剪，依照图案的痕迹剪，有些剪纸技巧娴熟的妇女完全可以不用勾草图，直接剪。剪花时每次剪四层左右的纸，纸堆叠的数量不要太多，否则难以剪动。湘西凤凰县禾库镇一带以剪花为主，剪花时先用竹针在纸上画出刺绣图纹的基本骨架，再用尖利的剪子顺纹路铰成。在团实大块的花鸟纹样中，往往用剪刀、割刀痕和针刺小孔来提示不同的针法和色块。如单从剪纸艺术作品本身来看，也是虚实结合，有增强画面层次的艺术效果。剪纸过程中，对于较复杂较细小的图案难以开剪，这就需要用刻刀凿刻。凿刻不仅一次可以刻一二十张纸，而且可以刻出很多微小的变化。泸溪踏虎地区以凿花为主，他们先把纹样描绘在纸上，以蜡盘托纸，用小刀仔细凿刻。因起源于湘西土家族苗族自治州泸溪县的踏虎乡，这种以刻凿为主、剪绞为辅的剪纸工艺，又被称为"踏虎凿花"。湘西凤凰县禾库镇一带的剪纸剪功凌厉，造型简洁；湘西洪江、安江一带的剪纸，刀法较为收敛，风格质朴；湘西保靖的剪纸剪法随意，风格豪迈；湘西山江一带的剪纸风格内敛……湘西各地剪纸依据技法的不同呈现出不同的剪纸风格。

湖南剪纸一般以红纸或白纸为主，特殊情况下也会用到彩色纸。湖南剪纸在应用上要服从不同花饰的装饰要求。剪纸主要用在衣花边、裤花边、腰花、胸襟花、衣袖花、头巾花、帽子花、领子花、肩花、裙帕花、绣花带裙花、背裙花、鞋子花、枕头花、门帘花、被面花、荷包花等花饰；湖南剪纸按构图分，主要有单一图形、二方连续、四方连续、对称图形、放射图形、球心图形等不同的结构形式。外形主要有规则的弧形、正方形、扁方形、长方形、菱形等。一般使用在袖腰和围腰部位的剪纸图案面积大，内容多，变化大，其余很多是花边式纹样，变化不大，可做连续纹样。袖腰花饰于中袖外侧，一般分上下部分，上部为横条式，纹样排列可以中轴对称，左右均衡，多单元散点排列等；下部是扁方形，以一主体居中，四周饰以细小纹样。衣服上的肩花、领花、胸襟花均要与主饰袖花风格相一致，图案或色彩有一定的呼应。湘西苗族、土家族的剪纸中经常出现远古神话传说中的神鸟怪兽，诸如龙、蛇、山魈、火神、赦官、马面、雷公、电母、风伯、雨师等，且变形奇特、想象丰富。

剪纸除了根据刺绣的位置进行图案的设计与安排，还要根据刺绣的技法进行图案的调整。一般来说，少数民族盛装刺绣主要运用的是绉绣、辫绣，这种刺绣技法体积感强，厚实整齐，因而剪纸不宜过于细小变化，否则很难绣出，在剪纸时要注重外形剪影效果，图案整体概括、结构简单。内轮廓可以用针眼加以区别，提示行针时针法的走向及色彩变化。这种绣法剪纸图案的题材内容也要尽量简单，多使用龙、锦鸡、蝴蝶、蝙蝠、鱼、猫、葫芦、石榴、棉花、桃等动植物纹样，人物图案较少用。平绣的绣法细腻，绣出的图案结构精细多变，剪纸在处理结构和外形上要多加变化，要将锁边的轮廓线和不锁边的轮廓线区分开来，可以在剪纸时将要锁边的线剪空，将不锁边的剪破或是在较薄的草稿纸上描图后按纹样绣满，再用针尖将露出的纸剔掉。

凤凰苗族妇女高围腰上的刺绣剪纸底样，连沈从文先生都倍加赞赏，认为是花样中最有性格的部分。高围腰外形为吊钟状，剪纸艺人按照钟形轮廓构图，充分利用空间布局，巧妙地穿插出繁茂的花朵、舒卷的枝叶、流连顾盼的鸟蝶，构图饱满、和谐而生动。湖南剪纸的另一大特色是风格多样。苗族剪纸的清丽秀婉、土家族剪纸的气魄豪放、湘中汉族地区的婉转灵秀、洞庭湖地区的构图多变，使湖南剪纸呈现出丰富多彩的多元化风貌。①

（二）刺绣技法

湖南少数民族对于刺绣技艺的探寻和追求是非常积极的。春秋战国时期，楚国刺绣技艺已达到较高的水平，《史记·滑稽列传》中载有："楚庄王之时，有所爱马，衣以文绣。"②可见统治阶级对刺绣的喜爱。明末清初，农

---

① 于乾莉，王本银. 湖南风味特产导游词［M］. 北京：中国旅游出版社，2006：202.
② （汉）司马迁. 史记［M］. 王云五，朱兹农，主编. 北京：商务印书馆，1947：330.

业和传统手工业的发展带动了商品经济的繁荣，刺绣因地域的不同开始形成不同的体系。到了清朝末年，湘绣、苏绣、粤绣和蜀绣一起成为享誉国内外的"四大名绣"。湘绣的形成与发展离不开湖南各地民族民间刺绣技艺的融合。

湖南少数民族刺绣历史悠久，种类繁多，大致有打籽绣、破线绣、辫绣、绉绣等。绉绣、破线绣是苗服的特色绣法，绉绣花纹呈浮雕状，装饰效果奇特大方；破线绣用针细微，图案刻画精细。贴布绣则为侗绣的一大特色，将剪纸图案贴于侗布上，呈现出淳朴粗犷的艺术效果。

1. 破线绣

(1) 破线绣简介

苗族破线绣，属于平绣的一种。破线绣的珍贵与不同就在于"破线"和"浆线"，制作破线的过程是非常复杂的。要将一根丝线劈成几根线，一般需要劈成六到八根，精细的可以劈到十五根左右，每根都是细细的绣线。所以破线绣又被称为"劈线绣"。在苗族的十二种绣法中，破线绣是独一无二的。这种绣法可以与中国的四大名绣媲美。破线绣绣出来的绣品，表面光滑、细腻、华美，属于苗绣中的极品。破线绣应用到服饰上，能更加彰显服饰的艺术特色。由于破线绣做工非常考究，耗时、耗工，这种技法往往用于绣制嫁衣、庆典盛装等，完成一套破线绣嫁衣往往需要耗时四至五年(图4-1)。

(2) 破线绣的绣制

破线绣刺绣的方法非常独特，需先改变线型再进行刺绣。画面光滑整洁，针脚极细，画面富有装饰性和层次感，是苗族刺绣极高水平的体现。破线绣需要准备黑色棉布、真丝、土罐、刺绣图案剪纸、绣花针六至八根、皂角仁、彩色蚕丝若干和光滑平整的模板一块。首先取二十粒皂角仁放入土罐内，加水用小火反复煮三遍，在煮的过程中不断地用筷子搅动，直到皂角仁成为糨糊，再放在一边冷却。把事先准备好的黑色棉布平铺在光滑的木板上，接着用已经冷却完毕的皂角仁糨糊均匀地涂在棉布上，再将真丝面料平

图 4-1　破线绣

铺于棉布上，用木板压在上面，来回拉动木板，直到两块面料完美地贴合在一起，晾干之后再依据轮廓进行剪纸。剪纸就是把已经晾晒好的面料放在木板上，再将刺绣图案平铺在上面，将刺绣图案与面料固定在一起才能开始刺绣。刺绣先要将丝线劈成十根左右的细线，然后再用各种颜色的线，不同大小的针，进行图案的刺绣。此时皂角仁糨糊的作用就体现了，它可以使线变得紧密、平滑，而且更加有光泽，以免绣面被污染弄脏。在大块画面上破线绣也会用上不同的刺绣处理方法，比如走短针可以使绣线更加牢固；边缘用锁绣掩盖针脚可以更加耐磨；多种绣法的综合使用可使画面更加丰富，使画面更具装饰性。

（3）破线绣的民俗文化

破线绣一般以蓝靛染过的家织布为底色，颜色是较为深沉的深蓝色或黑色，因而破线绣在配色时常会选用橘红色、蓝色、深红和大红色作为刺绣的主色调，形成较为强烈和大胆的色彩搭配。以红、蓝为主的主题色，在蓝、黑的底色映衬下会显得更为明艳。破线绣由于破线而绣，每股绣线变得非常细，苗族的破线绣非常注重图案中颜色的渐变以及绣针的过渡，苗族妇女完成的破线绣作品，每一根绣线绣得非常紧密，绣出来的图案颜色鲜艳，过度细腻、光泽感强，几乎看不到针脚，制作起来非常消耗时间。但也因为破线而绣，破线绣的绣线表面不耐磨，如经常使用，很容易刮花起毛边，因而常用锁绣技法来绣破线绣的边缘和轮廓。破线绣被大量运用在苗族盛装上，主要缝合在服装的肩部及袖部，尤其是贵州黔东南地区的苗族女子，在出嫁前都要为自己准备一件破线绣嫁衣。破线绣在源远流长的历史文化长河中，留下了比较完整的艺术形态，真实反映了苗族人民对美好生活的向往。

2. 打籽绣

（1）打籽绣简介

打籽绣又称环籽绣、结子绣，打籽绣常常出现在苗族、侗族的服饰上，一般与缠绣结合，使用缠绣做图案轮廓，打籽绣做大面积填充。打籽绣绣出的花纹饱满、结实。通过将绣线打结的方法使……变成一个个小圆点，由这样的无数小圆点织绣从而构成完整的图案花纹，画面图纹呈现出粒粒饱满、颗颗圆润的艺术效果。所谓的"打籽"就是把丝线绣成一个小结，像一粒小小的种子。这些密集的小颗粒颜色不同，但大小均匀，充满了刺绣的图案，有很强的视觉效果，触摸时有质感。打籽绣从远处看不到斑驳，近看却有千变万化的细节。在侗族刺绣中，打籽的刺绣技术主要用于花卉、树枝、树叶或环形图案，但在苗绣中，打籽绣可用于各种刺绣图案。丝线形成的颗粒有大有小，排列方式多样。具有浮雕效果的打籽绣艺术品，具有很高的艺术价值和经济价值（图4-2）。

图4-2　打籽绣

（2）打籽绣的绣制

打籽绣是一种非常古老的刺绣技法，相传在汉代便已经兴起，流传至今，至少有两千多年的历史了。在两千多年历史中，打籽绣这种技法，竟然与服务于皇亲贵胄和达官贵人的京绣、湘西深山中田间乡人的苗绣同时流传下来，简直令人匪夷所思。并且，无论是在何种绣法中，打籽绣都是作为非常重要的一种技法而存在着的。

一般来说，打籽绣首先用笔在草纸上画出需要的花纹，然后贴在底布上再进行刺绣。绣法是将针从背面向正面穿过，针尖在丝线底脚卷上两转，然后刺下去。针针如此，每绣一针，丝线就在面上卷结成一个圆圈。所以绣好后绣面会呈现出许多小圆点，花纹就是由这样无数的小圆点组成。大面积的打籽绣现在已很少有人使用了，一般只是在小面积绣面上使用打籽绣。打籽绣运用比较广泛，无论是苗绣上特有的图案枫香树、鹊宇鸟、蝴蝶妈妈，还是抽象的几何图案，都能够将苗绣特有的风采展现得淋漓尽致。打籽绣的绣线有粗细之分，不同的绣线展现出来的效果不尽相同：用细线绣出来的打籽绣，犹如颗颗沙粒，细腻中透露出层层叠叠、密密麻麻的精致；用粗线绣出来的打籽绣，仿佛颗颗珍珠，奔放中透露出断断续续、星星点点的质感。

绣制打籽绣，我们需要先把纸花放在底布上。然后，针从底布背面刺出来后，环在底布的底部周围，然后将其绕在布面上，用针沿着底布往回走。这时要注意的是绣针要紧紧依靠着布料上的图案，不要使其偏离。通过这一系列的绣法，绣花针便绣出了无数的小圆点。图案是由许多小圆点构成的，圆圈的大小取决于圆圈和丝线圈数的多少。刺绣的质量取决于圆点的光滑度。绣制打籽绣的功力，全然体现于打籽。一绣一挑是每一个绣者的基本技能，对于如何保持每个颗粒的大小和高度一致，并确保它们的排列紧凑，全凭绣者的经验和感觉。要做到这一点，每个绕组的长度必须相同，打籽的强度必须均匀，针的位置必须准确，以保证每平方厘米的小颗粒均匀。

（3）打籽绣的民俗文化

在新文化的冲击下，打籽绣全套作品已经寥寥无几，大多用于衣物的局部装饰，比如衣袖、胸口、下摆花纹的装饰，之所以运用到这些地方，其最主要的原因就在于这种绣法拥有一个巨大的优势——结实耐磨。我们能从一些小小的绣片里，看出打籽绣的艺术光环与独特魅力。

3. 辫绣

（1）辫绣简介

辫绣又叫作"盘花"，辫绣不直接用绣线刺绣，而是先将数根彩色丝线用编丝带的工具编成大约0.5厘米宽的辫子，再在衣服上根据图案的需要堆绣出花形，然后固定边缘。辫绣的盘锁法有三种形式：平盘、立盘和斜盘。因其由盘堆而成，形成浮雕状，显得十分厚重。辫绣就是将一条打好丝的扁平缎带盘成图案缝合在布上，使它看起来像一个简单的绞纹刺绣版本，却也意趣十足。使用辫绣绣法绣制的花纹纹理清晰、圆润、饱满，并有独特的凹凸感，使图案设计更加生动且富有灵气（图4-3）。

图4-3　辫绣

辫绣又称编带绣、锁绣，是在西周时期就已出现的中国传统刺绣技法之一。战国时期的辫绣工艺就已经十分精美，湖北江陵马山硅厂一号战国楚墓出土的绣品，可清晰地看到用辫绣的对凤、对龙纹绣、飞凤纹绣、龙凤虎纹绣禅衣。这些绣品呈几何形构图，大量使用了花草纹、龙纹、兽纹，并且采用抽象与具象并重的方法将动植物结合起来，形象生动、清晰，并有大量留白。汉朝的刺绣针法主要是辫绣，它由丝线一圈圈套接而成，既可以用来装饰花纹的轮廓，又可以圈排、并排填充内部图案。湖南长沙马王堆汉墓出土的绣品中辫绣绣出的各式各样的龙纹、云纹与凤纹，已表明西汉时期中国的辫绣就已经发展到很高的水平。

辫绣不仅苗族使用，侗族也使用。侗族辫绣的编辫条凳子做得相当精致，凳子上雕龙刻凤、描花绘草，是侗族人们用他们勤劳智慧的双手打造出来的非凡的工艺品。辫绣首先用彩色丝线编成小辫条，把丝线以五根至二十多根为一组编成辫带，再将彩色丝辫按稿样钉在绣布上，辫绣给人以浮雕般的厚重感觉，显得粗犷、朴实、豪迈。辫带编好后，按原先设计好的图案将辫带平铺于布上，一圈一圈地由外向里一点一点地去填充图案，边填充边用一根同色丝线钉紧。这种刺绣技法细致、纹理清晰、走向明确、装饰精美，但费时费工，日常制作一对衣袖需要三个月时间。此种绣法不是直接用绣线刺于布面，而是将绣线编成辫子状的带子，盘锁成图案。编带子有专用的凳式编带架，架上有可缠绕经带的圆轴和控制带轴转动的卡轮。无编带架的可用竹篮或弧形手提木桶代替。编好一定数量的带子后，将这些小辫带按照纸花轮廓，在缎子底布上由外向内勾出轮廓并固定好，再织绣轮廓内的图案，用同色丝线钉紧，辫带走向明显，形成有浮雕感的花纹。

（2）辫绣的绣制

辫绣时先将剪纸纹样粘贴在绣布上，将所用的彩线（一般是八根、九根或十三根）用手工的方式编成三毫米左右宽的辫带，再根据图案轮廓要求，按照一定的纹理，由外向内将编成的辫带平盘绕织盖在剪纸上，用同色彩丝线将辫带固定，图样铺满即得成品。这种技法绣出的图案，显得粗犷、厚实、野气十足。绉绣的前期制作与辫绣相同——"打辫子"，再根据图案轮廓由外至内走向，将辫带皱成一个个小褶后，用单线穿针，每一小褶钉一针，将辫带堆钉在图案上，直到铺满为止。这样绣出来的刺绣呈现出很强的立体感和浮雕感，显得浑厚、古朴，并且衣饰经久耐穿，但耗时且费线费工。

（3）辫绣的民俗文化

1974 年，考古学家在陕西宝鸡茹家庄西周的伯墓发现辫子股针法的刺绣残痕。经观察发现，古代人们先在丝绸上染色再用黄色丝线绣出花纹图案的线条轮廓，之后在花纹部位以毛笔蘸取不同的颜色并涂绘大块颜色，色彩主要使用红、黄、褐、棕，其中红黄两色系采用天然染色剂朱砂（硫化汞）和石黄加黏着剂进行涂染，这样涂染出来的绣布色相鲜明、色泽亮丽。底绸采用天然植物染料施染，安全环保，不含任何对人体有害的化学试剂，穿着舒适。

1958 年，在湖南长沙烈士公园 33 号战国楚墓一具棺椁中发现墓棺内侧的四面分别粘贴有一幅刺绣。其中，裱于东南两壁面的刺绣出土时基本保持了原有的造型，数载过后依然不失其时尚性和完整性。东壁上的刺绣为龙凤蔓草纹，龙凤头部采用精致细腻的写实绣法，龙凤的身体则与蔓草巧妙连接使得绣片上的图案呈弓形；南壁上绣有欣欣向荣的花草枝蔓、不食人间烟火的变体仙鹤与活灵活现、栩栩如生的山间小鹿。这种纹样与 1982 年湖北江陵马山砖厂 1 号战国楚墓出土的对凤对龙纹绣浅黄绢面衾的纹样极其相似。除此之外，江陵马山砖厂 1 号战国楚墓出土的飞凤纹绣、龙凤虎纹绣禅衣、凤鸟花卉纹绣、蟠龙飞凤纹绣浅黄绢面衾、龙凤合体相蟠纹绣等代表性文物，都是用辫绣绣法施绣的，这标志着刺绣工艺的成熟和辫绣绣法的广泛运用。

4. 绉绣

(1) 绉绣简介

绉绣也被称为"皱绣""邹绣"，作为辫绣的一种，是苗族独有的技法。绉绣技法并不复杂，但在编制丝编的时候却很费功夫。先将八根绣花丝绒编成一根宽约四毫米的扁平带子，绣者用指甲尖推挤丝带形成褶皱，再将褶皱的扁带均匀钉于底纹托布上，按照剪纸轮廓，用单针穿线，由外向里，将丝辫折成小折，堆蹙满实，形成浮雕状图案。使用这种绣法的绣品富有强烈的立体感，所用工时较多，绣制一对衣袖需两个多月时间，因此只在盛装上能见到此种绣法。与破线绣的精致细腻、色彩鲜艳不同，绉绣的效果则是粗犷不羁、古朴深邃。绉绣主要流行于苗族中，苗家女性常用此法制作她们的盛装（图4-4）。

图 4-4　绉绣

（2）绉绣的绣制

　　绉绣先把彩色丝线编成宽度不同的丝辫条（多数辫条只用一种颜色，编法同辫绣相同），然后将这些小辫条按照纸花轮廓，由外向里，铺在贴好纸花的缎面上，照着纸花的纹样用折皱的手法，以定距离（约 0.25 毫米）用针挑成高 0.2 至 0.3 毫米的小折，折起辫条底端钉在布面上，另一端高凸于底布，一折紧靠一折，每折用同色丝线把它钉紧（不能直接钉在辫条上）。操作时，绣娘用左手拇指指甲抵出折弯，右手用针将下弯锁于底布面，折折锁折，形成条梗状，按照纸花纹样一折一折地铺，一圈一圈由外向里，绣娘用指甲尖推挤丝带形成褶皱，然后依纹样皱缩弯曲，以螺旋线路推进，由外向内盘出图案，在盘图案的同时用同色的丝线把辫带钉缝固定于底布上，每钉一针都要折叠一次，这样就使得丝辫褶皱起花，直至将图案铺满为止。一系列工序完成后，图案画面凸显在外，纹样呈较高的浮雕状，立体感极强，显得粗犷、浑厚、古朴。绣制品经久耐用，极富装饰效果。这种绣法可单独使用，也可以变化出平盘、立盘、斜盘组合，多以立盘为主，平盘、斜盘为辅。通常立盘做大块面。平盘做外轮廓压条，使立盘立面不外露，并使绣面有起伏变化，既有很好的肌理感，又具有浓烈的艺术表现力。这种绣品非常精致，但较费工，纺制一对衣袖需花两个多月时间，所以一般只用在盛装的袖花、领花和肩花上。

（3）绉绣的民俗文化

绉绣这种绣法，专门用于绣盛装，即女子的嫁妆。在苗族中，一般在小女孩3岁的时候，母亲就会让她了解绣法，等她们到了12岁，就会自己着手做嫁妆。由于绉绣非常耗费时间和材料，因此用绉绣绣出的绣品非常珍贵。龙纹是苗族盛装中绉绣表现得最多的纹样。绉绣中龙纹的形状和模式没有固定，其种类及造型丰富多样，形态迥异，常见的主要有鱼龙、鸟龙、蜈蚣龙、蛇龙、花龙等等。

5. 其他绣类

（1）平绣

平绣是刺绣中最为基础的刺绣针法和技法，也是大多数少数民族所采用的刺绣技艺。平绣前先把画好、剪好的纸花贴在绣花底布或缎面上，然后照着剪好的纸花底纹，一针一线地根据色彩需要使用不同色线，穿刺绣出所需要的花纹，直到绣满为止。这种绣法针脚排列均匀，丝路平整，纹样有一定的厚度。传统绣法色彩使用不太复杂，习惯以一种颜色为主，比如蓝色或红色，只搭些其他颜色，但主色中常常采取几种不同的色度。传统绣法是将丝线拆开，将一根普通的丝线分散成几根细线，然后用这些细线来绣纹样。这种细线不耐摩擦，容易起毛断线，一般要用皂角水将之浆光滑才能使用。现在一般不再将丝线拆开，在绣法上与湘绣的绣法相类似。现在的平绣技艺色彩和针法丰富，有回针、复针、补针、叉针等多种运针方法。平绣易被大多数人掌握，使用广泛，绣品一般用在童帽、便装、围腰、布鞋、背带花纹上等。

（2）缠绣（绞绣）

缠绣是先把纸花贴在布面上，再用两根针来绣。一根针用来引绞线，另一根针用来引锁线。绞线由三至六根细丝线捻合而成，也可以用颜色深浅不同的线编出新颜色的绣线。刺绣时双手各拿几根线的线头，一手不动，另一只手的拇指夹线朝一个方向旋转，将手上的几根线绞成一股粗线。绣时其中一根针引绞线从绣片背面穿出到正面后，将针插在绣片上，使牵引的绞线不会凌乱，方便后边的操作。再将另一根针引锁线从绣片中穿出表面大半，针尾留在绣片的背面，将绞线绕锁线，并用左手拇指指甲压紧，提出锁针，反针将绞线圈锁扣在绣片上，这样绞成螺旋线圈，形成梳齿样的线条，梳脊线条粗，梳齿线条细，由外向内推进完成块面的刺绣。缠绣较为费时，绣一对衣袖需要花上两个月的时间。缠绣过去较盛行，由于过于费时，且刺绣难度大，现在很少有人使用了。

（3）钉线绣

用一根浆好的粗棉线（或麻线、棕丝、马尾鬃）做梗，用丝线包缠起来形成很多线绳，再根据图案需要将线绳剪断编成花纹钉在绣片底布上，构成花纹或补边装饰。用马尾鬃做梗最好。这种方法常常与绉绣或缠绣一起用在盛装的装饰上，是盛装中常见的绣法之一。

（4）珠绣

珠绣又叫珠片绣，是将不同色彩的金属或塑料空心珠子、小管子、闪光小亮片等绣在服装或饰物上，以产生色彩斑斓的效果，显得多姿多彩，引人注目。珠绣技法因为珠子等装饰材料的形状、大小、颜色的不同而不同。珠绣绣出的成品非常具有立体感。珠绣对妇女们的刺绣技艺要求不是很高，只要能穿针引线，提前将珠绣的各种材料组织搭配好，细致耐心就能绣出一幅好的珠绣成品。珠绣经常用来点缀上衣，有的把珠绣图案绣在背部，有的把珠绣图案绣在肩膀上，有的把珠绣图案绣在裙子的飘带上。珠绣的图案可大可小，有局部修饰的，也有整个图案用珠子修饰的。刺绣时根据需要把珠子、小管子、亮片等饰品串在不同的线上，然后通过组合把一串一串的珠子、小管子、亮片等绣到图案上。也可以根据构思的图案，把珠子、小管子、亮片等提前摆好放在图案上，再按相应的距离缝好。当缝交叉的线条时，可隔二三个珠子再下针，尽量不重叠。珠绣用的珠子、小管子、亮片等多由玻璃、金属、合成树脂等制作而成，具有一定的重量，因此，绣线和底布必须要厚实，一般布料都有里衬。这种绣制的图案以点构成图，大大小小的珠子、小管子、亮片通过连缀、重叠、集聚等方式组合在一起，串连成各种色彩的线条，拼绘出各种丰富的画面。珠绣适用于整件服装的点缀，较少用于大面积的绣制，也可以单独绣在围腰上。

（5）锡绣

锡绣是苗族一种独特的刺绣技艺，是用金属锡丝绣制而成的，工艺非常繁杂。相传很久以前，有人发现锡与银子的颜色相似，并且不易被氧化，于是就有人把锡用在苗族的刺绣上。锡绣制品因光泽度好，质感强，深受当地苗族人民的喜爱，锡逐渐成为这一地区苗族刺绣的一种重要材料。[1] 其绣法是先在布料上按照传统图案穿线挑花，再将细锡丝拉直，一头做成小钩，另外一头穿孔，做成针头状。然后再沿着挑花的纹样用锡丝穿行，覆盖在原来的挑花图案上，并且遵循着一定的规律走向。这样会使锡绣图案有微微凸起的效果。锡绣还能将锡片与彩线相结合，将锡片覆盖于鲜艳彩线之上，层次分明，有着强烈的立体感和丰富的层次感。

（6）堆绣

堆绣古称"堆绫叠绢"，属于唐卡的一种。堆绣是用各色棉布、绸、缎等材料剪成图案所需要的各种形状，堆贴成一个完整的画面，然后用彩线绣制而成。绣时先将绢布根据需要裁剪成几何形小片，一般再折叠成三角形，并将其层层堆叠砌成纹饰，再用棉花充实，如浮雕一般，有着十足的立体感。

（7）绳绣

这种绣法是用线将绳状物固定在绣布上，绣出各种图案。绣布多为薄

---

① 杜再江. 剑河锡绣：濒临消失的"绣中绝技"［N］. 贵州民族报. 2014-10-23.

绢、棉布等伸缩性小的织物。绣绳一般用扁平状的编织好的丝绳、缎带、布带等进行编制，固定线多用与绣绳同色的绣线。

(8) 数纱绣(挑花)

数纱绣也称挑花，凯里、黄平、施秉、镇远、福泉、湘西泸溪等地的苗族最善于运用数纱绣。数纱绣不事先取样，而是利用布的经纬线挑绣，有反挑正取和正挑正取两种方式，形成各种意象的几何纹样。数纱绣还借助色彩与集合纹样的搭配，多为对称型图案，从而达到"横看成岭侧成峰"的立体与平面统一的视觉效果。数纱绣可以分为素挑和彩挑，是苗族、侗族、土家族、瑶族等民族应用最广泛的刺绣形式。数纱绣有平挑和十字挑花两种技法。平挑是根据布面上的经纬线结构，以平行线来组成图案。十字绣则是以"X"形构成刺绣的基本单位。选择几何形的图案，依据绣布的经纬线下针。数纱绣技法还有单面挑和双面挑之分。双面挑花两面都有花，无正反之分。数纱绣不需要事先画图纸，而是在定好尺寸之后，根据经验来制作。

土家族以挑花工艺为主美化服饰。据考证，历史遗留下来的刺绣及其工艺，都是在挑花基础上发展起来的，因为挑花针法单一简便，色彩朴实，蓝白分明，适合山地民族物质条件的便利和技艺的发挥。土家族挑花纹样在服饰上的运用，从审美方面来看，表现的题材内容主要是生活中的花草、鸟类虫鱼、民俗活动等。从表现手法看，由于制作工艺的局限，只能高度地简化为几何形的纹样。从功能上看，主要用在袖口、裤边、双肩、膝盖、缝合处的裤外侧等，加强服装的使用牢度，使服装不易磨损。土家族挑花色彩典雅，主要用于服装、围兜、手帕、长巾、枕巾上，既可以表现生动的人物活动场景，又可以表现动物花鸟题材，还可以表现汉字，装饰意味浓郁、几何感强。土家族挑花布局得当、疏密有致、变化灵活，无论怎样的布局都能达到赏心悦目的艺术效果。苗族挑花构图精巧别致，主要用于头帕、围兜、手帕等。丰富多样的连续花纹和团花图案，一般绣在白色家织土布上，朴实而淡雅，深受农家妇女的喜爱。侗族挑花清丽古雅，有呈放射状的团花纹，如太阳纹；也有二方连续纹组合的几何图纹，如人形拉手纹、竹根花等，常用于头帕、围兜和儿童背带等。瑶族挑花古朴典雅，大多绣在衣服的领口、袖口和裤脚等处。瑶族挑花，早在汉代以前就有记载。挑花图案的选材，多数以鼠、牛、虎、兔、龙、松、竹、梅、菊、荷及人物和生产、生活用品等为主，其构图立意巧妙，结构严谨，布局合理，造型逼真，体现出浓厚的乡土气息和民族特色，充分反映了瑶族妇女的聪明才智。[①]

(9) 贴花

贴花又叫补花，制作前选好所需的彩色布料，剪成各种吉祥图纹，贴在底布上绣花，然后沿边用排针钉好，并用一根白色的盘条框边，然后再刺绣，将图案拼镶成一件完整的绣品。贴花运用最多的是湘西苗族，其次是侗族、土家族等。贴花比刺绣织锦粗犷大方，构图均衡，色彩醒目，主要用于云肩、童帽、背带、绣花鞋等。

(10) 马尾绣

马尾毛是马尾绣重要的原材料，其独特之处在于取马尾做轴芯，再采用古老的刺绣技法施针。相较于苏绣、湘绣、蜀绣以及其他刺绣，马尾绣的价格要高一些，并不是因为马尾绣的技法有多难，而是在于它必须使用马的尾巴毛作为绣线。若想完成一幅大的马尾绣作品，甚至有可能要耗去几匹马的尾巴毛，这也是马尾绣绣品数量稀少的原因。马尾绣要使用马的尾部毛丝缠裹丝线，再用钉线绣法绣制，这独特的处理工艺使得绣品非常结实耐用，因而过去马尾绣主要用于妇女的背带以及绣花鞋。马尾绣作为现存最古老且最具特色的一种原始艺术，与水书同时入选第一批国家级非物质文化遗产名录，被喻为"刺绣的活化石"，是研究水族民风、民俗、民族文化以及图腾信仰与崇拜的珍贵艺术资料。如今，马尾绣仍被苗族、水族、侗族、布依族等多个民族广泛使用。但是，马尾绣也有不容忽视的缺点，比如绣制过程烦琐复杂，往往需要十多道程序才能制得一件成品，耗费的时间长。

马尾绣最重要的特点是将马尾毛与绣线搓在一起刺绣，需要大量马尾毛。水族的刺绣会用到马尾毛，跟水族的养马文化有关。水族地处山区，地形崎岖，交通极为不便，因而马便成了水族人重要的交通工具，过去几乎每家每户都养马，要刺绣时可直接从活马身上获取马毛。此外，过去水族地区

---

① 何相频，阳盛海. 湖南少数民族服饰[M]. 长沙：湖南美术出版社，2010：98-99.

还有男性长者去世之后杀公马祭祀的习俗，马死后的马尾毛成为马尾绣材料的重要来源。随着马尾绣技艺传入湖南苗族、侗族等地区，但因为马尾毛获取不便，很多地方在保留马尾绣绣法的同时，把马尾毛用普通绣线替代了。马尾绣图案简洁，绣法粗犷，以线为装饰手段，画面布局以厚实、紧密为审美特征，强调平面性，绣出的作品具有浮雕感。马尾绣在水族人民生活中扮演着非常重要的角色，服饰绣、婚嫁绣、祈子绣，人生的锦绣前程等等都系在这马尾绣上。随着审美观念和生活方式的改变，马尾绣在服饰上的应用形式也在不断发展。近年来，随着"非遗"的推动，马尾绣已经从传统的生活用品运用到工艺装饰品、特色礼品、旅游纪念品等多个领域。马尾绣为原本朴素的民族服饰增添了许多色彩与魅力。马尾绣的图案和形式越来越丰富，在传承中不断创新和发展。

（三）缝制技术

1. 缝制工具

绣花前要做很多工作。一是准备大小针、剪刀、锥子、竹片条等工具；二是准备丝线、麻线、棉线、绸、绫、绢、缎、布壳、锡纸、草纸、亮片及其他布料等材料；三是准备针线折、竹篮等盛具。针、剪刀、锥子、绸、绫等要到集市上买，麻线、棉线、棉布则自家准备，竹条、壳片、布壳、竹篮、针线折自己加工。布壳和针线折的制作很重要。针线折是女性的百宝箱，用草纸对折，缝钉成书本形，大折中还夹有小折。可分类放所需的丝线、贴花的绸片、绉绣辫绣的编绳、画好或剪好的纸样、半成品绣片等很多东西，平时可以随身携带，只要能腾出手，时时都会拿出来，绣一针算一针，很多时候不知不觉一张小绣片就绣成了。若直接在布上绣，因布柔软容易起皱、移动、变形，不好用。妇女们则用魔芋糊均匀地将二三层旧衣布粘合，待晾晒干或烤透，然后卷起包好准备做绣花衬布用。家家都备有这样的加厚布壳，可相互借用，补做后再还。在布壳上包好绣布，绣物变厚，以便更好穿针，布壳是大部分绣片必须要的。除"铺花"外，很多女性绣花不用绷花圈，但有的绣者为了防止绣花底布(或绸面)施绣时起皱走形，会准备一到

肆

绣图纹　制罗衣

129

三根长度不同的小竹条，用来固定绣花底布，绣好便取下放在针线折里，以备下次使用。

2. 便装缝制

便装衣料通常为单层，主要用家织青土布，也可用机织布（以前称洋布），颜色为蓝、青、白，青年女性多用青、蓝两色。这些颜色的布主要用来缝制小立领连肩袖型衽服。缝制前先构思轮廓，有的用纸样，有的用旧衣，分解衣片的数量、大小形状，经过放缝、做标记，依画样剪裁。妇女全凭经验，以身材大小用比例法调整尺寸，身材相同的用原型法对照设计以及进行布料的裁剪。一般家里都有一张领口模布，用土布缝制则先剪出四幅布料，前后幅均按纸样或较贴身的旧衣服剪出腰线、下摆线、连袖线，然后剪出基本的四大衣身片，将前两片和后两片缝合，按领口模布剪出领口，再将两幅布按纸样或旧衣袖样剪出袖片和领片。一般都以平时自己觉得长短、松紧度较恰当且较贴身的旧衣服做样进行原型复制，将不拼接的衣边用布条滚边，将剪出的各衣片拼接缝好就可制成。这种款式一般为家常服，不像盛装那样线缝部分被很多饰品遮住，要求针脚大小要均匀，松紧要适度，拼头腋折要藏好，所以便装上的针线功夫就成了女人们最关注的话题。在里襟肩前和领口各钉两个布扣眼，在腋下钉三个布扣眼，在杆边与里襟扣眼相应的部位做相应数量的布结，一件家常服就算制作成了。如果加绣花条，则在缝好上装后，在右衽腋下处从右腋下顺衽边平行沿胸口向肩左胛、背部，再到右肩胛转到前衣身里襟边钉一条绣好的花带。肩部、背部花带距领口20厘米左右，在袖头以及距袖口同样距离的袖管钉同样的花带条并围成圈，就完成上装的制作。花带并不是从襟边开始钉起，而是从外襟右上弯度最大的地方钉起，再往两头扩展，长了就剪，短了就加。

3. 盛装缝制

盛装衣料分里外两层，先缝制成衣再缝绣片。准备好绣片，做好底衣后，就将绣片缝在衣服上。盛装缝制很考验功夫，并不是每一个妇女都能做得好，但是一般大一些的寨子都会有几个心灵手巧的老人做得特别好，因此，其他人就会在闲暇的时候带着衣服和已经绣好的绣片去拜访请教，让老人帮忙做，或者直接把老人请到家里来帮忙。绣片缝的顺序是襟花—肩花—领花—袖花。这个工序最难的是领花部分，判断一个绣制能手除了看绣片是否缝得方正，上下前后比例是否恰到好处，最能体现手艺的就是折领的功夫。盛装的领并非在颈上，而在背上，实际上是一种装饰性的衣领，制作要一次折成型，不然反复折叠，领片内衬的布壳变软后再做就难以成型了，做出的衣服不好看，也不贴身。折的方法是将领片展开确定好中线(与骨缝线一致)，以中线为背部正三角形的上顶角，沿三角形腰向肩面左右各做一个小等腰三角形，背部正中领处做成底为七厘米宽的三角锥形折领，穿时折领张开成一面虚面、三面实面的四面锥形领，领往后仰，露出人体部分背部。好的盛装折领线型轮廓顺畅自然，有棱有角，非常贴身。

（四）服饰图纹文化内涵与构成形式

湖南少数民族服饰中的各种绣织图案，是各族人民在长期的生活实践中，通过对大自然不断地观察和亲身体验，产生的一种对与自己的生产生活关系密切的自然现象及动植物的崇拜和审美情感，经过提炼、升华而抽象成图案。长期以来，这些以图腾、吉祥图案、动物图案、人物图案、植物图案、几何图案为主的程式图案，世代被传承下来并在原有基础上不断获得完善，臻于完美。这些传统图案和花纹，使得织锦、刺绣、蜡染图纹显得古老而神秘，彰显着鲜明的民族风格，在中华民族民间手工艺术中独树一帜。服饰图纹反映了湖南各少数民族的文化传统和文化渊源，是研究各少数民族文化的重要窗口。

在漫长的社会历史发展进程中，湖南少数民族创造了璀璨夺目、丰富多彩的服饰艺术，并在不同民族不同地区出现了服饰文化之间相互渗透与相互融合的现象。人们把民族服饰当作是"穿戴在身上的史诗"，这是由服饰的生成规律决定的，不管哪一个民族，服饰的内在形成因素都离不开本民族的民俗民风、宗教信仰、审美理念等地域文化。服饰是历史的见证，是时代的产物，服饰的生成与人类文明的发展史密切相关，一方水土养育一方人，一方人们创造出了一方灿烂的服饰文化。

1. 服饰图纹文化内涵

服饰图纹是服饰艺术的精髓，它独特的创作意识和形式表现语境是服饰艺术的精髓。服饰图纹体现了民族文化的传承，灵活的艺术手法体现了民族独特的艺术审美特征和审美情感。它们是民族精神、民族文化、民风民俗和审美心理的综合载体，是艺术物质世界中永恒的主题。

湖南苗族、侗族、土家族、瑶族、布依族等几大少数民族由于没有自己的文字，民族文化的传承靠口头文学和约定俗成的形象化符号来完成，因此刺绣、服饰图案是他们最形象的历史读本。① 譬如，苗族的服饰被称为是"穿在身上的历史，披在肩上的文化"，那是因为苗族只有独立的语言，没有统一的文字，所以部分历史是通过绣女的手记载在服饰上面的。服饰图案从直观上看是图形与纹饰，却刻录着人民永恒的记忆。妇女们通过服饰图纹展示着自己的聪明才智和精湛的编织技巧，并承载和演绎着本民族源远流长、积淀深厚、内涵丰富、特色鲜明的传统文化，反映着民族的观念形态、图腾崇拜、宗教信仰、审美情趣以及避凶趋吉、消灾纳福和追求天、地、人和谐共存的文化心理。服饰图案通过神话故事反映了人类早期征服大自然的斗争，以幻想作为桥梁，阐述人类与自然界的矛盾，生动地反映了祖先与大自然进行的艰苦斗争，表达了人定胜天的美好愿望；通过服饰图纹叙说人间传说故事，披露丑恶，揭示险恶，弘扬正气与英勇，歌颂善良与美好；通过服饰图纹以简洁有力、明朗准确的形象表达生活轶事、人与人的真情实意、宗教习俗、社会形态、美好愿景等。

服饰图案以本族本地的图腾、吉祥物、实物为主，亦有与外来文化相融合的吉祥物及实物图案，还有一些图案是祖辈传承和师傅传授的，因此，呈现出区域性与个性化特点。图案的基本类型有龙纹样、凤纹样、蝴蝶纹样、狮子纹样、花鸟组合纹样、动植物组合纹样等。

---

① 左汉中. 湖湘剪纸[M]. 长沙：湖南美术出版社，2008：8-16.

（1）龙凤纹样

①龙纹

通过对各民族地区刺绣织锦艺人、染匠的调查与研究，我们发现在民间传统文化潜意识形态及民俗风情中，图腾崇拜与各种宗教祭祀活动中，聚集着多种"龙"的心理反应。龙图腾作为各民族族群特殊的文化现象，其形象在很大程度上由民间艺人口口相传、身身相授而成。因而，龙图腾在基本造型处理上以传统特征和审美理念为主，同时受民俗民风、精神诉求和工艺师们创制才能、审美习惯的制约，各地龙图腾类型繁多、千姿百态。因此，在此意义上，我们对龙图腾得出一个认定：龙图腾仍然属于活态的民间艺术，在各族族群文化和意识形态中发挥着独特的功能。民间艺人在这一艺术活动中，根据族群理念和个人审美愿望在一定程度上进行了自由的创造，不仅使龙图腾具有形象千面性、形式多样性等风格特征，而且折射出了少数民族质朴、丰富多彩的文化内涵和很高的文化品位，记录和印证着各族人民丰富的审美意趣和精神追求。龙的身体造型根据具体的动物形态特征而变化多端，从中我们可以看出少数民族先民原始思维的特征以及纯朴稚拙的乡土艺术风格。譬如，苗族认为龙是吉祥幸福的象征，苗族中龙的形象除保留着与汉族龙的共性之外，又有着苗族人自身对龙的理解。相对而言，汉族以龙为尊，龙代表着皇权，龙眉目紧锁，牙尖爪利，显得威武、庄重和高贵，龙的形态更为定式，让人产生敬畏。而苗族中的龙则更加变化多端，没有汉族龙那样张牙舞爪。常见的是由传说的蚩尤的形象演变而来的龙，长着牛头蛇身，具有图腾崇拜的意味。

苗族刺绣借鉴了汉族龙的形象，将龙与蛇、龙与牛、龙与花、龙与叶等相结合，创造出苗族"龙"的复合性形象，如鱼身龙、蛇身龙、蚕身龙、虾身龙、叶身龙、花身龙、飞龙、狮体龙、双体龙等。土家族、侗族织锦中的龙更是几何化、抽象化的，由于受织锦经纬结构的限制，织锦不像刺绣那样能够较为形象地展现细节，只能使之概念化、抽象化，经常将龙和凤进行对称排列，综合展现。

②凤纹

凤凰被喻为"神鸟"，是鸟中之王，体态纷繁多姿。少数民族服饰刺绣中凤凰图纹沿袭了汉族凤凰的造型特点，并在一定程度上加入了民族意识形态元素，进行了变形和物化处理，有的与人组合，有的与植物组合。"凤穿牡丹""仙人骑凤""龙凤呈祥""翔凤双喜"等图案多用于女子服饰，如衣袖花边、围裙。

（2）蝴蝶纹样

苗族人把蝴蝶称为"妹榜妹留"，苗语中的"妹榜妹留"就是汉语"蝴蝶妈妈"的意思。传说苗族始祖姜央是"妹榜妹留"所生。苗族古歌《十二个蛋》讲述了苗族的起源，蝴蝶妈妈由枫树而生，与水泡谈恋爱生下十二个蛋，由脊宇鸟艰难地孵化了十二年才孵化出姜央（人）、雷公、龙王、象、牛、羊、鸡、蛇、蜈蚣、山猫、虎、狗十二兄弟，被苗家尊称为十二古祖神。所以在苗族的神话中，蝴蝶妈妈被尊为苗族的祖先，万物的始祖，世上一切的起源都归功于蝴蝶，因而蝴蝶作为苗族的保护神也成为服饰里非常重要的图案。人们常把蝴蝶纹装饰到服饰上，蝴蝶纹因此成为苗族最常见的服饰图案之一。蝴蝶作为吉祥图腾和幸福的象征，长期以来用于服饰装饰，并且常与花朵、石榴、桃子等纹样组合。蝴蝶纹样主要用在衣襟、衣摆、裤脚花、鞋花、围裙、围兜等处，蝴蝶形态星点斑斓、飞舞悠扬，古韵犹存。

（3）狮子纹样

在汉族民俗文化中，狮子可以保平安、纳富贵、降吉祥，大有王者风范，象征权势和尊贵。少数民族也普遍认为狮为吉祥之兽，可以避邪。受汉文化的影响，湖南少数民族用狮子纹样作为服饰装饰图案应用，但在造型上具有本民族的独创性。

（4）花鸟组合纹样

少数民族有一个共同的习俗，即信奉"万物有灵"，崇拜自然，崇拜一些动物和植物。如雪峰山一带的花瑶崇拜蛇，花瑶人民认为不同物种存在一种共同的灵性，因此动物与动物之间，甚至是植物与动物之间可以"互渗"。湖南少数民族的服饰纹样中，不仅有大量的花鸟组合纹样，还有很多"互渗"的花鸟组合纹样。譬如土家织锦的"凤穿牡丹"，苗族刺绣的"鸟啄石榴""喜鹊闹梅""鸳鸯何莲""燕雀菊花"，花瑶挑花的"鸟栖山林"等。很多织锦、花边及服饰衣袖花边、裤脚边等均有形式多样的花鸟组合纹样。

（5）动植物组合纹样

动植物组合纹样在湖南少数民族服饰刺绣中最为常见，动植物纹样组配，很讲究形意配置，如湘西苗族服饰衣襟纹样为"狮子滚绣球""猴子摘桃"（图4-5），意为主人双双白头偕老，寓意福禄寿喜。服饰围兜纹样中代表平平安安的花瓶上有"双凤戏蝶"图案，既有富贵吉祥的寓意，又有平安顺利的寄托（图4-6）。再如"虎啸山林""蟒缠丛林"等均有崇拜之意。像这样的纹样还有很多，如"鲤鱼莲花""喜鹊石榴"等，因鱼、石榴多子，有多子多福、儿孙满堂吉祥之意。动植物纹样组合，动物多为主题纹样，植物为衬托。动植物组合图案中，有不少现实生活题材，出现不少家禽、家畜图案，纹样体现了人们的生活愿望，朴实自然、亲切活泼、生动有趣。

图4-5　湘西苗族服饰衣襟纹样

图4-6　服饰围兜纹样

（6）其他纹样

服饰纹样除传统意义上的纹样外，还出现了以人工制造物为原型，如如意、花瓶、乐器、几何图案等，以传说中的仙人为原型，如八仙、寿星、菩萨等图形与纹饰。此类纹样常见的有"八仙过海""八仙祝寿""西游记""福禄寿星"等。衣摆"暗八仙"指信物葫芦、扇子、玉板、荷花、宝剑、箫管、花篮、渔鼓，寓意八宝，并以此做图纹题材进行服饰装饰（图4-7）。还有反映神话传说、世俗生活、农耕生活的图案，装饰在服饰的相应部位，营造出欢快、喜庆的气氛，表达了人民心目中愿望之身心定气与自然物之生气的交感合一，图纹形与意、情与景的交融统一。

图4-7　衣摆"暗八仙"

2. 服饰图纹组织形式

湖南少数民族服饰图案的构成，可以说几乎所有都是按照基本的组织形式来排列的。比如在图案组织构成中，是由基本形式经过排列、整合演变为一个特殊的且连续的图案。少数民族几何图案构成中蕴含不同的变化，如图案组织的斜度、水平错位以及各种曲线的变化，形成各种各样的组织效果。从中我们可以看出少数民族人民在创作图案时天马行空的想象力和震撼人心的创作力。由于图案纹样会应用于服装服饰、家居用品等固定的物件当中，在具体实践过程中又会受到种种制约，简单来说就是图案运用的过程中经常会遇到图案纹样不适合的问题，所以人们在织造过程中多数会采用规律性的组织形式，把单个的基本形状有规律地进行排列或随意造型，使民族图案在服饰上呈现出不一样的视觉效果。绣织图案就组织形式而言可以划分成三大类——单独图案、适合图案、连续图案，这三种形式通过不同的组织变化形成不一样的图案效果。

（1）单独纹样的组织形式

单独纹样作为一种基本形状，可以组织和变换多种形式。它不仅可以是一个单一的独立的装饰图案，也可以重复组织排列和变化，得到其他形状，可以改变各种基本形状以形成许多特殊图案。各种基本形状的组合可以形成越来越丰富的图案。在刺绣图案中，单独图案是完整且独立的，不受其外观和形状的限制。

①单独纹样的构成形式

对称式。是指图形或物体相对的两边各部分以一条直线作为对称轴，图案两侧为轴对称，或以点作为对称中心，周围图案为中心对称，使得图案在大小、形状、距离和排列等方面相互对应。从其表现形式来看，它包括绝对对称和相对对称。绝对对称是指图案的形状和颜色相对于对称轴或对称中心完全对称。其构图风格整齐、稳重、规律性强，一般包括轴对称、中心对称和旋转对称；相对对称是指图案的主要成分相同，局部图案稍有不同，整体效果还是对称的，与绝对对称相比略显利落（图4-8）。

均衡式。指纹样根据轴线、中心线或中心点取等量不等形状。基于分形图的织物图案设计研究不受对称轴或对称点的限制。由于从组织形式到结构安排都没有固定的限制，它在视觉上和心理上给了人们满足感，画面结构完美无缺，安排巧妙。其主要特点是富有原生态美感，灵活自然，生动形象，图案主体突出，平衡感强（图4-9）。

图 4-8　对称式构图　　　　　　　　　图 4-9　均衡式构图

②单独纹样的构成元素

几何元素。几何图案装饰是刺绣图案的基本元素，也是湖南少数民族服饰重要的构成元素。几何图案经常用于裙子、袖子、左裙和腰围等。在这些图案中，线性条纹无疑是最简单的，但它们却具有非常重要的作用。它随着衣服部件的变化而改变方向。除自身的装饰功能外，条带的另一个主要功能是将两种不同的图案分开或将两种不同的图案连接在一起，形成一个整体。如苗族、侗族服饰中常用的几何图案有三角形、菱形、圆形、方形、十字形、V 形、Z 形、网线、X 形、二形等，都有其独特的含义。它们是少数民族人民表达意义的象征符号，不能看作是文字，两者之间有很大的区别。但是对于少数民族来说，这些符号和形状都具有认知能力，可以表达不同的意义。

动物元素。湘西苗族刺绣中最常见的动物图案是蝴蝶图案。刺绣中的蝴蝶图案也是多变多样的，经常以夸张的形式出现。整个蝴蝶图案常用于蜡染。它的刺绣和织锦图案描绘了大量的龙和蝴蝶，反映了人类早期的原始生活，主要是捕鱼和狩猎。当时，人类主要以采集和狩猎为生，动物是人类早期的主要食物来源。一方面，人类是从动物进化而来的，具有与动物相联系的自然属性和生活习惯。因此，动物往往会让人觉得很亲近。另一方面，有些动物具有很强的攻击性，这对人类的生命和生活构成了巨大的威胁，并使人们感到恐惧。在某些自然属性上，有些动物优于人类，如在空中飞行、在水中游泳、全身鳞片等，成为人类崇敬和崇拜的一部分。因此，在人类社会发展的早期，动物很容易成为人类图腾的对象，这种图腾崇拜与人类对自己祖先的崇拜相结合，形成了许多动物是人类祖先或兄弟的传说。图案中有许多半人半兽的图案，如人头龙、人头蝴蝶、人头兽、人头鸟等。因此，苗绣、苗锦中动物形象的频繁出现，源于原始居民的动物崇拜和生殖崇拜心理，是符合当时生产力条件的产物。

植物元素。在服装的刺绣图案中，植物图案也很突出。它们在整个服装中起着不可或缺的、重要的装饰作用。它也是苗族及其他许多分支中常用的一种主题装饰图案。苗木形态的来源与生命密切相关，如桃子、菊花、石榴、茴香和山上的一些无名花。其中，八角桃在湘西苗族服饰中有着广泛的应用。它们通常用于皮带、袖口、襟翼。植物图案与几何图案交替或结合，已成为湘西地区服饰的主要图案，形成了无与伦比的精致服饰图案，为整个服装增添了独特的精致和创意。

因此，刺绣图案在采用独立图案装饰时，注重独立图案的对称协调与平衡。通过调整图案的内在趋势、密度和节奏，我们可以捕捉和塑造图案的完整图像，从而使图案产生动态图像并实现停顿。其基本原理是：以中心轴和中心点为基础，固定的中心轴和中心点以同态、相同的方式以多种方式排列，达到身心平衡。

（2）适合纹样的组织形式

适合纹样是指在受相应的外形限制，在特定的外部形状制约下进行形态造型和组构处理的一种装饰纹样。纹样形态及相关素材经过加工处理，组织在一定的外形轮廓线以内或图式之中。适合纹样具有条理严谨、组构严密、层次分明等艺术特点，应用宽泛，实用性极强。在造型上要求纹样的变化既不失物象的本位特征，又要经过艺术处理具有图纹配置自然、穿插呼应、动静有度、主题鲜明等特点，形成独立的装饰美。适合纹样外形完整，内部结构与外形特征吻合。适合纹样可分为形体适合、角隅适合、边缘适合三种类型。主要形式有离心式、向心式、均衡式、对称式、旋转式等。适合纹样常独立应用于各类工艺品、生活用品以及工艺美术装饰上。

适合纹样通常来说比较受局限，是要把形态规范在一定的空间形状内，且要呈现出装饰性的整体效果。简单来说就是图形被外形限制，即使把外轮廓去掉，图案仍会呈现外形轮廓的形状特点。比如说苗族刺绣图案中花卉图纹的组织就很有适合性的特点，而且内部纹样的变化在保留物象特征的基础上，经过自然的穿插和分置，令图案的装饰效果立竿见影。从组织形式来看，刺绣图案的适合图案可归纳为形体适合、角隅适合和边缘适合图案三种。

①形体适合图案的组织形式

形体适合图案是适合图案中最基本的一种，它的局限性表现在外轮廓，图案素材经过加工变化，组织在一定的轮廓内。从另一个角度看，它更像是在对轮廓进行填充，即用一个或多个不同的图像填充外部轮廓，内部图案随轮廓的变化而自然变化。根据图案的形状特点，刺绣图案形状可分为两类：几何形和自然形。几何形主要有方形、圆形和菱形。自然形有多种形式，如向日葵、花蕾、桃子、扇子、花瓶等。在湖南少数民族服饰中，从内部布局上看，它与单个图案相似，可以分为对称和平衡两种形式，但外轮廓更丰富。

②角隅适合图案的组织形式

角隅适合图案是在图案形状边缘的角部进行的图案装饰，在某些地方也称为角花。刺绣纹样的角部纹样根据客观对象的不同而不同。顾名思义，角隅的形状特征主要与"角"有关，有的是直角，有的是锐角，有的是钝角。此类图案中最常用的是直角、正方形和直角三角形。角纹是指适合角的形状，在刺绣工艺制作时受等边角或不等边角限制的装饰图案。可用于转角线、对角线或多边形装饰。除了图案的轮廓随角度的变化而变化外，图案的内部还可以以某种形式变化。角点图案的基本骨架也可以分为对称和平衡两种形式。绣花对称角图案的对称轴多为对角线。

③边缘适合图案的组织形式

边缘适合图案在刺绣图案中，适合边缘的图案通常采用双方连续组织形式、方形或其他形式的边饰图案，也采用双方连续排列形式。然而，与圆边图案不同的是，它是刺绣图案角部图案结构的穿插。

图案组构形式无论采用何种表现方式，其目的都是以装饰美为标准。自由与适合纹饰构成形式是湖南少数民族服饰图形纹饰最为普遍、常见的构成形式，在对轮廓所包围的空间进行纹样的构图，形成所谓的"形状制造"。造型特点是利用不同的元素根据被装饰物形状特点的需要，将装饰纹样巧妙、合理地安排在某种特定的形状范围内并组合形成新的意象形态。图纹组构在有限的圆形适形中，巧妙地整合各种图形与花卉纹样，在注重形式美的同时，更注重纹样的适形处理，结合中间物象图案，整个周边图案大小、宽窄、曲直、疏密、轻重、粗细、凹凸处理非常协调。服饰纹样最大限度地利用典型的适形图式手法来进行装饰，明显的特点是利用服饰所装饰部位形状进行图纹构成处理，在相应的适形轮廓中自由地创作动物纹样、植物纹样、人物纹样。图案形态与外形形状的有机结合，不仅仅是形式上的有机整合，更是形式心理诉求与愿望的表达。

(3)连续纹样的组织形式

连续图案是单独图案的连续组合，是具有民族艺术风格的传统图案，向上、向下、向左、向右四个方向无限重复和展开的排列组合图案，有一种或多种基本单位图案。它具有规律的韵律美，最大的特点是图案的延伸。连续构图作为图案绘画中的一种组织方法，通过不同方向的重复组织和排列，反映出虚拟与真实的变化，具有稀疏、整齐、统一的特点。由于连续模式的可变性，它在表达上具有可扩展性，得到了广泛的应用。它经常出现在苗族服饰的角、领、袖口和裙子上。连续模式是相对于单一模式来说的。它将一个或多个重复排列的模式单元组合在一起，形成一个无限循环和连续的模式。单元模式界面的处理是连续模式设计的关键。自然紧凑、平滑的连接是形成连续图案的关键。由于重复排列的方向不同，可分为两类：二方连续排列和四方连续排列。

①二方连续图案组织法则

二方连续，亦可称"带式图案"，是一种双向组织图案的方法。连续性是由一个单元图案(一个图案或两个或三个图案组合成一个单元图案)重复并连续向上、向下或向左、向右排列(图4-10)。双向连续骨法有三种类型：垂直骨法、散骨法和波纹骨法。二方连续是一种由单元图案在条带状平面图案中有规则重复和无限排列的图案。二方连续的两种形式：一种是单位图案自上而下的连续排列，称为垂直排列；另一种是从左到右的连续排列，称为水平排列。两侧连续使用的单元图案可以是独立的图案，也可以将两种或两种

绣图纹 制罗衣

以上不同类型的独立图案组合成一个单元图案。少数民族服饰图案造型采用两个连续的相关元素，结合服饰装饰部位的造型进行运用，并融入一种新的趣味或意象形式中，其形式是"梦幻大胆，丰富多样，风格特色鲜明，具有强烈的装饰美感和形式趣味"。

图4-10　侗锦中的二方连续构图

②四方连续图案组织法则

四方连续是指能够使基本单元图案连续上下左右运动的图形。在设计中要注意单位面积的连接和呼应，布局要对称协调。四方连续图案是由一个或几个基本图案组成的单元图案。在一定的空间内，它被反复地安排在向上、向下、向左、向右四个方向。它是连续的，可以无限延长。在设计四方连续图案时，应注意严格的连通性要求，整体与局部的协调统一，整体色彩的搭配。四方连续图案主要由分散的、连通的和重叠的图案组成。此外，四方连续图形的连续性非常重要，连接方法主要分为两种：平面排列法和斜接排列法。平面排列法又称平面连接法，利用一个或多个单元图案在一定范围内进行垂直（上、下）和水平连接；斜接排列法又称斜接法，它是在一定规格范围内，用一个或多个单元图案构成上下平接和左右跳接，即在一个基本单元的1/2、1/3、2/5处反复交错连接。这种排列形成一种连续的模式。四方连续性是装饰图案组织的一种重要方法。四方连续性是由同一类型的单个图案或多个独立图案组成的图案形式，甚至是由若干种不同类型的独立图案组成的单元图案，它们连续不断地排列，不断地向四周延伸。四方连续图案的常用排列方法有梯形连续法、金刚石连续法、位错连续法、波纹连续法、圆形连续法、条带连续法和四棱角(正方形)连续法等。四方连续图案是指一个单元图案连续、重复地向四个方向排列而形成的图案。其特点是连续性强、层次感强、节奏感强、结构严谨、内容丰满。四方连续图案使少数民族服饰的图案结构高度格式化、标准化，形成了一种适合复制的符号图案，突破了时间和空间的限制。服装图案具有秩序、逻辑和时空的永恒状态。四方连续图案组织法则具体如下：四方连续图案产生方式为向下向上、向左向右所呈现的结果，这种连续并且循环往复的图案可称之为"渔网式"的分散布局，四方连续图案可分为规则和不规则两类。有组织有规律的排列属于规则的四方连续，反之则属于不规则的四方连续。从另外一个角度来说，四方连续在排列的时候要求既有生动多姿的单独图案，又要有协调而匀称的骨骼组织；既要有反复单独的排列，又要有花纹的主次之分(图4-11)。

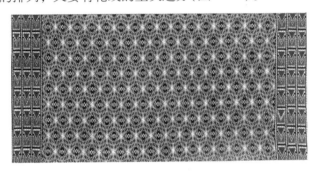

图4-11 土家织锦中的四方连续构图

(4)基本形群化的组合形式

群化组合是以一个基本形为单位纹样，遵照相应的构成方法进行重复构图的一种特殊图案形式，也可以说是由一个单位纹样集团化组构后形成的超基本形式。群化组合能使图案产生各种新的形象。湖南少数民族服饰图纹运用群化组合这一规律，把纹样简化为最小单位，并以这最小单位为基本形式，按照群化组构的原理、要求和方法，向上下左右发展，即作为复合化的独立纹样出现。服饰图纹充分运用对称、均衡、平移、放射、旋转、扩大、错位、回旋等群化组合的方法，使服饰图纹在形式上更富有变化，更为丰富。群化组合的服饰图纹具有基本形相同或近似，基本形具有方向的共同

绣图纹 制罗衣

性，群化后的形象完美、平稳等特征。群化组构服饰图纹整体组成平稳、紧凑、活跃，图案具有协调一致和整体性。

3. 服饰图案的形式美

少数民族的服装纹饰图案，在纹样位置安排，处理与其他纹样之间的关系、纹样形态与周边纹样的关系、纹样之间彼此空间及大小关系、色彩强弱关系等造型元素方面，存在着一定的比例规律，从而在视觉和心理上都形成协调均衡的美感。

(1) 重复与统一

重复是把一些相同的或是类似的图形图像按照一定的特殊规律排列，根据一定的周期性，重组在一起的单位图案。将这种特殊的方式方法不断延续，往复循环，从而达到一定的装饰效果。重复是工整美中较为特殊的一种，将同样的艺术形式以重复连续的形式出现。这种方法在刺绣中非常常见，湘西地区的绣品多喜爱大而满的构图形式，因而重复排列的这种方式就很好地满足了这一特性。重复出现的图案不仅可以丰富整个绣品的画面，由于很多少数民族的历史没有文字的记载，重复出现的图案也可以帮助她们在绣布上表现事物，这些重复出现的图案作为元素在特定的方向上进行正反连接，不断地复制，让绣品展现一种田园般的质朴感觉，同时也在视觉上给人营造了一种工整、和谐的美好氛围。

统一所指的是事物间因有着共性，不存在明显的差异，处于相互调和的状态。在当代的艺术范畴下，通常将在形状、肌理、颜色等方面有共性和相同特征的形状在这种相似中进行变化的形式定义为统一，生活中也有很多的案例，如上文提到的苗族蝴蝶纹，侗族人家也相信蝴蝶妈妈的传说，在刺绣中她们也常常绣蝴蝶妈妈生下的九个蛋，她们绣的蝴蝶蛋绣法工艺与苗族的相同，但颜色上却有些不同，这便是统一的体现。

重复和统一相结合的手法，本质上是两种较为相似事物的结合，它们会在视觉上形成一种有秩序、强烈的美感。重复和统一的结合会出现在一些大幅的场景图中，这些手法可以很好地表现当时的场景，以侗族"九个太阳"刺绣背带盖为例(图4-12)。这幅绣品中重复出现了八个大小相同的太阳,这八个太阳围绕着中间的一个太阳构成了"九个太阳"的传统侗绣图案,它们的外形重复、颜色统一,整个纹饰图案看起来虽然繁杂,但却井然有序,"凌而不乱",有着和谐统一的韵律感。

(2)对比与调和

图4-12 侗族"九个太阳"刺绣背带盖

对比是将两种截然不同的事物放在同一个空间中,从而形成一种反差。这种对比的形式常常会运用在一些不同的颜色或是不同的材质中,这种强烈的对比非常适合新潮大胆的青年人。当一些对比元素被放置在一起时,会在视觉上给人一种相互衬托、相互强化的感觉。这种形式通过强烈的颜色对比,在视觉上形成反差,从而吸引观赏者欣赏主体物。苗绣多以黑色或深蓝色作为绣布的底面,所绣的彩色纹样在黑色背景下尤为突出,这种强烈的颜色对比丰富了绣品的画面感。当然绣者不仅可以通过颜色的对比,也可以通过大小来形成对比,突出主体物,使自己的绣品更加出彩。

调和通常是将很多相似却不同的事物结合在一起,也有将很多抢眼的、夺目的元素融合在一起的,在同一空间下,原本跳动、抢眼的活力元素融合在一起也会变得和谐统一。如图4-13这件苗绣云肩造型精美,外观独特,是一款很有特色的肩饰,它的特殊之处在于运用了两种不同的材质。它不但有着精美的苗

图4-13 苗族花鸟刺绣云肩

绣，还结合了具有当地特色的银饰，苗绣与银饰的结合让原本质朴的绣品变得华丽，两种材质的调和也让这件物品变得和谐。

（3）对称与均衡

对称，是指某种图案在某一些变化的条件下，在画面里进行有规律的重复的方法，即在一定变化条件下的不变条件。人类在历史的长河中，经过生活的实践和经验的积累，发现了对称这种可以体现自身规律和结构美的形式。对称，在这种形式美艺术中，都是会按照严格的准则进行排列的。这种艺术形式可以在视觉上给人以严肃、庄重、静穆、秩序感、和谐感。但这种形式如果在应用中过度讲究，会产生死板、守旧的感觉。

均衡，则是指以某一支点为中心，可以达到美学上的平衡的形式。这种形式在美学上其实就是形、色或是肌理给人带来的感觉，而不是简单的平衡、平均的吸引。均衡是对称的延伸，是整体与局部上的不相等，但在量上却大致相等，这就是对称形式。均衡给人一种平衡稳定的视觉享受，使人感到平稳、和谐而富有微妙变化，充满意境。湖南少数民族巧妙地运用均衡的美学法则让刺绣图案实现了大而满的装饰效果。

对称与均衡是把无序的、复杂的形态组构成有秩序性的、视觉均衡的形式美，是一切设计艺术中最为普遍的表现形式之一。对称要求各元素在形态、肌理、色彩、重量、位置等方面绝对相等，同样要求图案在中心的上下、左右形成同型同量的纹样，呈现出形式、数量相同且相对呼应的效果。自然界某些植物的枝叶、昆虫的翅膀、动物、人物、建筑、生活器具等，都是对称的。对称有一种天然的装饰美感。形式上有中心对称、左右对称、上下对称、旋转对称、逆向对称、斜对称等，还有单元对称和多元对称及连续性对称。

均衡和对称这两种美学法则运用于刺绣图案中，则会让刺绣纹样有稳定、理性以及和谐的感觉。对称这种形式在湘西少数民族刺绣纹样之中是非常讲究的，比如说隆回花瑶的挑花、湘西的苗绣中都会运用对称这一简单而实用的方法，让画面变得更加具有装饰性和美感。除了对称，在湖南少数民族刺绣纹样中均衡的方法同样也被运用得十分广泛，比如图案与图案之间上下、左右的对称或是四方连续、八方连续等的方法都能让画面变得更加均衡。对称和均衡的美学法则也可以传递出少数民族内敛、含蓄、朴实的民风。

土家族的女性刺绣图案中也体现出了这种对称和均衡。服饰的上装下摆装饰有黄色的涡纹，涡纹呈现"山"字形，涡纹是以人体的中轴线为中心的，左右两边是对称的涡纹，与上面单个的涡纹刚好构成一个等腰三角形。这样的形状可以使人从视觉上感到大方、稳重。

溆浦和隆回的花瑶挑花图案可以说是运用对称方法的典型，同时图案对称也是花瑶挑花中最常用的一种构图方法。花瑶姑娘的盛装的筒裙上都会用挑花绣有对称性极强的装饰图案，如对狮、对鸟、对马纹等，对称方法不仅简单，而且能同时快速填充画面，让画面更加具有平衡感、秩序感与装饰性。

均衡的图案组成方法在湘西苗绣中同样运用得非常好。如湘西苗族的刺绣门帘，刺绣主体纹样为花瓶、牡丹，如此篇幅之大的装饰与实用性刺绣作品，若画面的刺绣纹样不够均衡，则会给人小气、失衡的感觉。苗家女红充分运用均衡的方法，在主体花瓶的牡丹之上，在花瓶左右增加了一对口衔花卉的梅花鹿，并在牡丹花的枝干上绣上了几只五彩的凤鸟，蝴蝶与蜻蜓自由地纷飞于画面之上。本来单调并且头重脚轻的主体纹样，通过增加生动的动物纹样，让画面变得更加饱满与均衡。

（4）节奏与韵律

节奏是指音乐中有规律的交替出现的长短现象，也指一些景物和情感的运动，从一定程度上也可以说是一种对比，在音乐中有着音调的对比，那么在艺术表现形式上也有着节奏，如同种颜色的不同浓度，或是同种形状的不同大小，等等，总的来说这些变化都是按照一定的规律而形成的一种视觉上的起伏，它们可以是统一的，也可以是多变的，充满了随机性和灵活性，是一种"会说话"的艺术。

《旧唐书·元稹传》中这样写道："思深语近，韵律调新，属对无差，而风情宛然。"韵律常指一些平仄格式和押韵规则，同时它也指事物在运动时的规律，常被人形容成一种有着流动性的流畅顺滑的富有情趣的美。这在苗绣中就体现了一种形式美，正是因为在绣品中加入了韵律感，原本呆板枯燥的事物变得灵动起来，富有生机和活力，给人一种自由跳动的感觉，同时增加了视觉感和艺术美。

节奏与韵律既是两个不同的个体又可以组合形成一个完整的共同体，我们常把它们合在一起讲，当它们相结合时就会呈现一种有秩序、有规律、有变化的艺术了。

绣娘们在刺绣时常喜欢多而满的构图，如果整个绣面毫无规律，一味地追求满的话就会使绣面很不美观。通常情况下，绣娘们就会有意无意地对绣品进行调整，比如在深色事物旁摆（排）放一些浅色物件，或是在很稀疏的物象旁加上一些绣法。如侗族绣品"九个太阳"背带盖中的外面八个太阳都是在圆圈的最外围做了一圈包边，象征着太阳光芒向圈内发散，中间的大太阳无包边，象征光芒向外发散，让人眼前一亮，聚焦了视线，这便是这幅绣品的节奏。绣娘在绣这幅绣品时，用线在外围的小圆上包边，使外围小圆的节奏变慢，而八个小圆环绕的大圆造型较大，同时外围不设包边，并在边上配上长短统一排列整齐的光芒线使这个大太阳节奏变快，这些细微的针法改动丰富了绣面的韵律，让观赏者有了更深层次的视觉感受。

服饰图纹各元素之间风格、组构形式在统一的前提下，纹样在呼应、色彩在对比、线型在曲直、形态在情趣、层次在丰富等方面存在一定的变化。纹样形态特征、组合形式、造型风格、表现技法在统一中求变化，在变化中求统一，在秩序中升腾出节奏，在节奏中蕴含着韵律，真可谓素净的图纹，平淡的节奏，奇特的韵律，绝妙的艺术。

（5）主从与重点

在刺绣图案之中，主从分明可以使主体在造型中起决定性作用，从属部分则应起烘托作用。重点突出取决于功能，突出重点有画龙点睛的效果。注重刺绣图案的主从关系并突出重点，不仅能让刺绣的装饰效果显著增强，还能让人通过观察，从而清楚地了解到这个民族的审美价值取向以及他们重点崇拜和喜爱的物象。

湖南少数民族的刺绣图案充分运用形式美的法则，讲究主从与重点，通过纹样位置的安排、纹样大小和形象状态的对比，色彩的搭配等方法突出重点要表达的观念和内涵。通道的侗族刺绣"太阳花"背带（图4-14）便是湖南少数民族刺绣艺术中讲究主从与重点关系的典型。太阳是侗族崇拜的图腾之一。侗族绣娘们把太阳的形象进行了意象化的改变，使其原本圆形的形象变成了如花朵般绚丽复杂的刺绣图案，并将其与星星放置于画面的四周，从而达到了一种多、杂、密的感觉。画面的正中间放置了一个比较具象化的圆形太阳，中间的太阳面积较大，并在其内绣有精美的对称性花纹，给人以端庄醒目之感。侗族绣娘们通过大与小、杂乱与有序等对比，巧妙地将主体物"太阳"从画面中突显出来，让人深刻地感觉到侗族对于太阳神圣的崇拜以及对儿童健康成长美好的祝愿。

图 4-14 "太阳花"刺绣背带盖

佩银饰　佑吉祥

◇　银饰类型

◇　银饰文化内涵

◇　银饰制作工艺

◇　银饰图纹造型

银饰是各族人民喜爱的传统民间工艺品，它具有一定的欣赏价值和使用价值，同时也承载着各民族的历史文化传统，成为民族文化独特的载体。湖南各少数民族自古以来就喜欢银饰，在苗族、侗族、土家族、瑶族等地区，群众对银饰都有自己独特的见解，在银饰的佩戴上也极为讲究。

苗族的银饰历史可以上溯到黄帝时期。苗族的九黎部落首领蚩尤与炎、黄二帝征战中原时穿着"铜头铁额"。《世本·作篇》中记载："蚩尤以金作兵。"这里的"金"指的就是金属，即青铜器，因而蚩尤被人们认为是金属兵器的创始人，也说明了当时苗族先民就已经掌握了金属冶炼技术。春秋战国时期，苗族先民曾在湖北大冶的铜绿山和湖南辰溪、麻阳的交界处进行大规模的古铜矿开采。汉文献《新唐书》记载，唐贞观三年，东谢首领谢元深率各支首领进京朝贡："东蛮酋谢元深入朝，冠乌熊皮若注旄，以金银络额，被毛帔，韦行滕，著履。"这是对当时苗族服饰的描写。明代郭子章在《黔记》中描写苗族"富者以金银耳珥，多者至五六如连环"，说明银器在苗族人民社会生活中的重要地位。苗族人民经过漫长的研究与实践，将苗族银饰的工艺逐渐完善，掌握了精湛的银饰制造工艺。苗族古歌《开天辟地》中有苗族先民运金运银铸造撑天之柱和日月星城的场景。苗族的各种酒歌、嘎别福歌、情歌、故事与传说等，都与银饰息息相关。

在"隔山听见喊，走路却要大半天"的大山深处，当生活相对安稳康定、经济有所发展之时，湘西苗民们使用山货同汉族人换取银质钱币，再请老银匠、手工艺人给家里女子制作华美富贵的银饰。这是他们一种朴素的理财观念，也是为什么苗族银饰品种、款式如此齐全繁多、内涵又是极为丰富、造型独特、工艺精湛的原因之一。从相关史料来看，苗族银饰是从明代开始大量出现并普及的，流行于清代，主要有两个原因。其一，从社会背景来看，明代以前，苗族以佩戴铜饰为主，佩戴银饰的较少，饰品款式也相对简单。明代之后，苗族聚居区的经济得到了一定的发展，以银币作为流通货币慢慢普及，大量白银的涌入为加工银饰提供了充足的材料。银饰佩戴在身上既可以作为装饰，又可以作为财物，方便携带。其二，从锻制技术上看，铜饰与银饰的制作技术大体相同，铜的冶炼工艺为后世金属银的冶炼技术提供了一定的基础。所以会制作铜饰的艺人，也较快就学会了银饰的制作工艺，加上吸收汉族发达的手工艺技术和苗家人对饰物本身的喜爱，苗族的银饰制作工艺发展迅猛。

侗族自古以来也有以银为饰的习俗，一身银光闪闪的盛装令人羡慕不已。侗族妇女头戴银花冠、银簪子、银簪花、银梳、银钗，颈挂银项圈、银项链，手戴银镯、银钏、银戒指，耳吊银耳环，全身银饰有的重达十几斤甚至二三十斤。她们的银饰佩戴以多为美，以多为富，走起路来叮当作响，显示着荣华和富贵。

土家族历来崇尚节俭，不喜奢华，相对于苗族、侗族，土家族的银饰相对简单。但土家族的姑娘也喜欢银耳环、银手镯、银簪子、银项链等。不仅女子喜欢，男子也一样喜欢，民国时期，湘西永顺、龙山一带的男子还保留着打耳洞、戴银耳环、银手镯的习俗。男子在年满十五岁时，家长会给他打一个银戒指戴在左手上以保平安，结婚时，男子的黑色礼帽上以银链子做装饰，有时帽檐上还要插两束银花。女子成婚时，精致的银镯子、银链子、银耳环、银发饰都是娘家精心准备多年的嫁妆。有时妈妈手中的老银手镯，还会给女儿、外孙女，这样一代一代地传下去，以做留念。

在瑶族的传统文化中，银器象征着光明正气。他们佩戴的银器主要集中在头冠和衣饰上，此外银链、牙鞘、银簪等银饰工艺水平也很高。江华、宁远等处的过山瑶喜欢做一块上面有精致图案的银牌镶在胸前；花瑶妇女也喜欢佩戴耳环、锁链、银铃，腰挂银牌，胸前也佩戴錾刻有各种花纹的银牌。

这些民族的银饰工艺品非常丰富，在造型设计和工艺制作上都体现了极高的艺术价值和文化水平。每当举行盛大的民族民俗节庆或宗教集会时，就是一次别开生面的银饰展示会，各式各样或精巧、或古朴、或华丽的银饰点缀在人们的节日盛装上，千姿百态、熠熠生辉、相映成趣。

（一）银饰类型

1. 头饰

（1）银头冠

戴头冠的风气始于唐朝，流行于宋。头冠最早作为礼冠流行于皇宫妇人之中，当时的头冠一般用金银珠翠制成，以鲜花或假花装饰，冠顶插上数把长梳。北宋时期，花冠从皇宫传入民间，逐渐被苗族人喜爱。银头冠符合苗族人崇尚繁缛的审美习惯，银头冠的部件主要有银角、银箍、银鸟、银梳、银簪、银花等。银箍苗语称为"特"，也是湖南苗族主要的头部银饰之一，也称之为银盔、银帽。银头冠为围戴式，由银皮压制而成，上面焊接各种纹样。银头冠一般由四层图样组成（图5-1），最下层沿着帽檐垂直一排吊穗，佩戴时形成流苏垂至眉间，叮当作响。第二层为浮雕人物骑战马图，一般是一边六个，两边一共十二个，故也称为小马带。现今也根据头围和应用场合的不同分为大、中、小三个型号，三个型号除了第二层战马的数量不一样，其他造型基本一致。小号银头冠一边四匹马，两边一共八匹马；中号银头冠一边五匹马，两边一共十匹马，中、小号银头冠一般用于演员的歌舞表演，整体重量较轻。最为传统的银头冠是大号银头冠，即一边六匹，两边共十二匹马，苗族银头冠为何要一边六匹战马？这个数字源于何处？在苗族民间传说中，六匹战马来源于中国古代神话中的"六龙回日"，说的是太阳之神羲和驾着六条龙每天早晨运送太阳从汤谷扶桑西驰，直到禺谷若木，如此反复，形成昼夜。《初学记》卷一《淮南子》云："爰止羲和，爰息六螭，是谓悬车？"注曰："日乘车，驾以六龙。羲和御之。日至此而薄于虞泉，羲和至此而回六螭。"螭即龙。《蜀道难》中引用了这个成语："上有六龙回日之高标，下有冲波逆折之回川。"左思《蜀都赋》有两句描写蜀中的高山："羲和假道于峻歧，阳乌回翼乎高标。"羲和和阳乌都是太阳的代称，传说中六龙是由六马幻化而

图5-1 银头冠

成的，而羲和氏是九黎部落的主体氏族，也是苗族的祖先，苗族人将六龙图案錾刻在银头冠上，以示纪念先祖。也有人说，这反映了苗族先祖打仗时的场景。浮雕图案描述了英勇的苗族将士们骑在战马上，在如桃林一般的银花前浴血奋战，为保护自己的族人抛头颅洒热血。不论来源于何种说法，银头冠的图案都印证了苗族人对于祖先崇拜的共同心理。银头冠的第三层最中央为一圆形双鱼太极浮雕图，太极两边依次为两层纹样，下层为游龙，上层为游鱼，全为浮雕形。最上面为小叶杜鹃形银花，花上有无数只展翅的蝴蝶，簇簇拥拥，非常繁茂。小叶杜鹃形银花其实是莱麦花形，可视为祖先发明与食用莱麦种植并用于装饰头部的文化遗存。银头冠底端有一弧形帽座，因为较重，佩戴前先用棉布缠绕，以缓解银帽压在前额的重量，戴时将其箍在头围上，两端用织锦带系于脑后。有的银头冠在冠后还会拖三组银羽，走路时轻轻摇晃。银凤冠是苗族十七岁以下未出嫁的小姑娘头上的装饰品。

侗族的银头冠，也称"凤冠""迎花冠"，侗族的银头冠跟苗族的类似，一般在一斤半至两斤，是侗族姑娘出嫁、参加喜庆活动和民族歌会以及观看芦笙表演等场合戴于头上的重要饰品。凤冠上的装饰物有鱼、飞鸟、银铃、花草等十几种。有时候，她们参加活动时还会在头冠上插上牛角一般的银角或者长尾凤凰，使头冠显得更加富丽堂皇。

江华高山瑶的新娘子在结婚时会用彩珠和银子混合制成造型独特的凤冠。凤冠至少要用八两白银，上面雕刻有七龙七凤，银匠们至少要花三个月的时间才能制作完成。平地瑶会把多种颜色的彩球和银柱捆在一起，她们觉得这样子头冠会显得明艳照人。

（2）银花大平帽

银花大平帽是典型的湘西苗族妇女头饰，它是包头的头帕上的装饰（图5-2、图5-3）。苗族妇女在参加盛大活动时都会戴出来，银饰主要装饰帽子的正面，中间的银花面积较大，上有各种漂亮的花草、吉祥图案，帽顶还有一支一支竖起的银花束，走动时花束可以随之摇摆。帽檐周围的银链子前短后长，帽檐有一串短链子，帽子后面是细长的链子，既漂亮又浪漫。

佩银饰 佑吉祥

图 5-2 银花大平帽正面

图 5-3 银花大平帽背面

（3）插花头饰

插花头饰是湖南花苗的典型头饰。它是将头发与毛线缠绕在帽子上，前额有一串装饰性的小银片，头饰两边各有一块较大的垂有银吊坠的三角形银饰，上面刻有花纹。头顶有用各色毛线球做成的"花朵"，插在头发中（有的将彩球的杆直接焊在银底座上）。

2. 头簪、银梳

（1）头簪

湖南各少数民族的头簪形态各异，头簪的样式非常多，各个民族的头簪并没有非常明显的区别。虽然头簪为不同形状的条形体，但它的基本结构相似。头簪可分为头部、中间段、尾部三部分。头部呈四角宝塔状，基部与顶端互相连接中间段的为簪，中间段为棱柱体，尾部为棱锥形。头簪重量为三、五、七两不等，在各少数民族女子中普遍使用，题材以花、鸟、蝶为主，或单独或成束，繁简疏密造型略为不同。头簪的设计与制作方法也各不相同，既有用錾刻技术簪出的各种花草、太阳图纹，也有用拉丝技艺制成的各种花形、心形形状，上面还嵌有圆形银珠(图5-4)。

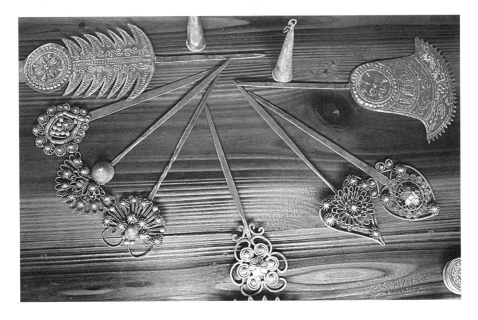

图5-4　各种形态的头簪

（2）银梳

银梳系插在发髻上的银制梳子，形状同木梳，既用以梳理头发，又可以作装饰品，两边各用一根链子连着一根简易簪子。银梳被各少数民族妇女普遍使用，她们一般在头顶盘一个发髻，将银梳从后脑勺插入，再将两边的簪子插进发髻，这样既可以固定发髻又能固定银梳，使发髻和银梳不容易掉下来(图5-5)。还有一种银梳是带插花的银梳子(图5-6)，这种银梳上嵌有许多花束，花束上有叶子和花形状的小碎银片。一般带插花的银梳子两头是没有带链子的簪子的，佩戴时只需要把梳子插在发髻上就行。侗族有"男人离不开刀，女人离不开梳"的俗语，就是对侗族妇女头不离梳的形象概括。侗族女子每天早晨起床，第一件事就是梳理头发，把辫子打理得整整齐齐，转于脑后，然后插上银梳方才出门下地。这样显得干净利索，充满活力。银梳子有的用纯银制作，有的兼用银木制作。银木梳子是用薄银片包扎木梳子，银片上有精致的花纹图案。

佩银饰　佑吉祥

图 5-5　银梳子　　　　　　　图 5-6　带插花的银梳子

（3）耳环

耳环是少数民族妇女吊于耳朵上的一种银制装饰品，种类繁多，有"细圈耳环""联吊耳环""翡翠耳环""滚耳环""棱角耳环""梅花耳环""六棱形耳环""银链苞耳环""吊苞耳环"等，还可分为悬吊式、钩状式、环状式、圆圈状式等等。这些耳环都是妇女在结婚、喜庆、做客、集会等活动场合所戴的银饰品。这些耳环中最轻的约一钱，最重的达二两。有的女子从姑娘时就戴上一两余重的"长吊滚耳环"，昼夜不离，一直到老，因此许多老人的耳洞比较大。湘西苗族还有茄子形耳环，造型逼真。

少数民族女子酷爱耳环，几乎人人都有耳洞，她们往往从三四岁起就开始扎耳洞。一般是晚上干完农活，由妈妈或者奶奶将一根绣花针放在桐油灯上烤，进行高温消毒。扎耳洞之前会先揉搓耳朵，直到搓红，再将高温的绣花针直接穿破耳朵。因为没有麻药，过去在家里用绣花针穿耳还是比较痛的，穿完之后在耳朵上抹上桐油，再将一根细茶叶棍或红绳子穿过耳朵，使耳朵不再弥合，等到五六岁之时就可以开始戴"细圈耳环"了，到姑娘时又加戴一两来重的"联吊耳环"，待三十岁才改戴"滚耳环"或"翡翠耳环"。

白族的耳环造型十分讲究，有瓜子耳环、蛾眉豆耳环、茄子耳环、弯月形耳环、泡泡耳环、穗穗耳环、圈圈耳环等等。后来又出现了新型蚂蟥式金耳环，多为中老年妇人佩戴。①

---

①　谷中山. 湖南白族风情［M］. 长沙：岳麓书社，2006：75.

土家族妇女也十分喜欢银耳环。据清《永顺府志》记载，土人男女"喜垂耳圈，两耳累然"，清《龙山县志》也记载妇女喜垂耳环，两耳之轮各饰之十饰"，民国初年《永顺县志》记载"男女耳留垂环，大者如镯，以多为胜"。土家族耳环与其他民族耳环有明显差别。湖南永顺县老司城发掘的土司夫人陪葬品中，有当时妇女的金簪、耳环、金花等首饰，耳环又粗又大，有的由几个圈圈连环套在一起。土家族男子也戴耳环，只是不如女子耳环那般大，材质为银，只戴左耳。在土家族一些地方留存着"穿耳好养活"的习俗，一些男孩子在很小的时候就由家里人扎上耳洞，戴上耳环，保佑身体平安。土家族儿童银饰比较丰富，童帽的造型各异，帽上都有各种银链、银牌、银铃作装饰。

（4）银童帽

由于银子在苗族人心中有辟邪驱鬼的功能，因此苗族也有给儿童的帽子镶上银饰的习俗。银子是钉在帽子上的，图案造型多为鱼、狮、蝶等，也有"长命富贵""福禄寿喜"等字样，构思巧妙，造型别致，更是蕴含了长辈们对孩子的美好期盼。

3. 颈饰和胸饰

（1）项圈

①苗族项圈

湖南少数民族重视对颈部的装饰，苗族亦然。关于苗族人为什么喜欢戴项圈，湘西花垣一带还有一个动人的传说。相传在很早很早以前，湘西有个朵玛寨，寨里有一个聪明美丽的姑娘，名叫雅觉。她非常能干，绣得一手好花，村里很多人都请她去绣花，慢慢地方圆百里都知道了雅觉的大名，许多小伙子喜欢她，向她家提亲，雅觉都没有同意。有一天，雅觉在家中绣花，突然远方传来一阵怪异的声音，她朝窗外望去，一阵黑风刮过，只觉得眼睛和脸颊一阵火辣辣的痛，待剧痛过后就什么也看不见了，她摸到自己的脸变得坑坑洼洼，粗糙不已。雅觉想去摸刺绣，绣品也被大风给刮走了。这时

佩银饰 佑吉祥

159

候，另一个苗寨的王子正打猎经过雅觉的寨子，他看见一阵黑风卷了一个东西飞走了，王子立马拉开弓朝黑风射过去，黑风被射中，发出一声怪叫，接着一幅刺绣从风中飘落下来。王子拾起地上的刺绣，那是一幅绣得非常精美的刺绣，绣布上几朵栩栩如生的花仿佛散发着淡淡清香。王子认定能绣出这么好的绣品的一定是个心灵手巧的姑娘。王子对这幅绣品的主人充满了好奇，四处打听，可还是没有打听到那个姑娘的消息。王子日日想念却打探不到消息，他变得茶饭不思，很快消瘦下去。苗王看见王子这个情况，心里很是着急，他派人去了九十九个村寨，选了每个村寨最漂亮的姑娘，希望能治好儿子的相思病。可是无论谁来到眼前，王子都不满意，他朝思暮想的只有那个会绣花的姑娘。苗王没有办法，只好将这幅刺绣挂于寨门外，传出命令：只要这个绣片的主人能来到寨子里，就准许她和王子结婚，提供绣花姑娘消息的人也会被重赏。消息很快就传到了朵玛寨，有些村民坚信那就是雅觉绣的，于是他们跑进王宫，将雅觉偶遭黑风伤害、绣品被大风吹走一事禀告了苗王。苗王很开心，想着终于找到能治好王子"心病"的"药"了，于是立刻喊人选好黄道吉日，派人去朵玛寨迎娶雅觉姑娘。王子听说绣花姑娘找到了，还没等到将姑娘接回来，就快马加鞭地赶到朵玛寨去见心心念念的人。他一路打听到雅觉家，站在雅觉的院子外唱起了示爱的情歌。王子的情歌唱了一首又一首，嗓子都快唱哑了，雅觉才用一首歌回复。她觉得自己配不上王子，希望王子能早日找到最适合自己的姑娘。王子不甘心，最后跪在地头上唱道："姑娘不愿嫁给我，永远跪求不起来！"雅觉听了，感动得流下了眼泪，赶忙出来扶起跪在地上的王子。王子抬头一看，吓呆了。雅觉恳求王子的原谅，她告诉王子自己双目失明，样貌丑陋，完全配不上王子。但是王子仍然没有动摇。雅觉被王子感动得流出了泪水，流着流着雅觉变成了一个石头人！王子心都要碎了，向天祈祷唤回雅觉。这时天空白光一闪，一位白胡子神仙从天而降。他告诉王子，雅觉是被黑风怪害得双目失明、面目全非的，她不能爱上任何人，因为她爱上了王子所以被黑风怪变成了石头人。王子再三向神仙请教救回雅觉的方法，神仙告诉王子，只要在石头人眼泪流干之前杀死黑风怪，雅觉就能恢复原样，神仙还送给王子一把用来对付黑风怪的宝刀。王子接过宝刀，开始四处搜寻黑风怪，但是他找了三天三夜也没有找到。原来黑风怪惧怕王子手中的宝刀，藏了起来。黑风怪化成了一个巫师跑到苗王面前诬告，说王子已经被妖怪变的妖石害死了。苗王听了大怒，立刻召集军队前往朵玛寨，一把火把雅觉的屋子点燃，要把石头烧为灰烬。大火烧了六天六夜，雅觉想念王子，眼泪越流越多，眼看眼泪就要流干了，第七天，黑风怪变成的巫师亲自前来，带来好大一堆干柴，准备彻底烧死雅觉。这时的王子还在大山里寻找黑风怪，忽然他感觉宝刀在呜呜作响，发现远处的朵玛寨有黑烟冒起。王子赶紧抽出宝刀，快马加鞭地赶回寨子，看到有一个巫师正在向黑烟作法，让黑烟向雅觉变成的石头卷去，王子愤怒地举起宝刀就朝巫师砍去，只听到咔嚓一声，巫师变成了一堆黑土，而王子拿在手里的宝刀银光一闪则变成了一个闪闪发光的银项圈。王子冲进火中将银项圈戴到石头顶上，雅觉恢复了原貌，眼睛也复明了，王子和雅觉手牵着手从火场走了出来。为了纪念王子和雅觉的爱情，从此以后，苗族的妇女们都爱在脖子上戴银项圈。银项圈是苗家妇女最喜爱佩戴的日常装饰品，苗族项圈"以多为富"，一层一层套在脖子上，走起路来银光闪闪，显得雍容华贵，美丽多姿(图5-7)。苗族银项圈可以分为轮圈、扁圈和盘圈三种。

轮圈。苗族主要项圈之一，可以单独戴，也可以套上扁圈和盘圈一起戴。轮圈四棱突起，活像青藤缠树，是苗族男女青年相爱的象征，重达一二斤。轮圈的中间段弯曲成弹簧状，两端为公母套钩。

扁圈。扁圈即扁形的银轮圈，是苗族妇女节庆之日喜佩戴的装饰品之一，是颈圈之中层饰品。均由五根组成一套，呈筋脉状，有菊花纹饰，两端为公母套钩，重一斤左右。

盘圈。盘圈为空心，形状像罗盘，重不过七八两。

此外，还有银龙项圈，有的地方也称龙凤圈。项圈扁平，一般是

图5-7　湘西苗族银项圈

佩银饰　佑吉祥

单面的浮雕双龙、双龙抢宝，项圈中间部分是浮雕的龙纹圆盒，圈沿下部坠满了鱼、树叶等吊饰，造型饱满，工艺复杂。儿童项圈，粗细如筷子，圈上雕一些简单的花纹。

②侗族项圈

项圈也是侗家妇女喜爱的银饰，还是每个侗族姑娘出嫁时的必需品。侗族圈形项圈的种类也很多，主要有扭丝项圈、单层项圈、三层项圈、多层项圈、戒环项圈等。

扭丝项圈。扭丝项圈有的是用一层银丝扭转而成，有的用两层以上的银丝扭转而成，银丝有粗也有细(图5-8)。正面显示扭转的形态，往脖子后的两端用细银链进行捆绑，其作用一方面是为了固定扭丝，特别是多层扭丝；另一方面细银丝密集缠绕也能保护颈部和衣领，减小项圈对皮肤和衣服的刮擦，佩戴起来更为舒服。项圈的末端两头，一头形成一个弯钩，另一头形成一个圆圈，佩戴上以后可以把挂钩钩到圆圈中。制好的扭丝项圈也因其直径不同一般分为大中小三种型号，最小号的直径也有20厘米，佩戴时可以依据需要进行选择。

图5-8　扭丝银项圈

单层项圈、三层项圈、多层线圈。单层项圈，顾名思义就是只围成一个圆圈的项圈(图5-9)。单层银项圈的品种也很丰富，单层银项圈有管状单层的，也有管状多层的，为了减轻重量，一般管状项圈为空心管状，中间粗两头细，尾端将两头扭转在一起。图5-10就是不同直径型号的几个空心管状单层银项圈。还有扁平状圆管空心的单层银项圈，上面有各种花草或人物、动物图纹的浮雕图案。单层银项圈有扁平空心状的，也有扁平单层银项圈，这种项圈下面悬有各种花草形态的吊坠装饰品。银项圈有菱形单层、多层银项圈，扁平单层、多层银项圈，绳环绞形单层、多层项圈，藤形项圈等。由于形态多样，既可以单独佩戴，也可以根据喜好进行组合佩戴。如将扭丝银项圈与单层扁平带吊坠的银项圈一起佩戴，将各种型号的单层管状银项圈一起佩戴，一层叠着一层，能产生不一样的效果。湘西苗族妇女在参加节庆活动时经常穿着同样款式的服装，戴着同样的银头冠，但是会依据爱好选择不同的银项圈佩戴。怀化通道地区侗族妇女的日常打扮，是佩戴管状单层银项圈或藤形单层银项圈。

图5-9　有浮雕图纹的单层银项圈

图5-10　不同型号的管状单层银项圈

戒环项圈。戒环项圈是侗族较为有特色的一种项圈类型。湖南的侗族姑娘在佩戴单层或多层项圈的同时，往往会加戴戒环项圈（图5-11）。戒环项圈外形为扁形银环，因其套10个戒指和10个齿轮形银环而得名。围绕项圈会镶嵌各种银珠和梅花图案。制作的时候，用银线套成螺纹状，再将银环介入戒指和银珠之间。项圈的悬挂层用精致的银

图5-11　湖南通道侗族戒环项圈

链系上微型银花，尾端吊一朵梅花状掐丝银片再系上非常精细的银刀等银饰物，成为美观、精致的戒环项圈。

银链子。银链子是侗族妇女经常佩戴在衣襟口的装饰品。由于侗族盛装常用侗布制成，不如苗族盛装那般讲究刺绣，色彩鲜艳，侗族女装只在衣襟的边缘有一小带花边，显得服装较空，因而侗族妇女选择银链子对上衣进行修饰，以其精细纤长巧妙地连贯在女性服装前襟沿口，点缀上衣。再者，银链子将颈部的银饰与腰部的花边以及手上的银饰进行了视觉上的延伸，增强了银饰的延展性。银链子主要用于衣服沿口、下摆及胸兜等位置。银链子从形状上还可以分为黄鳝链、鱼脊链、蜘蛛链、梅花链等等。

黄鳝链的链身骨架如同黄鳝的脊椎一般精密，一般分单链和双链两种。单链在制作时，通过粗眼孔钢模型拉成若干根八尺长的细条，在细竹管内压成弹簧形状后剪成小圆圈，再一个个编织成像黄鳝脊椎骨状，焊接成黄鳝链。湖南怀化通道的侗族妇女，通常在盛装上用黄鳝链配上银纽扣，悬于衣扣的位置作为修饰物，提升上衣的光亮度。黄鳝双链是将八尺长的细银条锤炼成薄片，压成大号铁线圈，剪好之后编成一截一截的连环链，每一截大约六寸长，两截为一组在首尾焊上银片或银扣进行佩戴。

蜘蛛链多用在侗族妇女的上衣上，分为单链和双链两种款式。单链蜘蛛银链是将银条拉成七尺的银线，并锤炼成长方形薄片，把蜘蛛、蜻蜓、飞鸟等图案压在薄片上，形成十七个像蜘蛛形状的花环。然后再串联制成单链或是双链的蜘蛛银链。

衣扣银链既是衣服的链状装饰品也是衣服的银扣子。银衣扣是将银链条按照衣扣的距离钉上银扣子，并在银链间串联上银刀、银牙签等装饰物。

（2）银压领

银压领主要用于佩戴后平贴衣襟，是从长命锁演变而来的。银压领是少数民族服饰的重要饰物，制作得十分精美，一般为半圆形或腰子形，长约十六厘米。银匠在锁身压制出的浮雕式纹样上錾刻出龙、蝴蝶、双狮、绣球、花、草等纹样，银锁下沿垂有银链、银片、银蝴蝶、银铃等。

（3）银胸牌

银胸牌也是由长命锁演变而来的，一般为单层的长方形或半圆形的银片，上面錾刻有各种花纹。一般银胸牌和银压领不会同时佩戴。另外还有一些蝴蝶形、鸟形、鱼形、骑马人物形、花草形的胸前配饰。

（4）银腰链

一些少数民族地区还以银腰链为腰饰。主要是梅花造型的细链，可以是单层，也可以是双层或者多层，有的腰链直接系在腰带上，有的直接围在腰部，接口处以蝴蝶、球、扣子等银饰相连。除了银腰链之外还有银腰带、银腰吊饰等等。

4. 手饰

湖南少数民族手镯，造型精美、形式多样，有空心筒状型、纹丝型、编丝型、浮雕型、镂空型、镂花型、焊花型等等，在苗族、侗族、土家族、瑶族妇女中十分盛行。不同类型的银手镯反映出不同民族或是同一民族不同分支的审美差异，如有的地方银手镯风格粗犷、硕大沉重，有的地方银手镯为细丝编织、精美纤细。不同类型的银手镯也反映出不同民族或是同一民族不同分支不同年龄的妇女的审美差异，如有的老年妇女戴的银手镯表面无纹或刻有五棱角纹，简洁庄重，有的中年妇女戴的银手镯为扁形雕花，精美华贵，有的青年妇女戴的银手镯或浮雕或镂刻、华丽细腻，有的少女的银手镯多为银丝编织或焊成空花，工艺精致，富于想象，有的儿童的银手镯雕花刻龙，精致小巧。

银手镯和银项圈一样也分为圈形和链形，圈形手镯有全封闭的也有半封闭的，半封闭的手镯佩戴更为方便，适应各种尺寸的手腕（图5-12、图5-13）。苗族这两个银手镯的外形都与古时战士盔甲配套的护腕相似，尤其是图5-13所示的，由于其镯面较宽，被称为套筒式银手镯。图5-14所示的是苗族银手镯中非常典型的双龙手镯，这款手镯在接口两端各有一条生动的龙。图5-15所示的也是龙形手镯，它是链形手镯，由一节一节的龙身组成，龙头处将龙的牙齿巧妙地制作成了卡扣，既有使用价值又美观大方。

图 5-12　半封闭圈形银手镯

图 5-13　套筒式银手镯

图 5-14　双龙手镯

图 5-15　龙形手链

　　湘西银手镯工艺讲究，寓意性强。浮雕型手镯多以连续花枝纹或龙纹作装饰，如龙纹手镯双龙盘旋，龙眼凸出，寓意权贵。焊花型手镯以网状银丝为面，以梅花或乳钉为纹，寓意吉祥。无纹或菱角纹形手镯简洁明快，材质为实心且手感沉重，寓意荣华。人们在选择银手镯时大都根据自己的身份、年龄和支系来确定款型。手镯的佩戴方式也比较讲究。随着生活水平的不断提高，人们装点自己、美化生活的愿望更加强烈，结合自己的体形、肤色、气质等特点，选择适合自己佩戴的银手镯，能起到"画龙点睛"之妙。银手镯象征着富贵，因而在佩戴银手镯时，对手镯的个数没有严格限制，可以戴一只，也可以戴两只、三只，甚至更多。一般来说，如果只戴一只，应是男左女右；如果戴两只，则可以左右各戴一只，或都戴在左手上；如果戴三只，就应都戴在左手上，不可以一手戴一只，另一手戴两只。戴三只以上银手镯的情况比较少见，佩戴时讲究对称。在很多少数民族地区的人们心中，银手镯还有驱鬼辟邪之用，所以他们将银手镯作为定情信物相互赠送。瑶族的青年男女在恋爱时会互相赠送银手镯，女子会以得到手镯多为荣。

5. 其他

(1) 披肩

披肩又称云肩，是苗族妇女披在衣领肩围上的银饰，是凤凰山江、腊尔山一带苗族妇女盛装饰品之一。为了衬出银器，披肩一般用红色绒布作底，银饰用针线固定在红布上。

(2) 后尾

后尾是苗族妇女在重大节庆之日才佩挂的银饰，从后衣领悬垂至臀部下方，有如银沙垂背般闪闪发亮。由花草、藤叶、银牌等银饰连缀而成。

(3) 戒指

戒指是各个民族姑娘们喜欢戴在手上的一种银饰品，常见的戒指大体上可分为图案戒指和文字戒指两种类型。图案戒指和文字戒指的加工方法基本相同。通常取半两以下的银子，熔铸成中间方形两头细圆条形，在此基础上，制作适宜于戴在手指上的小圆圈。图案戒指上经常雕刻一些花纹。文字戒指上通常是"福"或者"寿"字。有的地方戒指面积较大，有的地方戒指较为小巧。

(4) 长命锁

长命锁是系在儿童胸前具有信仰性质的装饰品。长命锁在汉族、苗族、土家族、瑶族、侗族等民族中都很盛行。长命锁也称百家锁，即取百家庇护之意，属于一种祈求儿童吉祥平安、健康成长的护身佩带物。长命锁最早始于汉代，在端午节时被悬挂在门口的五色丝线上，到了明代发展成为儿童专用的挂在胸前的祈祷吉祥之物。过去制作长命锁的银料是儿童父母向不同姓氏的亲戚朋友们挨家挨户讨要而来的，挂于颈项或坠于盛装前后作为装饰，俗意关煞开通，身无疾病，以求儿童"身体健康，长命富贵"。长命锁又有"银锁""银压领"等名称，苗族姑娘从小就佩戴，意在祈求平安吉祥，直到出嫁后才能取下。

(5)脚饰

脚饰多为扭丝银链条，除了装饰之外，一些地区的少数民族会让儿童佩戴脚饰以辟邪。

除此之外，各民族还有银牌、银纽扣、银蝶等银饰，种类丰富，造型优美，展现了民间银匠们高超的技艺。

（二）银饰文化内涵

1. "试"之识毒

银饰在生活中运用很广泛，其释放的银离子可以起到杀菌和验毒的作用，因此银饰不仅美观而且实用。相传很久之前，湖南先民就有了"银饰识毒"的意识，到了明清时期，银饰被宫廷广泛运用，银"试"之识毒被世人所熟知，并言传至今，也就有了今天银针的出土，与银饰的审美配置。明代医药学家李时珍在《本草纲目》中记载，银屑有奇效，能"安五脏，定心神，止惊悸，除邪气，坚筋骨，镇心明目，去风热癫疾"。银可以检测人的健康状况，也可以作为一种试毒工具用来检验一些食品是否安全。佩戴银饰的人常常可以通过观察自身佩戴的银饰色泽来判断自己的身体状况，颜色如果是自然的银色，同时散发着亮光则表明身体状况良好，如果颜色泛着一种暗黑色，则表明身体状况不佳，可能有着一些疾病。身上佩戴的银器就是身体的一个"晴雨表"。在苗家还有一种戴银护脉的说法。妇人把银手镯佩戴在手肘上，手镯与手肘之间有着很大的空隙，在运动或是劳作时手镯在一定程度上击打着手肘与手上的筋脉以及穴位，有助于血液的流通。湖南许多少数民族在残酷的战争和艰难的迁徙中总结了很多经验：银饰好携带，所以常常用作迁徙时随身携带的贵重物品；银饰可以识毒，在迁徙中常用来识别沿途水源是否有害；银饰可以排毒，所以可以用银水给婴儿擦洗身体；男人们还可以用银筷子来试毒。

古人说："身带银，病远离。"古代人用银针测试血清里是否有毒，把细小的银针插入血管中再缓缓拔出，如果取出的银针颜色变暗则说明体内有毒。苗族自古就有给小孩子戴"保命银手镯"的习俗，小孩常喘哭的，厌食的，身体不适的，不分男女只要身体欠佳，都会找寨子里手艺好的老银匠，为小孩打制"保命银手镯"戴上，通过佩戴手镯来祈求保佑孩子平安康健。在医疗环境不发达且科技较低下的早期社会，先辈们选择用最为原始的方法来预防疾病，让身体保持健康。正因为如此，湖南少数民族地区不论老少贫富，人们都会佩戴银饰。有的以佩戴为荣，很多年轻的姑娘在节日时都会佩戴隆重的银饰来庆祝节日。随着经济和社会的发展，银饰文化被不断传承，影响着湖南少数民族银饰的佩戴风格。

银最初出现在大众眼中是作为一个识毒工具，渐渐地成为人们日常生活中所必备的器具之一。随着社会的发展，人们审美意识的不断提高，银器变得越来越精致，银从传统的工具渐渐变成了一种精美的艺术品和工艺品。在传统的生产模式下，湖南少数民族过着日出而作日落而息、男耕女织的生活，他们将大部分的积蓄都用于为自己的女儿打造嫁妆，因而传统的少数民族女子会从记事起就开始为自己积攒嫁妆。他们的银饰造型独特，技艺精湛，成为行走在道路间的瑰宝。

2. "锐"之辟邪驱鬼

早期远古时代的人们有着很强的崇拜心理。原始社会自然条件恶劣，生存环境也较为严峻，人们很希望自己能像野兽一样强大，所以他们就创造了一些象征性的事物来模仿自己崇拜的事物，牛角文化也在这一时期应运而生。苗家人相信万物有灵，打造尖尖的牛角可以辟邪，顶上了牛角的人们幻想着拥有了牛的力气和能力，这种能力可以震慑邪魔。在苗家的盛大节日中，常能看见俏丽的姑娘们顶着高高的牛角。湖南凤凰苗族女性银饰中常出现针筒、关刀铜镜等，相传也有辟邪之用。

苗家姑娘不仅喜戴银牛角，也喜戴银项圈。关于银项圈还有一个神话传说。苗家寨子上住了一个老汉，老汉年过半百无妻无儿一个人孤苦伶仃。有一天老汉上山砍柴，在山脚下发现一个在襁褓中的小女孩，老汉见她可怜，加之自己又无儿无女，便好心将她收留在家中。女孩一天天长大，出落得十分水灵，是方圆百里的大美人。很多人都愿意和她一起对山歌，很多年轻小伙子和她看对眼了，便晚上邀她对山歌，可是第二天，这些帅小伙都莫名其妙地失踪了，寨子里人心惶惶，很多人便不敢接近这美丽的姑娘，可是这也无济于事，寨子里的男丁还是一天一天少下去。就在这时，村里来了一个外寨的小伙，眼看着要天黑了，便在老汉家借住了一宿。这男子长相俊美，穿着和常人无异，只是脖间套着一个银项圈，上面挂着一个银锁。老汉见着稀奇，便问小伙缘由，小伙说自己儿时贪玩潜水，差点没了性命，家中的父亲去求了一个长命锁，用项圈拴着这长命锁便能拴住命，以后便可以长命百岁，平安健康了。老汉听了甚是感动，安排了小伙住下后自己也回房休息了。到了子时，他听到从后院传来了一声巨响，便连忙去看，开门后只见一只半人半妖的东西被那小伙的银项圈套着，正在那挣扎。小伙也被吓得不轻，躲在一边瑟瑟发抖。小伙见老汉来后定了神，将刚刚发生的一切告诉了老汉，原来在夜里老汉的女儿悄悄地来到客房，竟然想吃小伙，小伙在紧急关头用自己的银项圈套住了老汉的女儿，老汉的女儿也就显了真身。这事传了出去后，大家便纷纷佩戴着银项圈以辟邪。除了银项圈，苗家姑娘还喜欢戴葫芦笒。葫芦笒是由两个缠绕的圈组成的，这两个圈呈水平翻转的状态，因而形似葫芦。我们在《苗族古歌·兄妹结婚》中找到了葫芦图案的来源：远古时代苗族遭遇洪荒，水流湍急，河道两岸种满了葫芦，葫芦浮在水面并顺着河流漂荡，于是姜央兄妹俩坐着葫芦逃生，逃到了河流下游的平原，等洪水退去，姜央兄妹在那下游平原成了遗民，为了能够生存和繁衍后代，姜央兄妹俩便成婚，成婚后生下了一个巨大的肉球，肉球分裂成数个小球散落人间。因此，葫芦笒也有阴阳合体之意，它在一定程度上反映了对孩子和后代的一种渴望，它寄托着人们对美好事物的向往，炙热而淳朴。这个故事不仅表现了苗族人民独特的审美品位与智慧，更是从不同的角度反映了民众对客观世界的认识和态度。如今，银葫芦这一质朴形象从神话故事中的感性描述转化成了艺术思维的理性再现。

3. "长命锁"之舅舅特制

长命锁的前身是"长命缕",也有"长生缕""续命缕""延年缕""五色缕""辟兵缯"等名称。关于佩戴长命锁的习俗,据《荆楚岁时记》《风俗通》《岁时广记》《留青日札》等书的记载,最早可追溯到汉代。在汉代,每逢五月初五端午节,家家户户都在门楣上悬挂五色丝绳,以趋避邪祟。到了明代,由于风俗变迁,南北融合,年龄渐长者犯官煞的减少,银锁又通常适用于儿童,于是银锁便成为儿童专用的一种颈饰。其目的在于锁住孩童的命,避免病魔疫鬼侵入危害孩童。在湘西,不同的长命锁图案代表的含义也有所不同。"保命颈圈"和"求安手圈"是湘西凤凰苗族特有的避邪、驱恶、祝福的神圣之物,期望子孙消灾除难、长寿安康。汉族的"长命锁",主要是保平安,祈福之意;而湘西少数民族地区"长命锁"又被称作"保命锁",主要是锁住灵魂,驱邪避恶,逢凶化吉。文化的不同,生活习惯的差异并没有影响中华民族的发展,相反二者相融合,碰撞出绚丽的火花。在湘西少数民族的传统观念中,银饰是辟邪驱鬼的器材,同时也是财富的象征。

据湘西民间的普遍说法,长命锁是不能由自己的亲生父母来赠送的,而由舅舅来赠送。舅舅为新生儿打造银锁和银项圈各一个,并佩戴在颈上,代表吉祥保佑,等孩子到了十二岁,被认为已经过了危险期,则要取下银锁和银项圈。所以银锁、银项圈也被称之为"开关"。"谁家孩童哭床笫,一梦忽闻儿时曲,一锁祈求儿长命",传统的湘西先祖认为长命锁可以锁住孩子的健康,不让邪气靠近,不让病魔缠身,能逢凶化吉,也相当于一种护身符,有长命、保平安之意。同时长命锁也被称为"寄名锁",寓意长命百岁,长命富贵。长命锁在明清时期也是儿童脖饰的一种流行物品。长命锁本身就带有长寿、祝福、避祸驱邪之意,但作为一种和巫蛊之术挂钩的风水吉祥饰品,自然也就有该避的忌讳,也存在一些佩戴的特殊讲究。在湘西地区多以娘舅为大,通常当宝宝还未出生时,舅舅就要准备好送给宝宝的长命锁,将长命锁送给刚出生的宝宝,寓意着可以保佑新生儿无灾无疾,健康成长,而由舅舅送又是希望宝宝能得长者庇佑,所以一般多用于小儿满周岁时,表达的是长辈对晚辈的祝福。和常见的银锁不同的是,凤凰苗寨的儿童所戴项圈普遍

佩银饰 佑吉祥

垂挂一条银链，垂至胸前，下端吊一个银锁，男孩的锁镌刻"长命富贵"字样，女孩的镌刻"聪明伶俐"字样，表达了父母等长者对孩童的祝福和希冀，希望孩子健康成长，将心意寄托在锁上，将祝福传递给后代。这是少数民族重视生命、尊敬生命的体现，也是民族地区独特的习俗文化。湘西的民族姑娘都佩戴一种银锁，通常铸有蝴蝶、花草、银铃等不同的装饰物品，有"长命锁"之称，也代表祈福之意；而男子也有佩戴银项圈的风俗，湘西民族的银饰做工精细，图案丰富，寓意深刻，是颈上跃动的艺术品。

任何一种艺术的诞生和发展，都是对美的向往与追求，而对于美的定义，既来源于各地不断发展的文化，也与当时人们的崇拜有着莫大的关联。苗族是一个没有文字记载的民族，他们的文化是穿在身上的，这也与当时动荡的战乱有关系，诚然服饰也就演变为民族文化具象的寄托，而"长命锁"之舅舅特制这种独特的民族文化也得以传承，少数民族独有的文化记忆在少数民族服饰文化和艺术形式中独树一帜。长命锁作为一种金属，被赋予特殊的审美特质，因此也就变成了一种特殊的文化情结。长命锁广泛运用于湘西民族妇女的配饰中，不断增添新的文化元素，但又不失最原始的记忆。服饰图形与纹饰承载着湖南各少数民族人民情感的纪念，记载着各族群在漫长的历史变迁与发展过程中刻下的不可磨灭的烙印，寄托着前辈对后辈最淳朴的感情。与此同时，关于"长命锁"吉祥的说法也流传至今。

作为一种古老的装饰，寄情于锁上，寄意于搭配。"长命锁"的背后贯穿着整个湘西最淳朴的民族风情和根植于中国传统吉祥文化的民族传统中。有着广泛的群众基础和深厚的社会文化底蕴，反映着人们对生活的热爱和对吉祥幸福的渴望，同时也记录和展现了中华民族历史悠久的民俗文化与多姿多彩的民俗风情。

4. "三斤八两"之巫师帽

湘西少数民族的银饰流传着许多美丽而精彩的传说、神话故事，反映了少数民族先民在创造历史的过程中积极的情怀以及记录、铭刻了曾经所受的苦难，相比远古神话传说这些民族传说更贴近少数民族的情感。由于受到了传统儒家教学的文化影响，尤其是楚文化的影响，湖南少数民族形成了极具特色的"巫文化"。因为宗教信仰的不同，人们的思维观念也随之变化，在漫长的历史发展过程中，人们不断在寻找能控制把握自然的巨大力量，于是就出现了巫文化。巫文化同时也是湘西少数民族人们的精神慰藉。在银饰文化中，巫师在其中也添有浓墨重彩的一笔——"三斤八两"的巫师帽。

所谓的"三斤八两"，是湘西少数民族最敏感的话题之一。在他们看来，彼此谈论这个话题是极其不尊重人的行为，因为他们认为人的头刚好重"三斤八两"，有丧的寓意，因此大多数的湘西少数民族都拒绝让这个话题出现在日常交谈中。如若有什么东西恰好是"三斤八两"，就换个相近的数字，以此来避免它的出现。并且他们认为巫师帽顶端的银饰越是尖翘越是能趋避邪祟，抵挡住鬼邪的侵害，使鬼邪处于被牵制和威胁的境地，甚至有一些老者死后也要用尖锐纯银饰品来作为陪葬品，使他在阴间避免鬼魔缠身和当银币来使用。同时，巫文化也赋予了湘西银饰文化独特的魅力和神秘感。

湘西少数民族对银饰独特的思维借鉴和独特的审美视角，让银饰文化有了不同的诠释与生命力。巫文化为银饰审美做了最好的补充，为民族银饰文化做了最好的展示。将文化用针线、錾刻等方式"写"在衣服上，这是独属于少数民族的聪明才智，是一种形象的表达；湖南少数民族之所以如此偏爱银饰，是因为他们一致认为银是财富的标志，银饰美观、耐用，耐耗损，可塑性强。而且光洁的金属银象征着光明，象征着正气，佩戴上银饰，可以驱邪镇鬼、消灾祈福，佑人安康。正是因为这种观念，所以银饰慢慢地普及流传并被人们所熟知，这也是深受巫文化的影响。金属银自有记录以来就被当作货币来看待，但与此同时，在少数民族看来，"它"出现之时就被挂上了"巫术"的名称，湖南少数民族先人相信一切锋利的东西都具有驱邪的作用，而银饰属于驱邪时上层地位，不仅可以驱邪同时还有消灾吉祥之意，因此对银饰抱有信仰与尊敬。虽然在历史上曾经有断链的时期，但随着生产力的进步和生活品质的提高，银饰也在不断的完善中逐渐精美。与此同时，银饰也展现了湖南少数民族的美学追求与生活素养。

湘西巫文化是少数民族传统文化的重要组成部分，也是在世界多元化的百草园中一处别致的景色。将巫文化在服装上展现出来，丰富了服装神秘的内涵，体现了民族特色与地域文化涵养。

佩银饰 佑吉祥

5. "叮咛声声"之传递族群信息

有句话说：锦鸡美在羽毛，苗女美在银饰。无论何时，人们走进湘西的苗寨都会被苗女身上银饰的清脆声所吸引，随之吸引眼球的便是那银光闪闪、充满着文化气息的苗族银饰，耀眼的银饰让人大饱眼福。湘西苗家的银饰在银匠那充满灵魂的手中轻轻一跃，便在空中留下了五彩的身姿。伴随着银铃"叮叮"的优柔声音，曾经寂静许久的小村庄里便响起了小木槌的敲敲打打声。制作一件精美的银饰往往会耗费大量的精力与时间，有些银饰甚至花费了老匠人一生的心血。银饰不仅仅是湖南各少数民族族群对文化的表达载体，同时也是他们民族情感与精神信仰的载体。

苗族银饰历史悠久。据相关历史文献记载及最新考古发掘资料中的发现显示，苗族银饰始于汉代，成熟于明代，普及于清代、民国，沿袭至今。在漫长的历史发展过程中，这一传统的民间工艺被赋予日益丰富的综合功能，最终形成独具特色的民族文化，积淀为苗族的象征符号。苗族银饰中还有一种独特的饰物——响铃，不论是项圈还是挂牌、吊牌、围腰吊饰，都常配有响铃，它不仅是一种美丽的饰物，也是一种迁徙的遗风。在响铃声中，人们走过了一道道山水，前呼后应，永不消散。同时银饰图案各具特色，根据银饰上的图案，人们就可以辨别所属的地区。比如，从头饰上看戴银围帕的大多是湘西凤凰、花垣的苗族，戴银牛角和银帽子的是黔东南雷山的苗族。可见，苗族银饰对其内部而言是划分支系的重要标志之一，同时也是人们传递消息的一个特殊途径。

苗族银饰不仅可以用响铃来传递位置信息，防止族人在迁徙途中走散，还可以利用银饰上的图案和造型向人们展示出内部所属的支系。苗族银饰主要用于妇女的审美装饰，其品种齐全，银光闪烁，从头到脚全面装饰，展现出了苗族服饰的整体美。每件饰品都经过银匠精心设计，融品位、格调、情趣、优雅于一炉，让人能获得强烈的视觉刺激和美感享受。佩戴时可以全副披挂，也可以有选择地佩戴，视人的需要和喜好而定。每逢节日或赶场，苗族少女们满身银饰，种类繁复，有的洁白如雪，有的轻柔似羽，有的小巧玲珑，有的精美大方，随着微风吹拂和少女们的轻盈碎步一起摇曳，叮当作响，别样意绪，引人入胜。

　　苗族佩饰的质料变化决定着苗族审美取向的变化。湖南苗族自古就有用器物做装饰的习俗，但是在远古时期，苗族对于饰物的概念多与生活的实用价值相连，在实用的基础上满足装饰美化的需要，以至在苗族流传的各式各样的节日、舞蹈、祭祀仪式中，银饰至今仍起着重要的作用。随着苗族对佩饰的选择最终定格在白银上，苗族银匠就充分利用了其物理特性和色泽观感，并在此基础上不断美化创造，挖掘其优点及特点。其中，银饰清脆悦耳的音韵之声就成了苗族不断追求和强化的审美内容。在湖南苗族的各式舞蹈中，银饰都是不可或缺的道具。流行于凤凰县的"接龙舞"就展现了银饰的音韵特性。"接龙舞"是苗族为保住"龙脉"不断进行的一种"请龙""安龙"的巫术活动。跳舞时年轻姑娘右手打伞，左手持帕，旋伞起舞，而且必须身穿盛装并摆动身上的银饰使其发出声响。所以，在银饰锻制时，都会适当增加响铃以保持碰撞所发出的音律美感。由此可见，银饰在舞蹈中的叮当声具有节奏的新颖感和独特性。当银饰随着舞者的律动而展现视听之美的时候，随即也凸显了银饰在佩戴上动静交织的既生动又别致的审美要求，这种追求银饰音、色变化的综合美学特点也让人在心理上得到了一种既轻松自信又炫耀美丽的心理满足感。铃铛佩饰的清脆之声源于苗族"巴岱"（原始宗教祭师）利用铜铃响声请蚩尤祖师出驾的巫术活动。由于蚩尤始农耕、创宗教、订刑律、制五兵、造铁具，因而人们利用铜铃神秘的响声来唤醒祖神，并请他来镇压鬼怪。同时，追求银饰的声响在一定程度上也具有引人注目的实用功能，一种先声夺人的效果，从而达到炫耀的目的。随着人们认识的提高，这种金属的音韵之声逐渐由他者想象的实用功能演化到了纯粹的视听审美享受。

　　银饰的加工复杂而又艰辛，其中包括铸炼、捶打、拉丝、搓丝、掐丝、镶嵌加固、洗涤等三十多道工序，所有图案都是一辈又一辈口传心授的，并没有图例为证，所以这就需要借助长期熟练实践的经验来完成造型。在此过程中，还要确保力度的准确性，力度要平稳适中，不能用力太大，也不能用力太小，用力太大会把银饰穿透，所有的努力就前功尽弃，而用力太小则出不来效果，无法塑造形状，非常考验匠人的技艺与耐力。

　　湖南少数民族银饰具有含蓄、温婉之美，而在艺术的创意之中，体现出的深沉、恒定及超时空的审美认识以及追求银饰响铃碰撞的音色美学等特

佩银饰 佑吉祥

征，才是湖南少数民族银饰所要传达的美学意义。每件银饰都代表着不同的意义，讲述着不一样的湖南少数民族历史。在色彩深沉单一的土布上装饰闪闪发光悠扬发声的银铃，既打破了传统银饰的单调气息又具有有声有色的综合效果，通过层次的叠加，衔接的紧密更能体现出主题的特点，既有很高的艺术审美价值，又带有非常丰富、深邃的历史意义。历史与现代的结合，解锁了时尚的"封印"，提高了审美的价值，促进了价值的体现。

（三）银饰制作工艺

银饰品的手工制作基本要经过熔银、锻打、下料、做铅托、雕花、焊接、清洗等工艺流程。

熔银。原料银通常都是大块的，首先得将大块银料砸碎放入坩埚，置于炉上熔化。银开始熔化后，用长柄钳夹住坩埚将熔银浇铸铜模。

锻打。趁热开始锻打成心中所需形状，此步骤有时需多次反复进行，因为一次并不能打成所需要的形状。

下料。比照设计好的银饰图稿下银片，银片要比图稿略大，留出一定的加工余量。

做铅托。铅托的作用是托住和固定需要加工的银片，以便进一步的制作。把粗加工银片反面向上置于砂箱中，将已熔化的铅液注入其中，冷却后即成。

精加工。这道工序包括了锤錾、錾刻、镂镂、花丝编结等工艺，是整个工艺中最关键的步骤。这道工序也叫"雕花"。雕花所用的工具是一把小锤和若干支錾子，錾头有尖、圆、平、月牙形、花瓣形等多种，根据需要选用。加工时左手握锤，像画家运笔一样，心手相应，雕出一组组生动的图案。银饰做工优劣，关键就在此，雕刻细微处，尽显匠人的精心和准确。这其中的花丝编结最考验匠人的细心和耐力，每一件编花饰品都是心力和体力的结晶。

焊接。需要焊接的银饰，在接口处沾上焊药，用焊枪熔解焊接。

洗银。经过反复的捶打与烧烤，银饰表面会发黑或沾上杂质。用火高温将银饰烤热，然后投入酸液中，取出放入清水中用铜刷刷洗，即可洁白光亮。若需在银饰上点翠，烧蓝的，则将釉药末洒在要点、烧的部位，同样也有用吹管吹火来烧化的。点、烧后的翠和蓝是否均匀，颜色是否漂亮，完全由匠人根据经验去掌握，也是检验匠人技术水准高低的标准之一。

现代的手工银饰品制作，虽然在使用工具上有所改进，但依然秉承了传统的手工技艺。制造银器的主要工具有羊角锤、戒指铁、锉刀、小锤、不锈钢小锅、拔丝板、锯、葫芦夹、焊板、坩埚、镊子、焊枪、吊磨机、枕木、工作台案等。制作银饰品原辅料包括：银片、银条、银丝、明矾、硼砂等。

（四）银饰图纹造型

银饰作为一种承载湖南少数民族服饰文化与手工艺艺术形式的抽象容器，其形态设计和图纹造型建构在一种具体的形式框架中，并由于银器无限的可塑性而实现设计的多元性与造型手段的复杂性，致使图纹形态在触觉、视觉的表层感官中因为主体的自我加入而实现现实世界到精神世界的自觉转换，实现设计艺术化、民族化。银饰锻制手工工艺流程有铸炼、吹烧、锻打、焊接、錾刻、编织、镶嵌、擦洗和抛光等30多道工序，其中，"錾刻"与"编织"技艺是银饰锻制工艺中主要的艺术表现形式和造型之法。"錾刻"主要是运用"压、窭、刻、镂"等技艺，用锤子在银器上面根据图案造型特征及要求进行"捶打"，创作出各式各样造型奇特的银饰款型及精美的图案形态，使银饰在艺术形态方面形成多元、饱满、立体的综合模式，拓展银饰的容器特征，升华银饰的形态气质。[①] "编织"技艺是银匠师傅们将一根根纤细的银丝经过精心构图、造型、工艺制作，使图形等视觉元素形成多元化样式，展示出本民族独有的审美情趣与思想内涵，彰显艺术的魅力与文化意蕴。看似简单的银饰造型技艺，却凸显了匠师"以一种与艺术家相类似的方法创造一种有意味的形式"[②]，这种有意味的形式突出了银饰设计的审美情感与审美愉悦，创造了银器的本体意蕴，在静谧的器物中传递银饰华丽的内容，以无声的方式交流与传递少数民族银饰手工艺的细腻、精湛。

①　成雪敏. 银饰手工锻制中的錾刻技艺[J]. 美术观察，2013(9)：112.

②　鲁道夫·阿恩海姆. 艺术与视知觉[M]. 滕守尧，朱疆源，译. 成都：四川人民出版社，1998：193.

1. 凹陷形态——"压、寥"造型

在錾刻技艺中，压、寥的动作本身就具有无限的可能。在设计实践中，匠师根据创作题材利用凿子和锤子在银器原始材料上或半成品上进行敲击，使银器形态由此而衍生出来。银饰的形式语言在这种"錾"的击打中无限延伸。银器经过压、寥而成的陷痕与孔洞形态具有浮塑、立体造型效果，成为质朴情感诉求的载体。亨利·摩尔在阐释其作品中的孔洞意义时说道："一个洞所蕴含的意义不亚于一块体积所具有的含义——有一种神秘的东西隐含在它的深度和它的形态之中。"①事实上，孔洞产生了不同视点观看的无限可能以及永无休止的兴趣和好奇。银饰形态中的陷痕与孔洞意义同样也改变了银器本身的含义。银饰装饰品《斗牛》（图 5-16），通过对两头牛及配饰牛角等图形与纹饰进行压、寥制作，使石牛的形体强壮有力，神态夸张、生动的浮塑形态与画面引申"斗"字的本身含义相得益彰，在强烈的图纹形式意味中增加了动态语言。压、寥的陷痕和孔洞形态应根据设计的主题，形成不同形式的独特意味，使方、圆以及不规则的凹陷孔洞形式在视觉中形成不同的空间效果，并引发出不同的视知觉，产生不同的审美情感。圆形的完整与圆润，诠释着悠扬的情调；而方形的阳刚，使"情怀"的体现置于哲理之中。银手镯中图形与纹饰承袭了传统的吉祥图纹，錾刻中的压、寥技艺看似很寻常，但正是这种轻描淡写和不经意的艺术，在达到图纹造型凹陷的同时，使整个手镯图形纹饰与手镯形态具有古朴的审美色彩，凹形线与点抒发出一种淡淡的情怀，整体配置协调，为银饰古老的视觉形态注入了几分不张扬、不显露之"神韵"（图 5-17）。银蛇形耳环同样具有异曲同工之妙（图 5-18）。银胸牌通常为单层长方形或半圆形银片制成，整个银牌分成三部分——挂饰、主银牌、吊坠，三部分的有机组合为银牌外观形态设计增色不少（图 5-19）。当从整体的角度仔细观察银牌图纹形态设计构成时，那种多与少、疏与密、聚与散的形式要素，以及各种图纹在区间上的合理分布与布局使银饰更具层次上的视觉冲击效果。同时，图纹经过压、寥造型，赋予了形态"凹与凸"更

---

① 亨利·摩尔. 观念·灵感·生活——亨利·摩尔自传[M]. 曹星原，译. 北京：人民美术出版社，1988.

深刻的含义，充分显现了因"凹"的"收缩"与"隐含"的形式语境给银饰图形与纹饰赋予的抽象神韵。压、錾造型在银器中使陷痕与孔洞的空间与层次发挥到极致，使银饰不是单一地传递某个民族独有的艺术形态，而是一个蕴含民俗、宗教、历史变迁、审美诉求等文化的综合体。将银饰传播文化的功能归置于錾刻技艺压、錾造型，并且构成的具有空间层次的设计技法，在艺术的形式上吻合了形态上的"重叠"之态。"重叠"法的特点使各种形式关系在一个更加统一的式样之内集中，并使这些关系得到控制和加强。[①] 这充分说明，錾刻中的压、錾技艺在银饰形态创作中由于其微妙的空间特质在视觉的注视中和触觉的抚摸中引发无限的情思，有效地强化了多次元的设计功效，彰显了设计的艺术性。

图 5-16　银饰装饰品《斗牛》

图 5-17　银手镯

图 5-18　银蛇形耳环

图 5-19　银胸牌

佩银饰　佑吉祥

---

① 鲁道夫·阿恩海姆. 艺术与视知觉［M］. 滕守尧，朱疆源，译. 成都：四川人民出版社，1998：146.

2. 凸显形态——"刻、镂"造型

银饰作为一种民间艺术形式，具有装饰与应用双重属性，通过视觉和触觉，匠师与观赏者在心理契合点上搭建了一座充满生命活力的桥梁。银饰造型形成的视觉冲击和构造的心灵憧憬，会因银饰无限的精湛的工艺而受到感悟，因银饰细腻的情感而感到温馨。因为银饰设计中錾刻技艺中的刻、镂造型增强了银饰触摸的实体印象，在真实的质感触觉中使银饰的空间形态传递着一种实在的情感特征。刻、镂造型应用在银饰设计中屡见不鲜，原本是通过雕刻和镂空技法，使物象形成凸显形象。因此，我们从银饰图形与纹饰凸显形态中可以感悟这些民族如"宗教"般的民俗情怀与银匠的审美情感。这种具有"诉求"意义的美态，最能让人产生积极的情感共鸣。当然，绝美的形态在银饰设计中蕴含着绝妙的遐想而常被作为表现形式。[①] 图5-20中所示的银梳，虽不是很了解其形态所构建的内涵，但触摸它表面凸起的部分时，可以顺着银梳的形象或尖角状物感受无限的生存之美与遐想。这种类似浮雕艺术形态的造型手段，不仅仅是银饰设计形式的简单需要，而且在银饰形态设计艺术化的广阔领域中展现了民族民间艺术的匠意特征。图5-21所示的银项饰中十一个排列的流线型银片与十一对银鱼吊坠图纹，凸显形态感觉十分强，特别是每个银片上凸出的三个圆形鼓面，形态简洁，却演绎着古老与神奇，传递着朴素的情感信息。鱼吊坠上的鳞片造型凸显具有强烈的装饰意味，

图5-20　银梳

图5-21　银项饰

---

① 成雪敏. 银饰手工锻制中的錾刻技艺[J]. 美术观察，2013(9)：112.

彰显了永生不息顽强的生命力，展现了一种民俗文化内涵。图5-16所示的银饰装饰品《斗牛》，刻、镂造型使牛的形态强烈地凸显出来，牛形态大面积的凸显配上上部分对称的、装饰意味特浓的牛角图形，主题造型突出，着力加强了作为图腾信仰"牛"的力量感，使银饰工艺品在"无瑕与坚硬"意味中蕴含着民族精神品质。

在刻、镂造型中，银饰艺术品同样可以采用"陷"之压、寥技术，实现视觉艺术"负空间"之态。图5-22所示的银凤钗錾刻技艺精致细腻，边缘处连缀有一排响铃，造型简洁质朴，响铃与凤鸟的质感形成对比。花钗的背面錾刻有各式鸟鹊，取意"百鸟朝凤"（图5-22）。银凤钗不管是形态设计还是錾刻技艺都展现了匠师对银器这一原始材料独到的理解和对银器创意和拓展的思考。其根本特征是银饰表面上压印的凹槽中列出了银饰承载的符号意义和丰富多彩的文化内涵，从图案设计、花纹构建到刻、镂造型都有很高的文化品位和艺术价值。苗族银饰具有民族的"开放性"特征与符号功能，因刻、镂造型技艺的介入，使银饰这一艺术形式更加璀璨和靓丽，展现了银饰与珠宝一样的珍贵。纵览刻、镂的手工技艺，匠师在处理这一制作工艺时，往往会借用多重技艺以突出银饰设计的无限审美情感，突显出设计的整体语境。不过这其中的刻、镂造型有别于压、寥动作中的驰骋与直接。它的含蓄意义因为匠师的睿智在整体设计的帷幄中将之情境化、内涵化，以质朴的情调折射出厚重、古朴的民族本意，突出银饰的精致与精美、华贵与高雅之意味。

图5-22　银凤钗

图5-23　湘西凤凰银饰手提包

总之，银饰以极为别致的设计形态、并不复杂的锻制工艺在一阴一阳中构成无限的审美情境与气韵。其设计理念因为匠师有意味的处理而使貌似平常的形式语言折射出鲜明的现实意义。视觉形式在凝视过程中得以升华，变得生动。设计仅凭感性的艺术造型是不够的，设计的过程永远需要应用科学的理性。图 5-23 中所示的湘西凤凰银饰手提包的银饰手工工艺中"錾刻"艺术造型，着重以其纯形式的、不完全的空间形态，在"有""无"的哲理中获取一种动态的平衡，形成一种有意味的形式，以完整的视觉形象，阐述银饰艺术形式在艺术中的独特性，以富有诗意的文化意味，在银饰形态语言的表达中强调民族的意蕴，把内容和形式、功能和精神有机整合以实现在设计艺术活动中构建视觉美感与理性认知。[①]

3. 曲线形态——"拉丝、扭丝"造型

艺术的内容(图形、符号、文字等)因为表现手段的介入，创造性地将形式与各种印象、关联结合在一起，促成"艺术语境"的"出现"以及形成"交流"。一些明显的形象、图纹或许不见得改变了什么，但在经过创造性手段的调整、意向的导入、视觉的刺激后，所暗示的不可见之物、声音、气味等，都可以让人体验到精神的富足与情感的愉悦。湖南少数民族银饰形态设计中介入线形元素的创造性造型手段，出现多元、饱满、律动的综合模式，以其协调性、柔美性、艺术性和完整性，强调有意味形式的设计，引发独特的审美情感，实现银饰设计形态的独特性，设计的艺术意味因此而繁衍出来。没有魔术般的神秘，也没有机械化的神奇，苗族银饰手工锻制中的拉丝技艺是银匠师傅们将一根根纤细的银丝经过精心构图、造型、工艺制作等形式的介入手段，使图形等视觉元素形成多元化样式，展示出民族的审美情趣与思想内涵，彰显艺术的魅力与文化意蕴。[②]

苗族银饰作为一种承载民族服饰文化与艺术价值的无形容器，其形态设计和图纹形式在阅读中作为一种情感的催化剂，将无形的文化气息建构在一种具体的形式框架中，搭建了银饰艺术特有的交流形式：在视觉感官中赋予

---

① 成雪敏. 银饰手工锻制中的錾刻技艺[J]. 美术观察，2013(9)：112.

② 刘琼，成雪敏. 探苗族银饰手工锻制中的拉丝艺术[J]. 艺术与设计，2014(11)：176.

了最真实的民族精神情感和心理诉求，诠释独具特色的民族文化内涵与审美情趣，展示华丽与优美。

艺术是艺术家对被制造的东西施以构造上和艺术上的心裁，赋予艺术（特别是造型艺术）一种社会职能——从思想上和情感上去影响人。① 苗族银饰属于苗族传统服饰文化中不可分割的一个组成部分，其文化精髓完美揉合了巫楚文化、巫傩文化的属性和内涵，构建了优秀的民族民间文化形态、情感表达方式、审美心理结构和神灵崇拜、万物有灵、物我同一、吉祥圆满等文化主题结构。苗族银饰承载的社会职能不是把内容与美的形式分开，而是把附属于生活方面的实际内容以技术构造上的形式呈现。虽说苗族族群的创生与变迁、历史的演进与发展没有文字记录，但苗族人民用史料般的银饰艺术形式，一式一调，唱响着一曲曲"蛮族"响歌，以银饰特有的锻制工艺拉丝技艺介入有意味的创造手法，一丝一厘，编制出一段段"蛮气"篇章。

吉首、凤凰、铜仁、松桃一带的苗族女性盛装上的银饰传递出图腾崇拜、民俗民风、唯美、识别等信息。此银饰配件有头饰、项圈、服饰、挂饰，具体图纹包括图腾崇拜与反映民俗心理的蝴蝶、有自然崇拜与反映社会现实生活的桐子花、枫叶、喇叭花、藤条等植物。头饰以桐子花为主，四周插着蝴蝶，通过拉丝连理将喇叭花垂吊于边缘。项圈由藤条植被通过拉丝锻制而成，上层小，下层大，依次搭建四层。服饰、挂饰由蝴蝶纹、花卉纹通过拉丝串联而成，或通过有机的编制，非常有序地排列在整个服饰前胸与围裙上面，随着女性婀娜多姿的身子轻微摆动，微风轻轻拂过，就能发出美妙、悦耳的声音，并且根据这些外在动力缓与急、快与慢地奏响非常动听的旋律。据史记考证，这套银饰的设计与制作起初不是为美而设计的，而是为了"识别"这一社会职能而制作的。苗族人民迫于压迫和为了抵御外来的侵略而寄居于深山大川，并且以散居的方式分布在西南山区的沟沟壑壑，因此，穿戴这样的银饰走在山间与丘壑时，发出的响声就能让本族群的人识别，后来在此基础上赋予了美的设计元素。经过辨析此款苗族银饰，其内涵与外延上在拉丝技艺的作用下赋予了银饰深厚的文化底蕴，编制出了这一地方民族——苗族人民的豪迈情怀和"土味"文章。整套配饰图形或拉丝纹样精巧细

183

① 汪流. 艺术特征论[M]. 北京：文化艺术出版社，1984：128.

致，空透灵动，不管是造型设计，还是装饰技巧，不管是社会职能，还是艺术特色，均是上乘之作。再如苗族的扭丝项圈，造型奇特，根据项圈的造型意向，用银丝扭制而成。据清朝同治年间徐家干的《苗疆见闻记》记载，"喜饰银器……其项圈之重，或竟多至百两[①]"。苗族银饰以大为美、以多为美、以重为美，体现了苗族式的豪放，是苗族神奇的"繁缛美"的价值取向——"美"在"银"，不在"饰"，由扭丝技艺制作而成的项圈最恰当地迎合了这一美的形式心理与要求——扭丝造就了膨胀、增大、叠加、反复等视觉心理现象，实现了以大为美、以多为美、以重为美的审美心理意识。扭丝项圈从形态上看好似自然丛林中的藤蔓交织缠绵，迂回穿梭。苗族银饰有"堆为大山，水为大海"的崇尚自然之说，并通过对自然形象以物化形式释放出来，反映对自然的崇拜和对自然美的追求，扭丝项圈的扭丝形态便是自然丛林中的藤蔓物化的结果。图 5-24 所示为湘西苗族孔雀尾羽纹银项圈，此项圈的工艺特色聚焦在孔雀尾羽纹的制作上。

图 5-24　湘西苗族孔雀尾羽纹银项圈

孔雀尾羽纹是用多股细小银丝穿插扭绕和有序排列而成的，表现出了湘西苗族独特的审美情趣，显示了少数民族原始古朴的崇拜自然的心理，刻录着苗族族群的创生与变迁，用银饰特有的形式作为表达方式——尚美、爱美和追求美。

扭丝银饰具有情感寄托和心声诉说的手工锻制技艺，在艺术语境上很好地诠释了艺术在人类生活中的价值：以保存团体与种族为目标的社会行为。[②] 社会的艺术——就其艺术形态所赋予的根本属性，银饰自产生便与社会发展、宗教文化、民俗民风、审美理念等社会形态相辅相成、共生共荣。并且，银饰艺术可以从视觉与触觉上引发寄托、抚慰人的精神、情感，[③] 催

① 朱晓萌. 从苗族银饰的构成艺术探究其内在价值[D]. 天津：天津工业大学，2007.
② 丹纳. 艺术哲学[M]. 傅雷，译. 合肥：安徽文艺出版社，1991：5.
③ 胥建国. 精神与情感——中西雕塑的文化内涵[M]. 北京：商务印书馆，2003：22.

生了银饰多元化的社会职能，彰显了银饰设计的民族性、艺术性。

　　银饰拉丝编制的图案形式简明统一，稳重端庄，为了使这单一的形式呈现多元化的视觉效果，图案由单一元素进行多次方的并置连续构成，即图案依照一定的周边范围依次向两边排列图纹，形成新的图纹，是单一的图案经过多次方的作用，产生次序美、层次美和律动美。图5-25所示的拉丝锻制银腰便是拉丝单一形态元素多次方的有序排列的典型案例。这一拉丝案例不仅体现了单一图形元素多次方直线组构的排列方式，而且也体现了单一元素多次方组构形成集合化的图形元素，再次进行上下多次方有序排列，图案的局部与局部之间、局部与整体之间协调统一，在次序中求变化，在协调中求韵律和美感。图5-26中的银头饰，顶部运用编制的拉丝带盘绕，使外部形态流动而起伏，婉转而幽美。由拉丝制成的吊链上端焊接在银花梳周边，下端分别坠瓜米、古钱、鱼形等，均衡中见错节，是对拉丝锻制技艺综合性的有效诠释，全面展示了银饰拉丝技艺之艺术意蕴和美的内涵。

图5-25　拉丝锻制银腰

图5-26　银头饰

4. 线面形态——"编、织"造型

　　众多的社会属性构筑了银饰丰富的文化内涵，使银饰成了一种独特的审美"符号"。然而，在众多的社会属性中，美术属性无疑是最直观、最感性、最显露的属性，这主要源于它是造型艺术、视觉艺术。作为造型艺术，银饰衍生出了独具特色的拉丝技艺——"编、织"造型，在表现题材上从湖南少数民族妇女的刺绣及蜡染图形纹样中获取创作灵感，以民族传统图形与纹样作为表现的素材，编织作为技艺，这样的素材和编织技艺构成了银饰造型艺术的基本要素，形态特征强烈、线面形式统一，以线条轻灵、婉转、流畅、节奏、韵律多样性的形式语义玩味有意味的设计艺术形式，编制出银饰一丝一织的"土"味艺境。①

（1）婉转、绕织造型——曲线之美

湖南少数民族银饰编织品相繁多，只要有银饰饰品，就有编织，可以说从头饰到脚链无处不拉丝，无处不编织，无处不有曲线。拉丝技艺是苗族传统银饰锻制技艺中极为重要的工艺之一。然而，由于拉丝穿插、婉转的构成形式语义，在银饰饰品上营造律动曲线美，使苗族银饰的拉丝之美呈现出一个瑰丽多彩的艺术空间。图5-5中的苗银鼓钉花梳，此花梳内为木质，外包錾花银皮，并镶有蓝色料珠，仅露梳齿，银梳上镶有两排锥状银鼓钉，象征闪电，可以辟邪。下面垂有银片叶、芝麻响铃、宝钱等坠饰，均由拉丝连结或焊接而成，制作工艺非常考究，使之在串联中、在不规则的排列秩序中显示出由曲线带来的柔情与美感，苗族妇女戴在头上有一种"两肩略微耸起，更显出圆婉的曲线美的惊艳"。侗族银项圈，整个图形均编织而成，利用银丝的形质特征进行缠绕编织，婉转、穿插的线形走势铸就了银饰形态的简洁与质朴。此银饰中用银丝编织而成的两个圆圈，折射了湖南少数民族（特别是苗族）中的原始宗教信仰，两个"圆圈"就是月亮崇拜信仰价值假借的一个渠道。《苗族古歌》这样写道："我们照水圈，铸造金太阳，我们照水圈，铸就银月亮……"②基于"银月互渗"和"精神同化"的族群理念，将"水圈"视为月亮的原型之一，显然是谋求形式上的相似，并且此项圈上银丝编织的两个圆形很大程度上吻合了色调与形式的相似，同时婉转、绕织的编制技法彰显了银饰锻制技艺的魅力。图5-27中的湖南吉首苗族耳环中大的吊坠图形不仅有"太阳、月亮"之喻意，而且蕴含的生殖意向也是显而易见的。拉丝构成的母体——"乳房"形象逼真，表面虽然由银丝绕织而成，但由于银丝的光洁

① 刘琼，成雪敏. 探苗族银饰手工锻制中的拉丝艺术[J]. 艺术与设计，2014(11)：176.
② 潘定智，杨培德，张寒梅. 苗族古歌[M]. 贵阳：贵州人民出版社，1997：42.

质地效应，以及拉丝流线形成的曲面形态，不失母体的柔软、细腻与温情。再如图5-28中银饰十二生肖"猴"，整个饰品图形组件，均以细银丝串联、绕织及焊接而成。猴子的外形轮廓以及局部轮廓由偏粗的银丝盘绕而成，强调基本形特征。基本形的内部填充则是由细小的银丝绕织编制而成，编制过程中构思缜密，在考虑形制要求的同时，又考虑到了构成关系，粗细疏密有度，聚散节奏得体。

 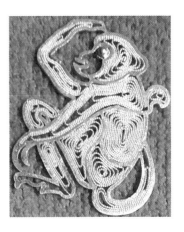

图5-27　湖南吉首苗族耳环　　　　　图5-28　银饰十二生肖"猴"

（2）重叠、密结造型——装饰之美

　　重叠法是通过一定的形式将各种形式要素在一个更加统一的式样之内进行集中，使这些关系得到控制和加强。也就是说，通过重叠法所得到的紧密结构，具有明显的独立性，最后产生的，不仅仅是一种关系（也就是说不仅仅是那些各自独立的、静止不动的存在物之间的能量交换），还是由各存在物之间的相互牵制而产生的集聚和分散。① 这种密集与分散造型手段赋予了银饰拉丝技艺有序、平整、有意味的装饰性特质。如图5-29中银饰耳坠，寓意为龙骨的密集型的拉丝造型，形成完整的圆面形态，与同属于一个整体中的其他装饰图纹形成对比。单一元素之密集造型，不仅有独自的形态语义，又有浓郁的装饰意味。银凤凰是湘西苗族妇女头饰插件，凤凰很多部位

佩 银 饰 佑 吉 祥

---

① 鲁道夫·阿恩海姆. 艺术与视知觉［M］. 滕守尧，朱疆源，译. 成都：四川人民出版社，1998：146.

及细节均通过拉丝锻制技艺完成，其中拉丝锻制技艺的亮点集中于凤凰的颈部与胸部。其拉丝编制的基本形为"U"，是凤凰羽毛的高度提炼与概括。单一拉丝"U"形羽毛片反复呈环状组成羽毛环，并多组叠加成凤凰羽毛形态，表面平整光洁，特征鲜明。这种拉丝重叠锻制技艺使凤凰颈部及胸部的羽毛形态饱满，结构完整，特征鲜明。银凤凰在拉丝的作用下具有独特的艺术造型，线形变化微妙，拉丝自然形成的镂空面与面的重叠超越了纯几何意义的范畴，由线锻造出纯意义的面形，是现实事物品相意象化、简单化的结果，是一种设计理念的升华与拓展，装饰意味甚浓。①

图 5-29　银饰耳坠

拉丝技艺是湖南少数民族传统银饰锻制技艺中极为重要的工艺之一。拉丝重叠、密结的构成形式语义，在银饰饰品上营造了更为广阔的设计图形与符号，使银饰的拉丝成了有意味的设计形式。

（3）并置、延续造型——律动之美

在人类的视觉艺术史中，每次对规则的超越，都推动着人类艺术向前发展。② 银饰图形与纹饰作为传递信息的载体，相互间存在着关联和法则，银匠通过拉丝锻制技艺试图打破这一关联或超越法则，力图达到或实现一种可能性——出人意料的创造，也正是这一创意行为，把不可能变成了可能。并置、延续拉丝编制造型使形式单一图案出现多元化的视觉效果。图 5-30 中的拉丝锻制银凤凰，整个造型均在并置、延续手法中完成。拉丝锻制银凤凰运用个体形态元素，有的遵循法则有机排列，有的打破规则随机无序排列。

① 刘琼，成雪敏. 探苗族银饰手工锻制中的拉丝艺术［J］. 艺术与设计，2014(11)：176.
② 章莉莉. 视觉符号完全手册［M］. 上海：上海书店出版社，2008：196.

图形元素看似形态不一，毫无约束，但构成形式由单一元素随机随性并置、延续排列，凤凰形态的相关构成元素分布出现有大有小、有多有少、有聚有散，静中有动、动中有静，形象生动、意趣横生，造型形式富有想象力和创造力。拉丝形态并置、延续造型技法打破了人们概念中的恒常性创作思维，是对湖南少数民族银饰手工锻制传统艺术的突破和超越。银饰拉丝编制的图案形式简明统一，稳重端庄。为了使这单一的形式出现多元化的视觉效果，将单一元素进行多次方的并置、延续，依照一定的范围依次向两边排列图纹，形成新的图纹，单一的图案经过多次方的作用，产生次序美、层次美和律动美。

图 5-30　拉丝锻制银凤凰

　　综上所述，湖南少数民族银饰手工锻制技艺形成了独具特色的形式语义和艺术语境，不仅反映了湖南少数民族的精神诉求，也是湖南少数民族人民卓越智慧和艺术才能的显示。民族优秀的传统文化铸就了现代文明，民族民间艺术是现代设计创作取之不尽的灵感之源，将之精髓转化为现代文明，实现湖南少数民族银饰时代性与民族性的碰撞，湖南少数民族银饰将焕发新的艺术价值和社会价值。①

佩银饰 佑吉祥

---

① 刘琼，成雪敏. 探苗族银饰手工锻制中的拉丝艺术[J]. 艺术与设计，2014(11)：176.

多装饰　共生像

◇　装饰艳丽夺目

◇　装饰心像天成

关于服饰的起源，当今学术界较为认可的说法有两种：一是"遮羞说"，当早期的原始人类进化到对自己的性别有了一定的认识时，便有了羞耻之心，即开始学会用一些物件来将自己的身体遮挡起来，后来这些物件衍生成了服装；二是"护体说"，原始人类为了抵挡自然环境下的各种残酷现状以及抵御一些野兽与外敌的侵袭，用一些特殊的服饰来保护自己不受其害。《墨子》曰："衣必常暖，然后求丽。"《九辩》中有"衣不苟而为温"的记载，这些都是当时社会对服饰的看法，服装也是对当时的生存环境的考量而得来的。也有一些学者支持"装饰说"，他们认为服饰的出现是为了满足人类对美的追求，尤其是从女性的角度出发考虑。古人云："女为悦己者容。"服饰在一定程度上可以满足部分人的虚荣心，当人在拥有一定的生存能力并获得一定的物质保障之后，开始考虑精神层面上的享受，利用装饰物打扮、修饰自身，逐渐开启了装饰意识和装饰活动。此时的服饰不仅仅只是遮羞、护体，更多的是利用高超的技艺、精美的图案来表现妇女们的审美智慧。

（一）装饰艳丽夺目

装饰是一种文化形态，也是人类最古老的艺术形式之一。"装饰"一词在中国最早出现在5~6世纪，范晔编撰的《后汉书·梁鸿传》中写道："女求作布衣麻履，织作筐绩之具。乃嫁，始装饰入门。"①（女子请求做粗布衣服、草鞋、纺织用的筐、搓绳子的工具。等到出嫁，才梳妆打扮进了门。）装饰在西方原指哥特式建筑上的窗棂花样，后衍生为人类为了美化自然环境，达到身心愉悦的一种本能创作行为。

早在旧石器时代，人类祖先在利用石器打造各种狩猎武器、生活器具之时就产生了原始的装饰审美。不论是器具上的点、线、面图案或是演变而成的波浪图纹、螺旋图纹、三角图纹、菱形图纹等，都体现出人类原始的、懵懂的审美意识。在中国旧石器晚期遗址中，考古学家发现了大量装饰品，展现了人类对于装饰美的追求。步入新石器时期之后，由于工艺的进步，人类支配自然、改造自然的能力进一步提升，装饰被用于服饰、绘画、彩陶等领

---

① 田欣. 装饰基础与装饰设计［M］. 重庆：西南师范大学出版社，2016：1.

域，装饰元素也愈加丰富。诸如人类早期的原始符号、装饰纹样、装饰图案、传统纹饰、民间彩绘都是以"文采"的方式充作"饰物"在世间广泛传承的。①

为了御寒，人类从最开始利用自然环境中的树叶、树皮以及动物皮毛，到学会纺织技术，尝试生产、制作棉麻制品，并不断更新各种生产用具，以获得更为实用、舒适的衣物。与此同时，人类的审美意识不断发展，开始使用发饰、衣裙等更加美观的饰品、衣服来满足自己的精神需求，在一定意义上促进了装饰和服装的发展。

我国春秋战国时期对服装就非常讲究，有"君子无故玉不去身"的说法，不论男女，都经常佩戴几件美丽的玉雕。从《后汉书·西南蛮夷传》的"染以草实""好五色衣"可以看出人们对服装美的喜好由来已久。湖南少数民族穿衣打扮喜爱寻求完美，寻思在着装上搭配类型丰富、样式精美的服饰配件，追求视觉上乃至心灵上的一种满足和愉悦。正因为这种寻思和追求使湖南少数民族装饰比服饰更广阔更外化，从外延来看装饰是服饰内容与形式的外化，从内涵来看装饰是各民族人民心灵诉求和对美好生活憧憬的外化。"认定一件艺术品不是孤立的，在于找出艺术品所属的，并且能解释艺术品的总体。"②湖南少数民族由于所处的社会历史、地理环境、宗教信仰、民俗民风和生产生活等诸多因素的影响，形成了民族不同的审美观，创造了品相独特、类型多样、造型精美的服饰配件和服饰装饰艺术。

1. 头饰装饰

人类的装饰活动及其相应的装饰艺术历史悠久。早在原始时代，我们的祖先在生活实践中就开始使用各式各样的装饰物对实用器物和人体部位进行装饰。湖南少数民族爱头饰或头帕有其深厚的民俗和心理原因，各少数民族人民认为头是神圣不可侵犯的，因此非常重视一个人的头部及头部修饰。头饰作为一种综合性的民俗文化事象，在少数民族的社会生活中占有十分重要的地位。各少数民族群众会依照他们所在社会的生活方式、习俗、价值理念

---

① 唐星明. 装饰文化论纲[M]. 重庆：重庆大学出版社，2006：1.
② 丹纳. 艺术哲学[M]. 傅雷，译. 合肥：安徽文艺出版社，1991：43.

多装饰 共生像

去选择生活环境中的自然之物和脂粉来装饰自己的头面。因此，头饰也成为各民族服饰中的亮点。

（1）发式

①发式的起源

发式就是头发的形式，即头发的样子和构造。原始时代的人大都不懂得怎样修剪、整理自己的头发，只是任意地让其散落于肩，即所谓"披发"。发展到后期，人们为了狩猎、劳动便利，就把原本披散的头发束之于顶，就是"盘发"。同时，人们把自然界万物的形态、纹样作为发式和发饰的灵感来源，使发式和发饰在发展上既满足实用的功能又达到审美的目的。

披发，又叫散发、被发等，就是我们通常所说的披头散发。最古老的发式是既不结髻编辫又不剪修剃发。披发作为我国少数民族一种古老的发式，在历史上无论是北方民族还是南方民族的不同时代不同支系都不同程度地保留过，涉及的民族甚多，分布范围很广泛。古之披发，有两种基本的式样：一是让所有的头发自然下垂，在前额或脑后用发箍围束一圈；二是为了使前额的头发不挡住视线，把前额头发齐眉剪短。古书中云"越人披发文身"，越人便是现代侗族的祖先，可知在一两千年前侗族祖先的发式便为披发。

②盘发

盘发即把头发盘成发髻，在湖南少数民族地区常常可以看见妇女们盘头，她们固定头发的工具只有一把梳子，在没有其他工具帮助的情况下头发可以不松散。关于梳的方法，各个民族方式都有不同，但都是从后往前梳。妇女们通常留长发，有的及腰，有的长达两米，她们常用酸淘米水洗头，头发保养得很好。不同支系的少数民族会梳不同的发髻，以此来区分不同的分支。

苗族男女自古以来都会把头发留长，绾椎髻于头顶，还会在发髻上插上木梳进行装饰。苗族的发髻十分美丽，并且十分夸张，不同支系的苗族会梳不同的发髻，并以此区分所属的地域和支系。湖南湘西、黔东南、黔南等地的苗族群众大多把头发盘于头顶或在脑后梳成发髻，有的支系如木梳苗和箐苗则会把头发梳成牛角的样子，把真发和大量的假发掺和在一起再缠绕牛角梳子从而形成牛角的样子。传说苗族的祖先蚩尤面如牛首、背生双翅，于是苗族人便模仿祖先蚩尤的形象把自己的头发扎成牛角的样子，造型十分夸张又具有威慑的视觉效果，这体现了苗族人对蚩尤的神圣崇拜。古代苗族男女都会梳同样的发髻，清代《皇清职贡图》中所描绘的湘西"红苗"便是男女梳着一样的椎髻，并在发髻前插上梳子作为固定和装饰，发髻上插满长簪，在额头前围网状的额抹，十分具有地域风格。清代改土归流之后，湘西的苗族人受到汉族文化影响，从此开始在发髻和头饰上区分男女。民族文化的交融、大山的阻隔，让苗族的发髻呈现出了绚烂多彩的现状。

苗族妇女们都是梳不离头，梳不离手的，一把小小的梳子在她们的手上变成了一个盘发的工具。通常情况下，妇女们的盘发都是真假发相结合的，因为发髻的样式多，大而密，真假发的结合可以使发髻更加美观。梳头时先将真假发一起梳顺，再将身体下弯使头发保持一个竖直垂下的状态，然后从后脑勺向上倒梳，梳子的梳背朝下，梳子的齿插入头发中，将多余的头发拧起来，顺着梳子的梳面缠绕一圈，这样往复循环直至所有的头发都绕在梳面上，并且卡在梳齿中，真假发便依次有规律地缠绕在梳子上了。在日常的农作生产和生活中，苗族妇女在盘完发之后，还会用两块大小相同的正方形方布重叠后轻轻地盖在发髻上，以发髻为中心线对折，使整块方布包裹住发髻，一只手平行，抓住手两侧的多余布料后向脑后弯曲折叠后用一个蝴蝶钗固定方布，如着盛装时，则将这发髻上插满漂亮的银插花头饰。

侗女以衣着与发型相结合体现出地域特色。侗女的发型，有数十种之多。史料记载百越人有椎髻、顶髻、披发文身和断发文身，可能是不同的部族在不同的生存环境下形成的不同发型习俗，并在侗族妇女不断的创造中，经历过漫长的岁月与其他民族的交往融合形成了千姿百态的发式。目前保留下来的主要是四类：有用绕木梳盘旋于脑后的，有挽偏髻于左侧的，有挽髻于前额的，有挽髻于脑后的。在这四类发型中，各地又有不同的挽法，固定发型的木梳或银簪也各式各样。在历史长河中，民族之间文化交往的深浅也同样会影响发型的变化。湖南通道、新晃等地的侗女挽髻于脑后，是晚清至民国间汉族妇女流行最广的发髻，因为这些地区与汉族地区比邻而受其影响。而顶髻与偏髻最早可以追溯至秦汉时期。北部侗族地区的女子发型各有特点：年轻姑娘蓄着捆上红头绳的独辫子，前额留一排齐眉的刘海，有的梳双马尾辫显得年轻可爱。中老年女性多把头发梳至脑后，以发网围髻于头顶，用蓝靛染的青色长帕缠头数圈。

　　侗家女子梳发髻通常先将头发披散理顺，然后将头发扭成绳子状，从后往前在额头前左侧盘一圈，剩下的头发用梳子卡在余发与盘发之间，盘发的发顶上安插簪子和头饰，发髻右边通常别一朵鲜艳的花朵进行装饰。侗族妇女左边盘头右边别花也是有讲究的，别花是因为侗家女子多穿侗布，侗布颜色暗沉不亮，并且头上的银饰色彩较为单一，在头发上别一朵艳丽的鲜花可以增强视觉效果。为什么侗族妇女要在左边盘发呢？相传很久以前，侗家人也都是在中间盘发。有一年大旱，庄稼地里颗粒无收，眼看就要饿死了，人们纷纷向上天求雨。百姓的真诚感动了上天，上天派雷公电母前来相助，雷公电母见土地干涸，田地里颗粒无收。于是，去东海请龙王将长江的水引到此地。龙王照做了，将长江的水开了百丈的口，让水流到这田地间。起初村民们非常开心，可是这水一天，两天，三天，数十天过去了仍然源源不断，很快淹没了稻田。眼看着快要淹没房子，村民们又连忙祈求上苍不要再降雨了。上天再次派了雷公电母前来相助，电母说："请神容易送神难，龙王为了引水已经将长江开了百丈的口子，怎么才能将它填满？"雷公说："这倒不难，可以先将雷顶山上的石头搬到山下。可这怎么搬呀，雷顶山和这侗寨相距十万八千里，怎么将石头搬到这侗寨呀？"电母眼见有了山，便和雷公说："这有何难，我施道法将这些小石头变成羊群，再派上一个赶羊的人将这些石头赶到那长江口做堤坝，这问题不就解决了吗？"于是侗家人派了一个年轻的阿妹作为赶羊人将这些石头化成的羊群赶到长江，羊成群结队堵住了长江的口子，口子堵好了，也临近黄昏了。这时正是涨潮时分，汹涌的浪花拍打着用石头堆起的堤坝。眼看着这刚修的堤坝要被破坏，阿妹奋不顾身地冲上去捡起石头堵洞口，可是潮水实在是太大，刚刚塞上去的石头不一会儿又被冲了下来，阿妹决定用自己的身体去顶。大浪无情地打在她脸上，她头上的银饰被冲走了，她盘在头顶的头发被大浪打得一直往左偏，阿妹没有放弃，一直顶着这大浪。终于，潮水退去了，一切风平浪静，堤坝不仅没被摧毁，反而更加牢固了。可是阿妹的头发因为长时间受这巨浪的拍打，导致一直向左偏，无法复原了。当她回到家乡时，同寨的妇女听闻她的故事后大受感动，也都纷纷将头发梳向左边，后来的侗族姑娘也都喜爱将头发梳在偏左的位置。

（2）头饰

①兽牙角骨

以兽牙角骨为饰物起源于旧石器时代，是当时人类活动的重要表现之一，这种饰物在人类生产生活中起着重要的作用，满足了当时人们的爱美之心，并起到重要的装饰作用。

据科研人员考证，早在山顶洞人时期，当时的人类就使用一种用鸟骨磨制成的竹管以及表面被磨光了的鹿角棒。由此可知，当时的原始人类已经会用树叶、羽毛、骨头以及石头作简单的饰物来装饰自己了。骨饰质地坚硬且易保存，在对少数民族地区的考古发掘中发现较多。这充分说明了兽牙角骨作为一种饰物，在很早时就出现在我国少数民族的生活中，有着悠久的历史。

②皮毛尾羽

在我国早期的原始社会中，皮毛尾羽饰常常出现在氏族阶层，是一种较为普遍的装饰物。在《山海经·大荒南经》中这样记载："羽民国在其东南，其为人，长头，身生羽。"《汉书·艺文志》有"楚人，居深山，以鹬为冠"而得名的记载。龚柴《苗民考》曰："男子未娶者以金鸡毛插髻。"这些记载表明当时人们已经将羽毛作为一种装饰自己的材料。受早期人们的影响，每年正月，湖南通道的侗族男子去其他寨子做客时，都会头插鸡尾，身着古装，吹着芦笙。《祭祖歌》中这样记载："中青年皆鸡尾垂耳边，琵琶抱胸前。"湘西一带，每到重要节日之时，年轻的姑娘们都会身着盛装，头上包着花格子头帕，有的也会在头上插鸡尾或鹭羽，有些也会插戴一些银钗，这是一种类似展开的孔雀尾式的银钗，每根钗子的尾端还绑着一束羽毛，当地人称它为六只鸟。男子则将羽毛插在头帕上作为头饰，不戴头帕时也将羽毛插在芦笙上作为装饰。

③竹木花草

在中国古代头饰发展史中，以鲜花簪首为饰品是一种较为普遍的社会现象。湘西的苗族和侗族妇女都十分爱簪花，"春二三月间，各携筐篮沿山采茶，山花插髻。"每逢节日，着盛装的姑娘们都会在发髻旁插上一两朵鲜艳的花朵，娇嫩的花朵映衬着姑娘们的脸庞，使姑娘们显得更加美艳动人。

瑶族男女头饰由于本民族历史分离，所属支系的不同，居住环境的不同，因此头饰各式各样。仅妇女头饰就有飞檐式、平顶式、钢盔式、塔式、絮帽式、银簪式等式样，较有代表性的是飞檐式。将三块长约四十厘米、宽约七厘米、重约七百克且两头翘起像飞檐的银板，用三条不同色调的布带包头，扣戴在头上。未婚姑娘们戴上这种头饰出现在人群之中，用来显示自身的勤劳，更有比美的意思。居住在湖南宁远一带的瑶族妇女，头饰独特，有别于瑶族其他支系，当地称为顶板瑶。顶板瑶妇女头饰，因年龄不同而异，未婚女子于头顶梳钗，以绣花巾缠头，中露云髻。十七八岁的姑娘，则以蜂蜡涂抹全发，卷发叠髻，史称"椎髻"。以花巾包裹，呈梯角形，再用蛾冠形的斗篷罩在上面，迎风当阳，十分雅致。蛾宽尺许，上绣花鸟，旁缀银片、明珠、丝线，中间空，用三档人字形竹架撑张。冠檐高耸，有如"学士帽"，又似清代宫妃的绿冠。婚后的妇女则将蛾冠取下，以花帕盖于头上，清秀大方，人们给这里的瑶族一个美称——顶板瑶，实则因妇女头饰而得名。顶板瑶姑娘婚嫁时的头饰更加精美，尤其是花巾上的刺绣，都是姑娘在适合的年纪就开始绣的，凝结了姑娘的许多心血，孕育了姑娘绵长的情丝。顶板瑶的刺绣是在长期的艺术实践中形成和不断创新中发展起来的。清道光年间的《兰山县图志》还有记载，顶板族妇女头饰的"顶板垂缨，上花巾多为刺绣"，顶板瑶头饰至今仍保有其民族特色，是瑶族文化的缩影。

④金属

我国各少数民族的金属性头饰物，主要以金、银、铜、铁、锡、铝及其他合金为主，其中，银饰最为突出。从我国古代少数民族的一些史料来看，以金属簪笄作为束发用具与装饰物，是很常见的。明嘉靖《贵州图经》卷11记"东苗之夷"是"妇人盘髻，贯以长簪"。《南海百咏》亦记载，南方俚僚"好铸铜鼓，女子首饰，尽戴银钗，取钗击鼓"。清《凤凰厅志》记湘西苗人："惟寨长薙发，余皆裹头惟髻，去髭须如妇人……富者以网巾约发，贯以银簪四五枝，长如匕。"《清稗类钞》第十三册载："乾州红苗惟寨长剃发，余皆裹头去须，约发以簪，左右冠以大银环。"

具有悠久历史的我国各少数民族审美意识逐渐加强，早就按照美的规律从生存环境中提取金银制作各种饰品。其中，由于金获取不易，价格比较昂贵，以之为饰并不是十分普遍。但以银为饰就较为常见，几乎所有的民族都不同程度地使用过银饰。除以金银为饰外，采用铜(青铜)、铁、锡、铅杂以其他饰物组成头部饰物，在我国各少数民族中亦不少见。这些都是我国各民族先民信仰、思想、情感的凝聚、浓缩和积淀，有着很强的实用价值。

2. 以多为美的银饰装饰

(1)装饰的秩序化与规律化

装饰作为一种造型形态，是将各种外观形态、元素符号、纹饰图形等以一种艺术化、设计化的形式进行创造与组合，既符合对称、均衡、节奏、对比、调和等形式美法则，又符合自然美与工艺美的复合审美意识和特征。秩序化是指在装饰造型设计中，经过加工提炼的外在形象以一定的秩序和规律反复出现，增强重复的逻辑节奏。人类在生活劳动中创造装饰艺术品，并在不断的发现与创作中逐步形成一定的美学逻辑。这种逻辑从某种意义上来说就是人们充分利用想象，将观察到的外部事物按照理性的组织规律根据结构、色彩、比例等形式美法则，通过组构形成有秩序、有规律的美感。逻辑和自由在很大程度上能激发人们超强的想象力和创造力。

以湘西苗族银饰为例，早期苗族人的银饰主要集中在腰、颈、头、手等部位。苗族的银饰开始的装饰部位大多为衣背、衣袖肘拐、衣肩、衣边、背扇、裙缘等，这些部位易于磨损，于是配以银饰，在加固的同时又美化了衣服，后来这些部位就成了重点装饰部位。[①] 各部位银饰的形态、大小不同且种类繁多，明代时苗族银饰就已经分成头饰和身饰两类，到了清代，银饰种类进一步发展，逐渐演变成从头到脚的配饰装饰风格。当这些银饰的装饰位置与装饰种类逐渐形成了一定的秩序化和规律化的装饰形式并衍生成一种审美习俗，发展至今保存下来，既有一定的实用价值又反映了湘西苗族银饰"以多为美"的民间审美习俗，这就是装饰的秩序化与规律化。

苗族银饰花样繁多、形制华贵、做工精巧。其中，仅头饰饰物中的银饰就有银梳、银羽、银耳环、银绳、银插针、银网链、银顶花、银簪、银扇、银钗、银雀、包头银片、银泡、龙头、头围、大银梳、发针、大银雀、细丝

---

① 陈素娥. 诗性的湘西——湘西审美文化阐释[M]. 北京：民族出版社，2006：43.

龙、银片头针、银铃、马帕、银瓢头排等数十种之多，且每种又可具体分为多种类型。如银耳环分悬吊型、环状型、钩状型、圆轮型四种，又以悬吊型、环状型为多。银角有西江型、施洞型、排调型等三种类型。银插针有叶形银插针、挖耳银插针、方柱形银插针、钱纹镶珠银插针、几何纹银插针、寿字银插针、六方珠丁银插针等十数种类型。

侗族同样是十分喜爱银饰的民族，其头饰也基本是银制的。居住在湖南新晃的侗族妇女发髻上多戴银梳。湖南通道侗族姑娘将长辫挽两个大髻，插上长五六寸的银簪，方便劳作。通道坪坦乡的侗族女性盛装头饰十分美丽，是用银制作成花树的形状，再在树的尖端加上用五彩毛线模仿成的花朵，头发梳成后髻的样式，包上头帕，并把银花树插在发髻上，走动之时花枝乱颤，甚是好看。

此外，土家族的银饰种类也很多，头上的银饰有：麻花针、瓜子针、银针银簪、碧玉簪、金瓜针、茉莉针六种，顶上还有箍髻花一对，莲蓬一支，包针一个，芭蕉扇一对。戴的箍箍帽，帽前簪一朵银宝花，花的侧面钉上一对龙，龙后面一对凤，凤后面还有一对虾，虾的后面簪有一对银帽襟。帽前下沿缀着九只凤，每只凤口含银针三根。土家族妇女有时也把银梳插在头上，和瓜子针、茉莉针、芭蕉扇、莲蓬花等同为银质首饰。

对自然事物(动物、植物、人物、风景)的装饰化，就是人们对自然事物的形态进行提炼，化繁为简，化立体为平面，将自然事物条理化，将不规则的事物的形象规则化，抓住事物的特征进行造型再创造，使其产生协调的美感。苗族是一个不断迁徙的民族，人口众多，在全国分布广泛。苗族在历史上经历过五次大迁徙，迁徙的历史使苗族人产生了对社会、环境的深刻记忆，形成了具有民族特色的审美意识。刀耕火种的原始生活保存着苗族人相对原始和完整的审美意识，闭塞的交通造成了苗族各个部落审美意识的差异性。由于地域环境、文化习俗和穿戴形式的不同，湘西苗族银饰与黔东南苗族银饰的装饰规律不同。如黔东南苗族银饰装饰，银角有西江型、施洞型、排调型等三种类型，大部分以龙、马、麒麟等动物为主，造型抽象、手法夸张，佩戴时崇尚"以大为美"——宽大而繁重，银冠净重二至四斤，价值不菲。湘西凤凰苗族的头饰主要以花、鸟、蝴蝶造型为主，有单瓣、重瓣的细花，或单支成束状，插在发髻上或镶嵌在头帕上，或将银锁链外加小吊坠一串一串地串起来，挂在衣服上，走起来发出叮当叮当的响声，造型风格灵秀、生动细致、纤巧精致。因崇尚"以多为美"，现代湘西苗族姑娘的全身银饰从头到脚，层层叠叠挂满身。不论是黔东南地区的"以大为美"还是湖南湘西地区的"以多为美"，都是利用银饰的手工技艺将自然事物高度概括在各类银饰饰品中，都是少数民族族群意识的体现。

在漫长的岁月长河中，各少数民族银饰的风格不论在形状、大小、工艺还是审美、功能上都发生了重大变革，经历了一次次的改革与创新。银饰的秩序化和规律化也随着变化。但无论如何改变，银饰作为一类技艺精湛、造型奇美的手工艺品始终光芒绽放。湖南少数民族服饰艺术体现了非纯粹的奉行逻辑和理性的思维与推理原则，其制作者将对生活的真实情感，进行超越逻辑、理性的意象思考，构建服饰艺术嫡系原本意义上的大自然事物的迹象与制作者心灵冥想的装饰图式。同样，湖南少数民族服饰艺术以非逻辑与理性思考催生了服饰的社会职能与艺术功能，创造了服饰的民族性、艺术性以及民族民间艺术的独特性。

(2) 装饰的统一性与变化性

装饰在人类文明初期就已经产生，原始文化时期在先民们的原始思维中并不具有审美的含义，而主要是思维方式的表达，具有实用意义的语言表达形式，统一与变化是装饰图纹的一般规律和法则。统一既包括对于图纹的形状、颜色、装饰手法的整合，更指将这些因素加以提炼和变化，使之达到整体画面效果风格上的统一与和谐。品种繁多的苗族银饰将现实生活中人生的要求和生命的需要作为审美理想，诉诸审美形式，做出合乎主体目的性的审美判断，这也正是苗族银饰内容选材吉利祥瑞的原因和创造心智的主观夸张以及形式质朴率真的风格所在。[①]

银饰具有的作为少数民族传统工艺的原发性特征决定了银饰的创造必然在整体上随着生活的需要和生活的改变而不断变化。从银饰的装饰语言上看，选材大多以再现自然物为主，画面丰富多彩且富于变化。抓住形象的主要特征，在写实的基础上赋予夸张与变形，同时借助丰富的点、线、面元素

---

① 湘西土家族苗族自治州档案馆. 泸溪县志[M]. 1984：552.

湘
多装饰 共生像

201

形成富于变化而又和谐统一的组合形态。银饰纹样就是按照一定的图案美学结构规律，经过概括、变化、变形等手法对其进行的创作。形态多样，富有变化，整体形态具有和谐统一性，展现了湖南少数民族银饰的"以多为美"。

(3)装饰的象征性与想象性

湖南各个少数民族都拥有自己独特的审美意识，习惯于将自身对外在的直观感受体现在手工艺产品中。与写实艺术不同，装饰艺术通过人类的某种意识和情感创造出充满想象力和象征性的视觉形象，这种想象可以不受现实情况的制约，可以更大程度地激发人的创造力。银饰图纹是银饰的灵魂，承载各民族灿烂的历史文化。图纹通过一定的审美习惯、制作规则来概括、提炼表现对象，具有实用性和装饰性，从而形成各具民族特色的银饰图纹。

银饰图纹题材广泛，涵盖了历史传说、飞禽走兽、花鸟鱼虫以及各种吉祥图案。不同题材的图案依照一定的设计美感和谐地组合在一起，做到图中有饰，画中有形，具有很高的装饰性。在装饰手法上，银饰图案最突出的一个特点就是现实与幻想交织、抽象与具象结合。常常将现实的结构、构造打散，将具体的形态肢解后重新构成新的艺术形象和审美空间，表现出只有在现代艺术中才能见到的抽象构成意识。银饰装饰纹样大多来源于生活，取材于大自然，如蝴蝶、龙、凤、狗、鱼、鸟、兽等图案，有些银匠还会在各种小首饰、小摆件上镶嵌上小动物，如蜜蜂、金蝉等。儿童小银帽顶上镶银片，有狮子骑八卦、双龙抢宝、八仙过海、罗汉辟邪、梅花傲放等图案，靠近耳朵处缀有九个小银铃铛，以祝愿孩子健康成长；鱼、葫芦和石榴花纹，表达长辈祈求多子多福的心愿；蝉、鼠花纹则是祈祷粮食丰收的常见图案。①

银饰语言的象征性是为了让人更好地理解银饰的形式并掌握其人文精神，从内容和形式两方面使银饰更加具有民族性和地域性。银饰通过独特的装饰象征语言表达着地域范围内各个少数民族的民族情感、民族历史以及民俗文化，在赋予其一定的艺术表现形式的基础上，形成了一些特定的装饰图纹。民族历史文化蕴含了图腾崇拜，产生了图腾纹样，它广泛地存在于世界

---

① 滕新才，孙颖. 论苗族银饰图案的文化内涵与现代变迁[J]. 重庆文理学院学报(社会科学版). 2017(5)：8.

各个民族早期发展的历史过程中，先辈们将对自然崇拜、动植物崇拜结合在一起形成了一种信仰崇拜，并以此为本民族的图腾崇拜。银饰上的各种龙、凤、饕餮等图腾纹样就是根据现实幻想而来的，具有本民族的象征性。这些饰品纹样丰富、美不胜收，可谓来源于生活且高于生活。在纹饰造型上，银匠们更是别出心裁地创造性地将多种禽兽的部分组合成理想化的动植物及神话故事中的荒诞情节。这种创造极大程度上发挥了人的想象力和创造力。湖南少数民族银饰图纹题材的丰富性，展现了其"以多为美"的特性。

3. 以艳为美的刺绣装饰

（1）刺绣装饰情感的载体

刺绣古代称"巧""针巧"，常用于服饰及生活用品中，制作者基本为女性，因此也是"女红"文化重要的组成部分。在湖南少数民族服饰中，苗族的破线绣、侗族的打籽绣等都广为人知，因此刺绣不仅是一门技艺，也是一门艺术。一些地方的绣品世代相传，不仅是刺绣作品的传承，也是其中蕴含的民族文化的传承。传统刺绣不仅是传统文化精神得以体现和诸多文化样式延伸发展的表现形式之一，也是现代文化重要的组成部分。由此，以"艳"为美的刺绣艺术，将绚丽多姿的色彩进行搭配并通过刺绣工艺体现在服饰上，美轮美奂。刺绣纹样在布料上形成的装饰图纹，本身就是一代又一代文化和历史的见证者，服饰成为情感的栖居地。刺绣图纹以装饰的形式语境把对族群历史与文化的追忆、民俗与自然的情怀装饰在服饰的不同领域。

①历史与文化

刺绣在少数民族的服饰、生活用品中普遍存在，在节庆、仪礼等民俗活动中也被广泛使用，是少数民族在千百年劳动生产过程中、在与其他民族交往交流交融过程中逐步发展形成的。苗族刺绣作为中国传统刺绣的一种，因苗族漫长的迁徙历史让苗绣承载了更多的文化内涵，迁徙途中不断抗争、融合、认同，形成了苗族独有的文化形态和思维意识。地域辽阔的湖南地区，溪流纵横，河流密布，崇山峻岭，各少数民族交错聚居，古风遗韵浓郁淳朴。境内主要居住着土家族、苗族、回族、瑶族、侗族、白族等少数民族，少数民族人口众多。湖南少数民族地区地属深山，长期闭塞，文化传承方式多是口头授受，许多研究学者认为少数民族服饰之所以如此绚丽多姿，是因为服饰的刺绣纹样也是传承各民族文化的重要角色，即，湖南地区各少数民族服装不管是服装款式，还是服饰配件，都运用刺绣进行装饰和点缀。

对于没有文字的湖南少数民族来说，服饰就是一部史书，而服饰上的刺绣装饰纹样就是记录他们民族生活方式、习俗文化、语言形态的文字。刺绣携带着民族生存繁衍的密码，具有鲜明的地域特点和民族印记，体现出一个民族的性格特质和审美偏好，并成为中华民族多元一体文化格局的有机组成部分。湖南少数民族历史悠久、人口众多、迁徙频繁、支系繁多、分布辽阔，在长期的历史发展中，创造了灿烂的文明，文化特色浓郁、灿烂夺目。文化体系庞大，内涵深厚，包括建筑、生产、饮食、服饰、刺绣、银饰、手工艺、礼仪交际、婚嫁、民歌、舞蹈、神话传说、宗教信仰、节日、社会管理、道德伦理、哲学思想等，形成了自己浪漫、朴实、热烈的风格，形成了丰富多彩、各具特色而又多元一体的民族文化。很多专家学者就湖南少数民族的服饰款式做了大量深入的研究，而服饰上具有文字功能的刺绣装饰图纹也逐渐被人们所关注。

②民俗与情感

刺绣装饰图纹具有传承历史文化的作用，主要表现在每个刺绣图案纹样都有其独特的来历或传说，每个纹样都深含民俗民风等意识形态理念和民族生产生活的展示及民族情感的表达。图案纹样的形成来源于人们对物质生活的认知过程，是人类对自然界和物质世界进行艺术化和主观化模仿与改造的产物。纵观诸多民族服饰刺绣，多数都是对物象的意象化和抽象的表达，经过解析、重构后的装饰纹样，体现了人类最原始的精神需求和渴望。刺绣装饰纹样内涵丰富且变化万千，逐渐演变为现如今的艺术表象与文化内涵。苗绣中使用的主图案通常有四种类型，包括传统纹样、文字纹样、自然纹样及创新性强的新纹样。

传统纹样是指基于湖南少数民族历史传统和习俗所创作的背孩带刺绣纹样。传统纹样的产生来自创作者对于本民族传统、习俗、宗教、典故、神话传说等一系列苗族文化元素在刺绣艺术层面的再创造。苗族刺绣中的传统图纹主要有蝴蝶妈妈、苗龙、鱼、牛、蝙蝠等。湘西苗族服饰刺绣中的动物纹样是苗族部落氏族标识的神化表现，体现出最原始的祖先崇拜和图腾崇拜思想，是苗族氏族部落图腾的象征。

文字纹样，顾名思义，是指直接在图案纹样创作中使用文字元素，用直白的文字直接表达创作者的创作意图。由于苗族并未形成本民族的文字体系，且苗文化作为古代中华文化的次级文化体系，受汉文化的影响出现汉字纹样。主要的文字纹样有"福""禄""寿""喜""田""万"等字纹，经过夸张、复合、简化等手法形成独具民族风味的构图。

自然纹样基本来自自然界的所见，是苗绣创作者以自然界中存在的、自身生活中常接触的客观对象为创作标的，进行艺术化加工而产生的图案纹样。自然纹样在背孩带苗绣图案中有着大量运用，一些常见的表达对孩童喜爱和祝福之情的自然物件常成为自然纹样的创作素材。主要包括花叶纹样和果实纹样，将其绣于苗族姑娘的衣、裤、围裙等衣饰上，以表达对自然的喜爱之情。

创新纹样是指基于现代苗族全新面貌和全新刺绣理念而产生的新的图案纹样。从现实生活中提取创作来源的植物纹样，常与动物纹样进行组合，主要用于衣襟、围裙、袖口等处，动静辉映，富有灵性。经过构图组合，将动植物神化、拟人化，赋予其人的思想和感情。苗绣中对这些花草瓜果的描绘有着充沛的生命张力，蕴含着苗族人们热爱自然、彰显生命的思想，更是苗族原始文化的一种体现。

③自然与憧憬

湖南少数民族古老而历史悠久，在长期的生产和与自然的抗争中形成了敬畏与愿望表达的自然崇拜观念，这种崇拜观念体现了湖南少数民族人民独特的宇宙观、社会观、人生观。湖南少数民族人民在长期的生产奋斗过程中敬畏自然、崇拜自然以及与自然抗争，并创造了光辉灿烂的文化。无论是同全国各民族文化相比较，还是在国内外民族文化体系里，湖南少数民族自然崇拜文化都独具特色，作为刺绣装饰图纹展示在服饰上风情多样。湖南少数民族居住地区资源丰富，尤其是矿产资源分布较多，如铅、锌、锰等，动植物资源丰富，林木丰富，有多种珍稀木材，生活是创作的基石，对于湖南少数民族服饰来说，生活场景更是他们的灵感来源地，人民通过对生活当中的事物进行认真的观察了解和深刻认识，在生活的点点滴滴中挖掘有价值的东西。通过刺绣图纹装饰等手法，对有关的形象(人物、劳作场景等)进行提炼和整合，通过再创造的过程把它们融入服饰。

(2)刺绣装饰形式语境

①搭配银饰

湖南少数民族服饰装饰符号是这些民族的人民在生活中为了传递信息、表达感情、阐释观念而创造的一种装饰符号语言。譬如苗族是少数民族中最爱银饰的一个民族，对于湘西的苗族来讲，不论是重大的节日庆典或者家族喜事，他们都会着盛装戴银饰以显尊重。苗族银饰造型夸张，纹样独特别致，此外苗族人民的银饰审美价值趋向于追求器型夸张、体积较大以及数量多。苗族银饰具有鲜明的民族个性，其文化的形成和发展是由本民族物质和精神生活状态以及当时社会的文明程度和各方面的综合影响而形成的。刺绣与银饰搭配，在湖南少数民族服饰中是经典的搭配，纵观湖南少数民族服饰，不管是盛装还是便装都有刺绣与银饰的搭配。柔软的刺绣与银白金属的搭配，一柔一硬，产生了一种强烈的对比。刺绣在服饰中的突出地位，主要是由其丰富的色彩决定的，另外，丝质的光泽和金属的强烈对比也比较吸引人的目光。银饰作为湖南少数民族人民"穿在身上的史书"，是传承民族文化的载体，它与刺绣混搭在服饰上不仅使湖南少数民族服饰光亮夺目，而且彰显着一个地区不同民族在装饰文化上的精神价值。

②搭配织锦

湖南少数民族刺绣装饰其丰富的形式语境是由多样的装饰符号浸润的，从形象符号到色彩符号，蕴含着一个地区不同民族的装饰历史。将织锦艺术的研究深入与之相关的地域文化、民俗、历史和时代特征之中，有助于我们在新时代背景下全面推广和传播传统文化，对保护人类文化的多样性与多元发展具有重要意义。在刺绣和织锦图纹搭配装饰服饰的过程中，湖南少数民族妇女会根据图案的形状和想要的效果来确定工艺方法，灵活地采用一种或两种主要的刺绣针法，适当地辅以其他针法，或根据图形特点采用不同编织手法，制成一幅形象生动、内涵丰富的装饰品。织锦艺术的肌理效果不但增加了服饰装饰的层次感和厚重感，而且会根据物品的实用特点进行装饰，使肌理效果为装饰的物品增色，从而不影响物品的实用功能。例如将其应用在服饰上时，较为复杂的绣法或针法会集中在领口、袖口和腰围等部位，既突出了装饰的重点又保证了服饰的实用性。

③搭配蜡染装饰

蜡染染料的原料来源于植物蓝靛。古时苗族文字写在树皮或是羊皮上，民族长期的迁徙导致文字慢慢失传。苗族妇女们以蜡刀为笔，用蜡画的形式将迁徙路线、民族图腾以及对未来的美好憧憬，绘于布上穿在身上。湖南其他少数民族人民与苗族人民一样用勤劳的双手在雨量丰沛、气候温暖湿润的环境下种植自身需要的棉麻与蓝靛等制作原料，由此为蜡染的发展提供了基本的保障。因此，至今我们都可以在湖南少数民族服饰上欣赏到蜡染古朴悠远的民族魅力。将民族刺绣与蜡染结合，在服饰上绘制出一幅幅新颖独特的民族画卷，服饰装饰因此而多彩。

蜡染与刺绣都有属于自己的特色图案，将两者进行糅和设计时，可以借用两者之间较好的图案构成图案元素，在不同图案之间进行综合运用，将图案进行纹样叠合，外加两个民间工艺独自的工艺方向，进行创新设计制作，有效地凸显出图案的立体感和层次变化。将蜡染的古朴与刺绣的饱和融合在一起，不仅可以有效增添艺术作品的画面层次感，也可有效地突出画面朴实与华丽相结合的艺术魅力，从而彰显出两者的艺术共性与特性之美。

(3) 刺绣装饰艳丽与夺目

湖南少数民族服饰刺绣装饰艳丽是由刺绣材料——丝线色彩的多样性和丰富性决定的。刺绣与银饰、织锦、蜡染搭配形成的服饰装饰色彩效应，和应运而生的视觉效应上的色彩优雅、璀璨、夺目，奇妙无比。色彩作为一种视觉符号语言，有着传达信息和情感交流的作用。湖南少数民族人们在山间劳作时，通过对自然物象色彩的观察和体会，在心灵深处将感受的色彩符号转化为主观的情感符号，因情感的渗透，色彩视觉符号的张力增强了色彩符号的节奏和韵律感。湖南少数民族服饰色彩装饰有两种类型，一种是艳丽型，另一种是素雅型。盛装和便装都有色彩艳丽的刺绣装。在重大节日着盛装，是民族情感的表达，是对吉祥喜庆氛围的烘托。盛装的色彩有红色系、蓝色系和绿色系等。红色系是以红色为衣饰纹样的主色调，次要部位搭配纯度低的黄色、蓝色、绿色和玫红色等；蓝色系以深蓝为主，搭配黑白色、绿

多装饰　共生像

色等纹饰；绿色系以绿色为主，搭配红色、黄色、黑色等。苗族男性的衣饰常以黑色为主，代表着沉稳而神秘。他们对服饰色彩符号的运用表现了少数民族传统的朴素审美观。湖南侗族、白族、壮族等少数民族喜欢用自家手工纺织、染色的侗布或家织布做衣服面料。他们崇尚的装饰色彩以青色、蓝色、紫色、白色、黑色为主。侗布、家织布的制作工艺复杂，特别是侗布需经过反复上浆捶打，在质感上层次丰富。不同的季节，侗族人民选用不同色系的服饰，深色系的墨青色多用于春、秋、冬三季，浅色系的白色多用于夏季，而紫色常在节日的盛装中出现。侗族女性的裙装选色较为讲究，一般不分季节，多以黑色为底，裙边搭配亮色，层次分明，色调舒适而静美，蕴含着侗族人民的色彩观念。

湖南少数民族刺绣是服饰色彩装饰的重要组成部分，他们十分讲究衣饰的装饰，女子和男子均有以刺绣、银饰、织锦、蜡染装饰服饰的喜好。由于银饰、织锦、蜡染装饰的介入，湖南少数民族服饰装饰色彩因此得以放大和扩张。譬如银饰用于装饰服饰时，银饰的璀璨和耀眼，成为少数民族服饰装饰的亮点。银饰不仅丰富了刺绣色彩的装饰效果，而且银饰金属色彩的融入使服饰显得高贵而雅致。湖南少数民族服饰装饰充分利用形式美法则，挖掘更具装饰性的民族元素，进行美感的再设计，展示湖南少数民族人民丰富的想象力和奇特的创造力。湖南少数民族人民将生活场景、田野劳作、神话传说、动植物等物象进行形象化或抽象化图纹处理，以织锦的形式装饰服饰相应部位，头巾、衣领、袖腰、袖口、衣肩、衣背、衣摆、腰带、围腰、裙子、裹腿布巾、鞋子及围兜等处都有体现。织锦色彩的运用有的色彩对比强烈，有的色彩对比平和，色彩造型古朴，布局较饱满，具有浓烈的民族特色。湖南少数民族还有以蜡染装饰服装的习惯，蓝靛作为染料，纯正且固色功能好，苗族蜡染在色彩搭配上多以蓝色为底显白花或者反之。在蜡染中也有彩色蜡染，多是红色与黄色的运用，红色的染料来源于茜草，黄色的染料则来源于栀子花或者槐花。蜡染图案有动物纹、植物纹与几何纹，图案的布局多为中心式构图、对称型构图，这些图纹赋予靛蓝服饰色彩效果和艺术效果，蓝色的宁静之美与刺绣色彩形成互补之美，使服饰靓丽于形，醉美于心。

湖南少数民族在刺绣装饰中擅长抽取纹样的局部或单个纹样，经过放大、缩小、扭曲处理后，以聚合发散的组合形式装饰在服装的背部、前胸位置，能够强化局部的视觉和色彩装饰效果。在进行刺绣装饰设计时，湖南少数民族人们通过斜裁、不规则分割等裁剪手法，使装饰纹样结构随着裁剪的部位不同而发生改变，并为装饰部位的内空间设计带来无限的可能，为服饰色彩装饰提供了无限的可能。

4. 以素为雅的染织装饰

（1）装饰应用

中国的传统工艺在人类文明史上具有举足轻重的地位，它们不仅满足了人们的日常生活需要，同时也创造出了璀璨的中华文明。作为传统工艺中重要的组成部分，中国传统织造和印染尤为世界所称道。中国古人发明的提花机装置和各类印染工艺（如夹缬、蜡缬、绞缬等）曾生产出不计其数的光彩夺目、巧夺天工的织物。[①] 少数民族染织装饰在湘黔苗族聚集的地区主要以凤凰蜡染最为有名。凤凰蜡染将传统的蜡染图案绘制在布上，用蓝靛染色，然后退蜡、水洗，呈现出蓝底白花或白底蓝花的图案。泸溪数纱绣是湘西苗族地区流传久远的民间工艺，也是苗族妇女娴熟的手工技艺，她们在自己家织布于头帕上、衣服上、鞋子上，用双手挑出各种不同的花样图案。她们把心里的花和文字全部挑在服饰上。挑花成为泸溪苗族地区流传广泛、图案有个性、内涵丰富的手工艺品种和文化名片。花瑶是湖南省境内雪峰山地区瑶族的一个重要分支，花瑶挑花是花瑶传统服装的主要表现形式，承载着花瑶的民族内涵。花瑶挑花多以黑白两色为主，因精湛的制作工艺、纯朴的图案题材、素雅的色彩和浪漫的表现手法而别具一格。通道侗族素锦在纺织、刺绣、印染等技术上渐渐形成本民族特色，明清时期，侗锦发展繁盛，织造技艺与审美水平都进一步得以提升。通道侗锦不仅具有普通侗族织锦的特征，更融入湖湘文化，底蕴醇厚，沿袭独特、精湛技艺，自成一派。[②] 素锦是通道侗锦中较为有代表性的一种。

① 刘安定，邱夷平. 中国传统工艺的保护研究——以染织工艺为例[J]. 广西民族大学学报（自然科学版），2013(3)：52.

② 向颖晰. 通道侗锦符号语意与美学特征探究[J]. 明日风尚，2018(9)：197.

（2）装饰形式

染织技艺呈现出的装饰形式，层层更迭，丰富多彩，如湘西凤凰蜡染，以各类不同的形态呈现，如动物、植物、几何图形及组合等，大体有三种传统颜色。第一种是蓝色背景上的白色图案，第二种是白色背景上的蓝色图案，第三种是传统多色蜡染，如蓝色、白色、红色、绿色、黑色等，以前两种居多。由于蜡染手工技艺的过程步骤明晰，从绘制、画蜡、染色、退蜡到最后的水洗，特别是染色，经常需要重复几次，直到画蜡区域变成白色，空白区域变成蓝色。若需要深浅不一的蓝色，则需要在第一次浸泡后，在浅蓝色的地方用蜡绘画图案后再次进行浸泡，这样就会出现不同层次的蓝色。层层递进的蓝色，造就了蜡染成品虽素雅，但明度变化丰富的效果，加上形态变化的丰富性、统一性，使得画面和谐饱满，层次更迭。

总体来说，湖南少数民族染织装饰，呈现出以素为雅的特点。从湖南少数民族服饰艺术形式中可看出各民族服饰历史的发展进程和文化积淀，集中反映了各民族人民在与自然的抗争中对事物的认识和升华，以及在此间所产生的装饰审美意识。服饰作为湖南少数民族民族精神、民俗民风和审美心理的综合载体，蕴藏着巨大的物质财富和精神财富，是艺术的物质世界中永恒的题材。丰富多彩的装饰形式是对其服饰艺术语境最具生命力的诠释。

（二）装饰心像天成

湖南少数民族善于提取自然物象形象、文字符号、植物形态、几何图形等图像，形成意向图式，用于服饰装饰。提取图式具有无限想象的空间和奇特的视觉效应。因此，取象成为湖南少数民族服饰装饰艺术的一种设计意趣，图式心像天成，意趣横生。

所谓"取象"，不是在物象的基本相貌上进行逻辑思考，而是突出所取物象的意向特质，不求貌像但求意真。"观物取象"是中国传统艺术创造的一种思维模式和表达方式，借"象"诠释内在的精神、情感、哲思及艺术家的感悟和想象。湖南少数民族服饰装饰从版型到纹样图形都蕴含了天人合一的审美愿望与形式语境。版式图式和装饰图像取其象，达其意，图式与图像创造出无限、永恒、神秘的服饰装饰意趣。

1. 意象与共生

《庄子义》记载："象周者若无形，故眸而得之。即形求之不得，去形求之亦不得也。"庄子认为"象"是镜相，周是虚幻。《老子》语："无状之状，无物之象，是谓恍惚。"将"物"和"象"做了区别。"意象"是一个美学范畴，自文字诞生之前，先民就开始使用图形来传递思想与沟通感情。意象美经过艺术家的审美思考过程，在发现和创造过程中形成了作者意识中的理想美，并借助各类工具、通过各种形式创造出自我追求和冥想中的艺术作品。湖南少数民族服饰装饰艺术具有中国传统美学思想和创造美的思维理念，根据少数民族服饰艺术工艺和服饰制作者心理愿望的诉求，服饰装饰图式的"意象"特质至少体现在如下三个方面：服饰版式图式和装饰图纹是制作者通过对很多物象的仔细观察而获取的，具有"意象"特征；服饰版式图式和装饰图纹是制作者对物象图式的外在形状和内在本质的认知，是"意象"的冥想；服饰版式图式和装饰图纹是用特定的"形"来表示制作者对自然物象本质的看法。如图6-1所示，湘西苗族这套女性服饰其款型是先通过对自然物象仔细观察，然后萌生出的一种冥想图式，上衣的袖口形状形似鸟的头部，吊底以鸟的尾羽形状来造型，尾羽展开上翘，栩栩如生。这套服饰版型是制作者根据锦鸡的形象冥想出来的，是物化形态的抽象，妙趣横生，极具想象力和创造力。丢勒(Albrecht Duier)曾经说过："任何人若想做梦幻画，就必须把所有东西混为一体。"如湘西苗族儿童"虎头帽"造型，中间是一个"王"字，两边是两个圆圈各加一个小圆点构成的两只圆溜溜的眼睛，顶部由植物(花卉、枝节、叶子)构成，下端是用半圆形勾画出的嘴和几根遒劲的曲线胡须。整个图案有机地把文字图形、植物形态、几何纹理拼置在一块，图像天成，自然有趣，民族装饰意味浓郁。意象与共生使湖南少数民族服饰版型与图纹装饰有形式意趣表达和创建的可能，湖南少数民族服饰装饰以简洁概括的图形配置，彰显真实的情感世界。

花瑶挑花图纹具有的语境及画面意向的从"无"到"有"，都是有预谋的。

图 6-1　湘西苗族服饰

挑花女挟心中憧憬、生活愿望、激情之意气，游走于针线之间，挑绣自然之物象相貌，不求形似，通过图纹特征及图纹有意味的集合抒发情感、意愿与精神，物化形态彰显自然生命、社会风尚、人格情调的真实内涵。人的心性之中自有神明在，所以穿针引线之际，意到神来，进而透过外在的种种形式而洞见真实。[①] 也正因为花瑶挑花女有心灵意象之"神明（即意图）"，挑花中的图形纹饰亦有了内涵，有了意蕴；画面也有了丰富的内容及广博的意念与理想的状态。挑花中的图纹语境表达得最多的是一种凤愿，借助于客观物象的属性，以特征来表达意思、意趣、意匠、意味、意境、情意、心意等，甚至通过对形象似与不似及物化处理，来表达一种观念与含糊不清的"意图"，玩味有意趣的形式，让人领悟。

　　湖南少数民族服饰装饰图纹造像的基本手法有：简化法、夸张法、几何法、求全法等。经过相应手法的过滤，挑花图纹中的人物、动物、植被或纹样等形象不仅质朴、简洁、特征鲜明，而且常具一种韵致之态，以瞬间的观照来传达永恒。细细揣摩，不管哪种造像手法，图纹均有一个共同的形态特点，即似与不似与物化。似与不似使取法自然的图纹显得质朴生动；物化使图纹寓意深刻。

---

① 崔自默. 为道日损——八大山人画语解读［M］. 北京：人民美术出版社，2005：131.

似与不似。"形"最终目的是传"神"或曰"意""象",其最高要求是"形简神丰"①。湖南少数民族服饰装饰图纹不纠结于客观物象的外在相貌,而是注重物象内在的灵性和追求物象真实的情感。老子的"大象无形",演绎了以有限之形制约与引领无限之形的法则,具有空灵、宽泛的美学意味。花瑶挑花图纹形态有意无意地渗透了中国传统艺术的表现理念,折射了湖南少数民族服饰制作者对客观物象之灵性与生机的感悟,是其空灵、朴素审美意味的比照。装饰图纹内在精神的本质化,图纹形态特征的概念化、抽象化、虚拟化相比"形"赋予的表象意义,其内涵要深刻、明晰。湖南隆回虎形山瑶族老瑶山筒裙上的团鱼纹样极为抽象(图6-2),不求"形式","内容"直白。画面左右上端的几何化鸟巢图纹虚拟化了,此处的"形"不是对自然之"象"的简单模仿,也不是对自然之美的直接或简单再现,而是师自然、绘本真、释大美。花瑶挑花龙凤呈祥(图6-3)中的凤凰纹样的"形"是对"似与不似"最完美的诠释,在形上面没有过多雕饰,而在神、意、气、韵、逸方面体现得淋漓尽致。图中龙纹样形态绮丽、含蓄、雄浑,但其形不是用可见的图式或实质性的、相对定式的"形"来表现的,是"忘形"之"象"的传神写照。"奇者不在位置,而在气韵之间;不在有形,而在无形处。"②花瑶挑花图纹形态之奇妙,在于造像之奇——"似与不似""忘形得意"。

物化形态。湖南少数民族服饰图纹借助客观物象的属性和特征达到一种精神化的境界,以及运用直观的形象表达非本意义内容的形意手法,来表达事物的吉祥观念,因此挑花图纹出现了"物化"这一程式化的表现手法。"物化"作为一种独特的审美创造现象,是一种物我互为主体的移情。在中国艺术(特别是美学)发展史上,"物化"初始于老子哲学,成熟于庄子哲学,《庄子·齐物论》记载:"昔者庄周梦为胡蝶,栩栩然胡蝶也。自喻适志与!不知周也。俄然觉,则蘧蘧然周也。不知周之梦为胡蝶与?胡蝶之梦为周与?周与胡蝶则必有分矣。此之谓物化。"物化在湖南少数民族服饰装饰艺术形态中彰显了中国传统的哲学思想(宗教、道教等观念)与审美观点,显现了巨大的意象的创造与空灵的美学价值,在民族民间工艺美术体系中具有重要的理论

① 崔自默. 为道日损——八大山人画语解读[M]. 北京:人民美术出版社,2005:121.
② 王昱. 东庄论画[M]. 北京:文物出版社,1982:400.

意义。老瑶山筒裙中团鱼背部纹样非团鱼鳖甲的自然纹理，而是用自然界广为人知的植被纹样进行填充与美化，在极富装饰意味的同时，表达团圆、圆满、和谐、有余(鱼)的意思，寓意富裕、浪漫与美好的生活。花瑶挑花龙凤呈祥直接运用龙纹样与凤纹样表达尊贵、权威、祥和、喜庆等吉祥观念。并且，龙与凤直接用植物纹样予以美化与装饰，使整个画面画质素洁，显得荣华、富丽与吉利。湖南少数民族服饰装饰图纹中常用的由菊花、蝴蝶、猫等组成的纹样表示寿居耄耋，喜鹊纹样表示家来客人、有喜事。

湖南少数民族有用实物来装饰服饰的习惯。从文献记载来看，我国许多少数民族都有披戴贝饰的习俗。彝族妇女将头发裹成弓形盘于前额之上，使其向前突出，再用绣满花纹的包布覆盖在上面，并将数串银珠和海贝点缀于包布上。台湾高山族的泰雅和赛夏等族群男子以用贝珠装饰著称，以贝壳和珠子为原材料，进行多种加工后方将之作为配饰。具体方法如下：首先将贝壳或珠子穿成小圆孔的珠粒，用麻线、皮料穿起来，再用棉线或者蜡线将珠子或贝壳缝成珠衣或贝衣。阿美族群男子喜用贝壳作额饰，从额前绑至脑后，老人说是因为一切驱邪避难从头开始，寓意吉祥如意。还有用黑珠、白贝作耳垂或系小铜铃。在雅美族群中女子将红色贝壳和黑珠串在一起盘在头顶或覆盖在额前，用彩红色的鹦鹉螺作成茧形耳垂吊在耳朵上，十分美丽。陆游《老学庵笔记》记五溪一带的苗族："女子未嫁者，以海螺为数珠挂颈上。"《滇海虞衡志》记"窝泥……妇花衫，锦绳辫发，贝珠盘臀"；"黑干夷……女衣套头，毛褐细带，编如筛盘，罩于前，饰以海……""黑濮珠贝为饰，耳环银铜。"明郭子章的《黔记》亦记载苗族："妇女杂海贝、铜铃、药珠、结缨络为饰。"清檀萃《农部琐录·种人志》记彝族："妇女头蒙方尺青布，以红绿珠杂海贝琏碟为饰。"道光《云南通志稿·南蛮志》记"仲人"："妇女以青布为额箍，如僧帽然，饰以海贝，耳缀大环。"

贝是软体动物的统称，贝的种类众多，如蛤蜊、蚌、鲍鱼等。贝在早期作为一种货币用以流通，同时也作为一种饰品常常出现在人们的生活里。早在史前时代，将蚌壳穿孔佩戴，在临水而居的各渔猎民族的生活中十分常见。贝饰就地取材，比较方便，也是人类利用大自然的一个标志。物化装饰手法在湖南少数民族服饰装饰中广泛应用，从贝类饰品作为服饰装饰手法来看，实物化装饰手法不是单纯意义上的艺术手法，是具有独特理论品格的审美移情,将人们对美好生活的向往和追求,对吉祥如意的愿望和渴盼汇聚在服饰装饰图形与纹饰中。

2. 装饰图纹造型天人合一

"'心物统一观',即心与物、主体情思与客体景物的交融合一、人内在的生命力与自然界的生机活力的交感合一。"①装饰图纹造型来源于自然,这不仅表现出各民族善于发现自然界中美的物象,且更加突显出了对美的重构能力。图纹的再创衍生是以大自然中的各种生物为原型,通过变形、夸张、加减相结合等方法创作的一种艺术,是各民族人民用智慧和劳动凝聚的一幅创作长卷。

艺术创造手段中的构成形式是一种意向语言。"这种意向语言是一个想象、假拟与虚构的结构,它在构图方式、色彩运用及形象塑造上均不是视觉印象的复制、再现与反映,而是依据表现原则和生命冲动对视觉对象进行加工、变形、异色处理和想象性创造,形成一种虚幻的视觉意象体系,以突显艺术家强烈的情感力与生命力,它往往具有一种生气贯注和意韵无穷的精神特质。"②装饰图纹不仅仅是自然物象的再现,更是少数民族女性精神生活、情感、意愿的充分表现。装饰图纹的组构形式是少数民族女性心理构成的视觉经验的直接反映,是心象天成的神曲。装饰图纹的组构形式是通过心理氛围构成的视觉经验,这种视觉经验源自生活的历练过程及对实实在在的布料、针线等材料的熟练运用,当然更离不开现实生活所赋予的智慧。因此,装饰图纹的布局与构成是在炽热的情感状态中寻找的一种艺术直觉,是各种旋律和元素的堆积,是在实现装饰图纹艺术形式及表现手法上的随心所欲,并且在这种随心所欲中"冥"出了构成特点,"畅"出了组构骨式。如在花瑶挑花图案中,随意挑出一幅绣品,在构成形式上均有一个共同的艺术特色:图形及纹饰呈对称型构成。对称的形式有绝对对称、相对对称及正对称、斜对称等。然而就是对称这一规律在挑花构成艺术形式中不拘泥于特定的表现形式和方法,在图纹组构上建造了一种挣脱一般模仿和重复的视觉心理印象,

---

① 黄丹麾,胡戎. 新表现艺术——情感的栖居地[M]. 长春:吉林美术出版社,1995:105.
② 黄丹麾,胡戎. 新表现艺术——情感的栖居地[M]. 长春:吉林美术出版社,1995:115.

在相对自由的空间中随形定式，拓展了挑花图纹构成形式的表达空间，呈现出挑花女的心象与个性。染织装饰图纹造型以自然取材拟形再创新，是对大自然物象的提取加以主观意向的创新塑造。创作时除了"取象"还有"假借""暗喻"。假借是将喜庆、吉祥等观念借助于某些事物的属性或特征，以及利用事物的某种名义、力量等，并在此基础上经过刻意加工或附上个人的理想色彩来实现。运用象征、假借等手法，借助直观的形象表达非本身意义的内容，以假借的途径述说本民族特有的人生观、道德观、宗教观、民俗观、审美观等，以及畅想幸福美满的生活态度。暗喻是通过对装饰图纹局部、片段、残象的合理应用或纹样形象设置，达到图纹所具有的本体与喻体的同时出现，有意无意地剥夺人们已形成的对事物的认知经验，并通过重新组合的方式，使它们之间在形式上形成相合的关系。创设一种暗喻情景，使观赏者获得心理上的暗示，有意无意地构建一种意向语言的艺术形态及人文意思、精神理念、价值观念判断模式，如图6-2双龙抢宝图的宝物上方呈放射状的图纹具有双层语义：一是宝物所发的光，即光芒的描绘；二是龙的涌动而形成海里波浪的隐喻。合理的加减法让纹样生动活泼，把双龙与自然巧妙地糅合在一起，似景如画，惟妙惟肖。虽是简单图纹，但刺绣在筒裙上，便是花瑶挑花女心目中愿望之身心定气与自然物之生气的交感合一，是形与意、情与景的交融统一，富有天人合一的艺术美感。

图6-2　花瑶挑花　老瑶山筒裙

湖南少数民族服饰装饰是少数民族妇女根据自己对生活的认知、体验、感受与理解，在图纹表现上大胆创意立新，随心所欲，图纹寓意追求生活意味与情趣，追求甜美与向往美好。装饰图纹构成的形式心理及所属的情感寄托和心声诉说，很好地诠释了艺术在人类生活中的价值和社会情感，催生了少数民族服饰多元化的社会职能与艺术功能，彰显了服饰装饰艺术的民族性、艺术性以及民族民间艺术的独特性。

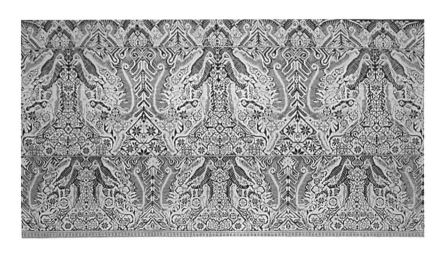

图 6-3　花瑶挑花　龙凤呈祥

柒

拜祖灵　求祈福

◇　自然崇拜

◇　图腾崇拜

◇　鬼神崇拜与祖先崇拜

湖南少数民族服饰历来以绣织精美、银饰华丽而名扬中外，享誉古今。其服饰图纹种类繁多，特点鲜明，在我国少数民族服饰文化和艺术形式中独树一帜。服饰图纹承载着各族人民情感的印记，反映了少数民族自然崇拜、图腾崇拜、鬼神崇拜、祖先崇拜等族群心理，记载着各个民族所经历过的漫长历史变迁与经济社会发展。

湖南少数民族服饰图纹复杂多样，从服饰款式到纹样都有许多讲究，这些是少数民族近千年文化浓缩与历史变迁的精华。图纹无论从服饰的形制来看，还是从内容上说，都是珍贵的少数民族族群文化的优秀图鉴，是物象化的民族服饰文化宝库。

湖南少数民族文化集结了土家族、苗族、侗族、瑶族等少数民族的多元素文化，显现多元性特征，涵盖了巫文化(祭祀文化)、傩文化(农耕文化)、盘瓠文化(氏族文化)等。因为少数民族多年不停地迁徙，随着时间的变迁，各民族之间的文化碰撞与融合日益加强，少数民族文化中也融入了汉族文化，如汉文化(儒学)、楚文化(楚辞)、佛教文化等。但主要还是以盘瓠文化、巫文化、傩文化为核心，其中，神秘诡异的巫文化在少数民族文化中有着不可忽视的重要地位，是各民族文化体系的重要组成部分，也是其文化核心所在。《山海经·大荒南经》记载："有载民之国。帝舜生无淫，降载处，是谓巫载民。巫载民盼姓，食谷，不绩不经，服也；不稼不穑，食也。爰有歌舞之鸟，鸾鸟自歌，凤鸟自舞。爰有百兽，相群爰处。百谷所聚。"文章生动形象地描述了一个"巫民"部落，那里的人们不用辛勤劳作却有着足够日常生活所需的粮食，不用纺织棉布却有足够的衣服穿，就连这里的鸟都与其他的动物不同，能歌善舞，部落里到处都是鸟儿悦耳的歌声，动物们嬉闹的身影，凤凰起舞，勾勒出了一幅天马行空、美轮美奂的"迤逦画卷"。王逸在《楚辞章句·九歌序》中写道："昔楚国南郢之邑，沅、湘之间，其俗信鬼而好祀。其祀，必作歌舞以乐诸神。"这些文字揭示了湖南巫文化的奇异与诡秘。现在，这样的风俗仍然流行于湖南各少数民族中，比如有着中国"戏剧活化石"美称的"傩戏"仍保留和流传在湖南湘西各少数民族地区，它与"巫技""辰河戏""阳戏""傩技"等同样具有诡秘的巫文化特征。

每个民族都有自己的神灵信仰、宗教信仰、图腾信仰、自然崇拜、鬼神崇拜等。他们自古以来就居住在具有神秘色彩的湘楚之地，以巫术为核心尊崇的宗教信仰散布在湖南各少数民族，他们生活的各个领域笼罩着巫文化所营造的神秘氛围。就像银饰最开始出现的时候，就承载着巫术的信仰和灵魂。湖南少数民族地区的先民们相信，一切锋利的物品都有辟邪的能力，尤其是银饰，驱邪的能力属上等，而且，他们还坚定地相信银饰可以帮助人们消除灾病。之所以湖南少数民族创作出了巫术及具有宗教风格的宗教类型的图案纹样，就是因为有少数民族将"巫术"作为主要信仰来尊崇。服饰穿着，本就是人类的最为重要的生活必需品，融功能性、审美性为一体。服装也是一个民族文化最为直观的体现，图形纹样不只是单薄的纹样，更是一个载体，是民族文化信仰的加持，承载了一个民族的信仰。

（一）自然崇拜

自然崇拜是指把大自然的生物和现象视作具有生命、意志和伟大能力的对象而加以崇拜，是最原始的宗教形式。自然崇拜与多神崇拜相互依存，形成一种相对形式上的宗教信仰集合化现象。湖南各少数民族有一个共同构建在心灵上的特点，即相信"万物有灵"，认为自然界各种物类和自然现象都有神灵主宰并影响人们的繁衍与生息、生产与生活，因而他们崇拜众多的自然神灵，例如太阳神、雷神、风神、雨神、树神、山神、火神、五谷神和土地神等。[1] 在苗族古歌中，天上的日月星辰、水雷电云，地上的花草树木、虎龙蛇狗等万事万物都会说话，人们认为它们都是神灵的化身。在众多的神灵崇拜中，湖南地区最有代表性的是"太阳神"崇拜。生活在巫水之畔最边缘的城步苗族，一直流传着他们的创世古歌《嘎范莽嘎》（又名《女神金沙》）。这首歌主要歌颂了一位开辟天地的女神——金沙。传说她用一把斧头断开了一座山，一半为日，一半为月。太阳神的化身便是金沙女神。[2] 城步苗族还有关于"太阳神"崇拜的一项重大活动，即通过向太阳进行礼拜求得来年的风调雨顺与好运。苗族的祖先从最开始就崇拜着太阳神，认为太阳神能给子民带来幸福，让万物得以生存。太阳也并不是集完美于一身的，它也是有弊端

① 左汉中. 湖湘图腾与图符[M]，长沙：湖南美术出版社，2012：225.
② 左汉中. 湖湘图腾与图符[M]，长沙：湖南美术出版社，2012：184.

拜祖灵 求祈福

的，如果日照太久，田地会干旱，万物都会产生不良反应。由于当时环境的闭塞以及科学的落后，人们对这些自然现象产生敬畏心理，把它们当作神灵来崇拜。也正是因为不了解，人们把一些无法解释的自然现象都当作是神灵所为，一传十十传百，太阳神崇拜也渐渐地散布到湖南各个苗族部落。

侗族神话中也有关于"太阳神"的故事——"姜良射日"。相传雷公、电母被世人所捉，逃遁升天后迁怒众人，让舀天河之水倾洒，满地都是洪水。天王为了烤干洪水，放出十二个太阳。虽然洪水逐渐被晒干，但是草木枯萎、大地干裂，姜良、姜妹实在忍受不住，就从葫芦里出来，以桑木为弓，矢竹为箭，射下来十个太阳。在他还准备继续射的时候，姜妹阻止了他，让他留一个太阳照耀哥哥犁田，另外再留一个太阳照耀妹妹纺纱。于是姜良收弓留下了两个太阳，一个太阳留在天上，另一个被吓得躲到了马齿苋下面，白天不敢出现，只有晚上才敢露面，也就是后来的月亮。除了这个"姜良射日"的故事之外还有一个"救太阳"的故事。商朱是侗族神话里的凶神，相传，他十分害怕太阳，于是他打了一根大棍把太阳从金钩上打了下来，从此，天地一片漆黑，人们过着暗无天日的生活。商朱趁着天地黑暗残害生灵。这时有兄妹俩——哥哥叫"广"，妹妹叫"闷"，兄妹俩和众人一起想办法救太阳。哥哥砍来杉木造了天梯，妹妹扯来葛麻藤搓成了麻绳。兄妹俩从东找到西、从南找到北，终于找到了躲起来的太阳和用来挂太阳的金钩。商朱吞吃了妹妹，哥哥和众人一起将商朱打死并挂起了太阳，从此太阳普照大地，人们过上了安居乐业的生活。从这两个故事，我们可以发现侗族日崇拜的起源。在侗族人心中，太阳是神灵，没有太阳则生灵涂炭，因而在日常生活中侗民不可以用手指太阳，更忌讳在日晕时用手指戳太阳，否则就是对太阳神不敬，手指会烂掉。日崇拜还衍生出各种祭祀活动，如湖南通道地区侗族的"祭天魂"就是一种与太阳相关的祭天仪式。《祭天魂之舞》是祭祀活动中的一种舞蹈，由五位祭师表演，他们身披金丝方格纹法毯，脸上戴着绘有蜘蛛图案的面具。舞蹈时，以掌坛主祭师为轴心，高擎珠帘垂羽彩花伞，边走边旋伞，伞边的珠帘羽花向外飞旋，成光芒放射状，这就是天魂——日晕的舞蹈造型。这种传统舞蹈是以侗族创世神话为内容编排的。它描绘了在混沌之初，日晕如一团伞状的金色火球，光芒四射，带来生气，开创了天地万物和人类历史。因而，日晕被侗族先民说成是太阳的母亲，演化为天魂。① 因为日崇拜，侗族人们对圆形的物体有所偏爱，除了敬供圆形的祭品，侗寨供奉的萨岁坛、鼓楼前的大坪、祭祀的广场都为圆形的。太阳纹也被灵巧的妇女们以刺绣和织锦的形式表现出来。图7-1为湖南通道侗族小孩背带裙上面的"太阳花"图案。背带裙长47厘米，宽55厘米。侗族背带裙是侗族妇女用来背孩子的专用物。此背带裙在黑底布面绣出五彩花纹，最显著的图案便是侗族传统的吉祥纹样——"太阳花"，此图案作为纹饰绣织于背带裙两侧。图7-2中侗族对鸟纹锦出现于19世纪晚期的湖南省通道地区。此幅织锦的菱形方格中的主体纹样为抽象的对鸟纹，外边框为大龙纹，周边是侗锦特有的马纹和象征太阳的八角花纹。

图7-1　通道侗族背带裙"太阳花"图案

图7-2　侗族对鸟纹锦

瑶族人自古崇拜太阳，认为太阳是万物生长之源。在瑶族人的心目中，太阳是有知觉的，所以瑶族村寨每年大年初一的这一天，不能在户外生火、烧山、晒衣，否则会让太阳产生误会，认为人们需要更多的日照而导致全年干旱。瑶族人将太阳看成兴旺、平安、吉祥的象征，很多瑶族村寨和庭院口都有用石头铺成的圆形太阳图案，很多瑶族妇女的头巾和儿童的帽子都绣有象征太阳的八角图案和群星，群星外有四道线围象征大地，山花树林象征万

---

① 巫瑞书. 南方民俗与楚文化——楚文化掠影[M]，长沙：岳麓书社，1997：9.

① 巫瑞书. 南方民俗与楚文化——楚文化掠影[M]，长沙：岳麓书社，1997：9.

拜祖灵 求祈福

223

物，体现了瑶族尊敬太阳、崇尚光明自由、追求幸福美满生活的理想和愿望。图7-3为瑶族几何纹锦。此幅织锦的主体纹样为小龙纹，纵向形成菱形架构，菱形的中心为几何纹，留白处为八角花纹，象征着太阳，其经线是麻，纬线是棉和丝，色彩和谐明朗，代表小孩沐浴阳光、茁壮成长之意。

图7-3　瑶族几何纹锦

土家族把太阳称为"劳兹"，意思是伟大的神灵。有趣的是，汉族和各个少数民族地区的人民都有属于自己本民族的"射太阳"的传说，虽然故事的细节略有不同，但都是关于本民族的先祖。侗族有雷公雷母放出十二个太阳，姜良射下十个的传说；苗族则流传天上有十二个太阳和十二个月亮，昌扎射下太阳和月亮各十一个，剩下的一个太阳和一个月亮躲了起来，被公鸡叫出；瑶族传说是格怀将天山上的十个太阳射下八个，太阳躲起之后请公鸡叫出，格怀射下一个留下一个。土家族则是流传祖先卵玉使用桃弓造柳箭将玉帝放出的十二个太阳射下十个，两个躲了起来，公鸡说服了太阳重新出来，一个白天出来成为太阳，一个晚上出来成为月亮，土家族还把太阳出来的那天定为太阳的生日。湘西一带的土家族在每年的农历六月初六会在村寨里举行盛大的祭祀活动，以此来祈求来年的风调雨顺、人畜兴旺，也逐渐在织锦和刺绣中衍生出太阳符号。如土家织锦中有很多"卍"字纹图案，是土家人心中的太阳符号，形似太阳光芒，有吉祥、喜庆的寓意，经常出现在土家人结婚的织锦被面上、婴儿的衣服上或被褥上。土家织锦的经典图案"四十八钩"也与太阳神崇拜有关(图7-4)。四十八钩图案是土家织锦最典型的也是最直接的太阳神崇拜反映，中心的菱形块表示火热的太阳，多层扩散的钩纹象征太阳光芒四射。土家人还把太阳神崇拜体现在刺绣上，如图7-5的土家族刺绣腰带图案。该图案为土家族妇女以五彩线绣刺而成，其中红色象征太阳，蓝色象征青天，黑色象征土地，黄色象征五谷，这幅刺绣不仅表现了太阳的重要性，还显示了土家族人与天地、自然和谐共处的朴素思想。

图 7-4　土家织锦"四十八钩"

图 7-5　土家族刺绣腰带

　　土地崇拜是非常重要的自然崇拜形式之一，苗族、侗族、瑶族、土家族等少数民族都是古老的农耕民族，祖祖辈辈依赖土地而生存。因为人们对农作物的收成以及极端天气无法预知，所以产生了对土地的崇拜，并形成了一些崇拜仪式。几乎每个寨子都建有一个或几个形制、大小不同的土地庙，有的甚至只是由砖块或石块简单堆砌而成。这些土地庙占地大约一平方米，一些供有彩塑的土地公土地婆形象，一些只是简单地放置一块大石头，有的建在村口，称为寨头土地，祭拜寨头土地是为了村寨平安；有的建在桥头，称为桥头土地，祭拜桥头土地是为了子孙繁衍、人丁兴旺；有的建在路边，称为路旁土地，祭拜路旁土地也是为了祈求平平安安、人畜两旺。各个土地庙所管辖的范围也不相同，人们在年节或每月初一、十五，都要准备香蜡纸烛以及酒肉等供品前往土地神庙敬祭。在南侗地区，土地崇拜还体现在对萨神的敬祭。许多专家学者认为侗族萨神崇拜源于土地崇拜，他与土地神有许多相似之处。萨神崇拜是侗族民间信仰中最重要和最具特点的崇拜，它集土地崇拜、鬼神崇拜、祖先崇拜、英雄崇拜于一体，萨神是侗族敬仰的至高无上的神。萨神又称为萨岁、萨柄、萨麻天子等等，是传说中能保境安民、主宰一切的神。侗族每当建立新寨，在楼房未修之前，须先修好供奉萨神的"地祇"，在寨门未修好之前要先修好"萨柄"（即萨神）所居的地方。以"萨岁"或

"萨柄"为"地祇"之神，这反映了古时"崇拜群体自己居住的土地，居住在哪里，就直接向哪里的土地献祭"的自然宗教的土地崇拜。①

因为自然界中有雷电、雨、水、火等自然现象，这些自然现象极易造成各种自然灾害，给村寨带来巨大灾难，侗族人认为在十二天王中，雷公的威力最大，经常带来狂风大雨，不仅会引发洪涝灾难，而且会毁坏房屋天地。于是许多村寨保留了在河边祭雷神、祭雨神的习俗，希望不要下暴雨，但是在天旱时期，又会以最丰盛的祭品请法师设坛求雨。人们认为体积巨大或奇特的自然物也有"灵"，是"灵物"，如大树、巨石、岩洞等。苗族人认为"石大有鬼，树大有神"。在村寨中，只要有长得大而老的树，人们都会以小孩拜祭它，常年供奉。这种"树神"几乎每一个村寨都有，枫树最为多见。苗族人、侗族人都将枫树视为祖先，据传侗族村寨里的鼓楼就是依据枫树的形状而建的。岩洞崇拜也十分普遍，岩洞被认为是"龙洞""神洞"，是始祖的休息之所。

自然崇拜还延伸到了动物上。动物是人类最早接触的自然生物之一，在各个民族的人类起源神话中，动物、人类都是由其始祖创造的，在漫长的生活中，动物既是人类的食物来源、生活伙伴，又是人类所惧怕的威胁，这种惧怕使人类对动物进行了神化。在氏族社会时期，各民族先民们经常用各种动物的图案来作为本氏族部落的祖先或是认为与本氏族部落存在着某些密切的关系，如牛、虎、蛇、鸡、鱼、蛙、蜘蛛等等。自然界的万物由此幻化为各种神灵被尊崇着，少数民族地区也就因此附上了浓郁鲜明的迷信色彩。人们还把凭空想象的从未出现过的自然现象归结为神灵所为。因为人们丰富的想象力及强大的心灵诉求，少数民族的崇拜对象不仅仅是物，自然界的神灵也逐渐幻化成了人形或是人的情感寄托物。神灵也不仅仅是虚无缥缈的存在，还在族人的身边同他们一起生活，并且是他们生存、繁衍、劳作的保护神。自然崇拜与图腾崇拜和祖灵崇拜息息相关，并以具体形象的图纹（如动植物、太阳、星星、月亮等）、概括抽象的图纹（水、雷公、土地等）绣织、印染在服饰上。

自然崇拜在少数民族服饰纹样中的体现，是人们将自然物象进行潜在的

---

① 吴嵘. 贵州侗族民间信仰调查研究[M]，北京：人民出版社，2014：19.

图形意境化与衍生化的结果。人们在观察这些自然物象时，会产生某些视觉上的艺术感受，并且通过联想形成某种艺术形象。这个形象是人们主观情感与客观物象结合的产物，是"审美意象"的物态化表现。这个形象的某些因素是从自然物象的图形意象中抽离，通过人的情感想象凸显、抽象出来的。经过艺术加工，注入新的思维意识，这种形象就可能完全脱离它的原型，形成一个新的造型，是人物自身形态与其相关形态之间变异转换的过程。

（二）图腾崇拜

图腾是对某一种特定的动物、植物或其他自然物的有目的的崇拜。图腾物不是指个体，而是泛指该类动物、植物，如熊、蛇、鹿、鸟、犬、牛等，它体现了人类思维的进步，即已具有了从局部到整体，从个体到类的综合概括的能力，可视为对原始宗教信仰的重要突破。图腾是随氏族的产生而产生的，它是氏族社会的产物，是氏族社会一种特有的崇拜现象。图腾观念是原始人在漫长的社会生产、生活实践的过程中形成的，图腾是氏族的神圣标记，也是氏族成员个人的符号，其现实根源和心理根源深远。随着图腾观念的发生、演进，居住在湖南的苗族、土家族、侗族、瑶族等少数民族历经了数千年的发展。在氏族社会时期，各个氏族都有自己的图腾，而在民族的形成过程中，各个氏族不断融合、交汇，由多个氏族群体并进而成了民族。由于在早先时期，各氏族之间的图腾崇拜多种多样，因而形成了民族多种图腾崇拜的状况。

信仰、传说、生境和审美观折射一个民族的物质诉求与精神诉求，彰显了一个民族的文化艺术意蕴。从图腾崇拜广泛意义上来思考，图腾信仰曾在很长的历史时期内存在过，是古代社会中占支配地位的一种艺术形态，对特定历史时期以及特定历史区域的经济、文化、艺术有深远影响。在相关的物质载体如绘画、雕刻、舞蹈、建筑等领域都打上了图腾的烙印。[1] 人们把幻化型图腾逐步转化成相应的图腾艺术，普及到诸如绘画、服饰、雕刻等民族民间艺术领域。图腾崇拜源于氏族社会的原始人相信本氏族起源于某一种动

---

① 邓宏烈. 羌族图腾崇拜遗风考略[J]. 贵州民族研究. 2015（5）：85.

物、植物或其他特定的物类，并认为这种物类是其氏族的象征和保护神，并加以保护和崇拜。图腾崇拜意识形态中普遍存在的初始对象多表现为自然植物，然而随着人类文明的演进，图腾崇拜衍生出来所属不同又具有特定意义的文化形态，丰富了图腾崇拜的内涵：自然力量与血缘关系。少数民族祖先崇拜也和人类文明的进程与发展一样，同样始于"图腾崇拜"，经由对氏族的"先帝"崇拜，最终导向对祖先的崇拜。在湖南少数民族服饰图纹中，可以寻找到不同类型的"人即图腾，图腾即人"的图案与纹样。由此可见，"图腾崇拜"与"祖先崇拜"不仅在宗教信仰等意识形态中有一定的渊源关系，而且在湖南少数民族服饰图纹的表现形式领域更是混为一体，互为通用，即有"图腾崇拜"理念，又有"祖先崇拜"的内涵。例如提起苗族的图腾，人们会想到枫树。在苗语，湘西方言称之为"道米"，黔东方言称之为"道莽"，"道"是树的意思，"米""莽"都是妈妈的意思，合起来即母亲树。①

枫木是苗族古老的宗教信仰对象。苗族认为，枫树为族群始祖，在苗族的繁衍与发展历程中一直传唱着是枫木生出了蝴蝶妈妈（即妹榜妹留），蝴蝶妈妈生下了十二个蛋，由鹡宇鸟孵化出苗族的祖先姜央和十二兄弟。因此，在银饰上的吊花装饰中，三角形的枫叶纹常常作为连结其他图样的中介造型。在这首传唱的苗族古歌当中，还提到了十余种鸟类，而帮助蝴蝶妈妈孵化十二个蛋的鹡宇鸟，有说是燕子的一种。它是由被砍伐的古枫树树梢变来的，所以枫树、燕雀、蝴蝶也是被苗族人作为图腾来崇拜的。蝴蝶的纹样造型在几乎所有的服饰装饰如围帕、发簪、银梳、耳环、衣帽、项圈、压领、银衣片、背带、腰链、吊饰、手镯、戒指、烟盒、围腰等物件上都能看到。苗族有名的百鸟衣，通身刺绣有抽象古老的纹样，披头有蝶纹，飘带上有鸟头龙、鸟、鱼等纹样，单色的锦为底，衣服整体色彩古朴，绣饰粗犷，衣服下面有草朱垂挂的白鸡羽毛，显示着苗族人对鸟（燕雀——祖先）的崇拜。

农耕社会，牛对农业生产十分重要，导致牛与人类的关系变得格外密切，人类对牛的崇拜由来已久。苗族认为，水牛是具有神性的动物，凤凰、花垣、吉首等地的苗族服饰经常绣有水牛图样造型，以"牛"造型显示"神灵意象""生殖意象"，并且表达一种以富为美的观念，同时牛还表示威武，向

---

① 吴晓东. 苗族图腾与神话[M]，北京：社会科学文献出版社，2002：53.

人显示魅力，向精灵显示魔力(图 7-6)。侗族也有许多地方以水牛为图腾，贵州的黎平、榕江一带一些侗族村寨以牛为祖先，将牛与人同等对待。土家族虽然不以牛为图腾，但也认为他们的祖先与牛有着非常密切的关系，还曾经受过牛的保护，土家族还认为耕牛、猎狗是蛇和蛙幻化而成的，村民们遇到它们要它们先进屋，认为这是祖先回来探望它们的子孙。然后还要焚香磕头跪拜将其送走。瑶族民间流传着这样一个故事。相传很久很久以前，瑶民生活在穷山僻壤，缺衣少食，非常艰苦。玉帝得知这一情况，就派牛王来到人间，助瑶民耕田。自从牛王来到瑶族村寨后，风调雨顺，五谷丰登。瑶族人民非常感谢牛王，久而之久这种感谢成为牛崇拜。牛崇拜也成为瑶族祭拜祖先、重视农耕和祈求丰收等文化的表现。湖南的各个民族几乎都有跟牛崇拜相关的各种祭祀活动。许多人认为农历四月初八是牛王爷的生日，因此在这一天，各个地方会举行不同形式的敬祭活动。有的地方是让牛那一天不用下地干活，在牛栏休息，给牛喂稀饭、青草等精美的饲料；有的地方把牛牵到河边或小溪边，给牛好好地洗个澡；有的地方打扫牛圈，在牛圈前摆上煮熟的猪肉或鸡鸭肉，并焚香烧纸，对牛进行敬祭和祝祷，感谢牛一年来的辛劳，并祝牛健康长寿。

在苗族传统的文化意识形态中，在图腾崇拜与各种宗教祭祀活动中还凝结和聚集着对"龙"的心理崇拜。牛图腾、蝴蝶图腾、燕雀图腾等基本上都有相应的统一造像模式和相对稳定的形态特征，唯独龙图腾"形态"和"造像"具有蒙昧和神秘色彩。这主要源于苗族族群中一种特殊的文化现象。按照苗族传统，龙图腾的形象须由民间艺人口口相传、身身相授，所以，龙图腾的基本造型保留了传统特征和审美理念，但由于受各地民俗民风、工艺技师们的创作风格、审美习惯等影响，各地龙图腾呈现出类型繁多、千姿百态的样式。随着民族历史的发展，苗族苗龙意识和形态有了与汉龙不一样的演进轨迹：形态多样化、自然化，保持着原始的自然神性。苗族人民崇拜龙，信奉龙，但对龙图腾无严格意义上的"神"的概念，苗族人民信奉的"神"相当于"精灵"，所以龙没有龙神的称呼，但龙有神性和神格，有超乎自然的力量。苗族人民的龙图腾尚未脱离原始崇拜的人文理念、人神互变思想，以动物为依托，表达人们渴望拥有控制自然的力量的企图。所以在苗族服饰中经常出现各种形态的龙，并将龙的形态与其他动植物形态进行融合。在苗族人民的

拜祖灵 求祈福

图腾意识形态中，龙牛相同。因此，黔东南、湘西等地的苗族有"牛身龙"图腾，把龙图腾和水牛图腾进行了融合（图7-6）。此龙造型最突出的特点就是长有一对雄伟的牛角，目圆犀利，牛角威风凛凛，身体短胖，四肢粗壮，神气十足，牛图腾造化成龙达到了神奇的境界。在苗族生命繁衍的审美文化中，鱼因多子被视为主要的繁衍符号，并在苗族人民民俗心理的反应中

图7-6　湘西苗族刺绣水母牛图纹

认为鱼既能变龙，龙也能变鱼，两者相互融合为一体，所以有了复合型的鱼龙纹（图7-6右侧）。众神图腾与龙图腾化合造像比较常见的有：鱼身龙、蛇身龙、蚕身龙、虾身龙、叶身龙、花身龙、飞龙、狮体龙、双体龙等，这些化合图腾造型的特征是龙头部除无须外，其余各部分造型基本上与中国传统龙头部形态一致，龙的身体造型根据具体的动物形态特征的不同而变化。苗族人们给龙赋予了美好的愿望——希望自己的祖先是龙的化身，后人能得到其庇护。

　　少数民族习俗与族群精神主宰着苗族图腾及与之相关的服饰图形纹饰的内涵与意蕴。相传苗族古歌《十二个蛋》当中，"水龙"只是其中的一个蛋，并没有至高无上的地位。基于这样的文化背景，在苗族服饰中龙图纹随处可见，从银饰、服饰很多图纹中可以看出，龙没有了神秘的面纱，龙图纹甚至是可以与各种动物"嫁接"的一个符号。如项圈上的龙纹图案比较普遍，组构多与植物纹样或动物纹样搭配，形成新的别致纹样。如湖南苗族的"龙凤抢宝单层响铃银项圈"，纹样形式为单面浮雕双龙、双凤抢宝，项圈中间部位是浮雕的龙纹圆盒，圈沿下部坠了猫、鹿、鱼和龙纹响铃吊饰。又如湘西凤凰一带流行的一种响铃银锁，它的链身坠花、鱼及一串响铃，项链正中坠一个圆盒，一面饰浮雕牛头纹，一面饰葵花纹，也錾有很简单的龙纹，龙纹饰在最下层不起眼的地方，从侧面反映出了龙在苗族人民心目中的寻常地位。花垣一带流行的双龙纹手镯，双龙头相对，形成手镯的收缩口，用银丝编制成自然流线纹链接双龙头，似双龙盘旋，龙眼凸出，鼻子、嘴型极度夸张，

做工精细，银丝编制的流线型自然纹理线条粗细、曲直变化有序，很有视觉冲击力。

土家族最著名的还要属"白虎神"。土家族把白虎神分为"坐堂白虎"和"过堂白虎"两种。前者是好神，而后者则是需要驱赶的恶神。在民间有这样的俗语，"白虎当堂坐，无灾又无祸"，由此可见坐堂白虎象征着好的寓意，家家户户准备供品精心供奉。而过堂白虎作为土家人眼中的坏神，也有着这样的一句俗语，"白虎穿堂过，无灾必有祸"，土家族人认为它是噩兆，要请巫师将其赶走。除此之外，大多数土家族人还信奉掌管鸡鸭牛羊等家禽家畜的"四官神"。"四官神"其实就是动物崇拜衍生出来的神灵，它的神位通常被土家族人安置在堂屋的大门后面，逢年过节都要焚香磕头，祈求家禽家畜平安兴旺。白虎图腾是土家族人民比较普遍的图腾信仰。这主要体现在两个方面。一是土家先民巴人崇拜白虎，历史上也早有记载。《后汉书·南蛮西南夷列传》载："廪君死，魂魄世为白虎。巴氏以虎饮人血，遂以人饲焉。"二是土家族民间传说，《史记·周本纪》中记载："姜源出野，见巨人迹，心忻然悦，欲践之，践之而身动如孕者，居期而生子……"如今生活在湖南的土家族有的以虎作为图腾崇拜，并且作为图案运用在民族服饰中（图7-7），土家族孩童常戴的虎头帽也是由此而来的。

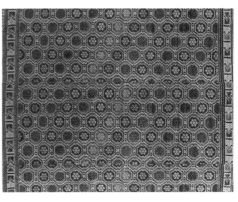

图7-7　土家族织锦中的虎迹纹样

相传，瑶族与苗族、畲族同属盘瓠的后裔，因此，瑶族是以狗作为图腾崇拜的民族。瑶族服饰一直沿袭和保留着先民们图腾崇拜的遗迹，图案纹样等方面都形成了自己的特色。服饰图案中"盘王印"的各种图纹出现得最频繁，瑶族妇女用针线刺绣在服饰的头帕、衣襟、衣袖、扎腰、裙边和绑腿上，作为装饰。特别是居住在雪峰山区域的虎行山与山背两地的花瑶，通过挑花的形式把狗图案挑织在筒裙上。狗图腾与盘瓠崇拜相关，盘瓠祖先在苗族、瑶族、黎族、畲族等民族中广为流传，并被视为他们共同的祖先。史料中关于盘瓠的记载很多，主要有《后汉书·南蛮传》："昔高辛氏有犬戎之寇，帝患其侵暴，而征伐不克。乃访募天下，有能得犬戎之将吴将军头者，购黄金千镒，邑万家，又妻以少女……盘瓠遂衔人头造阙下，群臣怪而诊之，乃吴将军首也。"北魏郦道元的《水经注·沅水》记载："盘瓠死，因自相夫妻，织绩木皮，染以草实，好五色衣，裁制皆有尾。其母白帝，赐以名山，其后滋蔓，车曰蛮夷。武陵郡夷即盘瓠之种落也。"晋干宝《搜神记》等书记载：远古帝喾（高辛氏）时，有老妇得耳疾，挑之，得物大如茧。妇人盛于瓠中，覆之以盘，顷化为龙犬，其文五色，因名盘瓠。还有《风俗通义》、清《一统志》，地方史籍如《辰州府志》《泸溪县志》等都有记载。瑶族民间资料把盘瓠叫作龙犬，瑶族人则称盘瓠为始祖盘王。很多瑶族人都认为盘瓠是瑶族的始祖，把他当作始祖神加以崇拜、祭祀与供奉，瑶族的先民每逢迁徙，必携带祖先偶像，每到一处，必先立盘王庙，以进行祭祀。

苗族不杀狗、不吃狗肉，狗死要入土埋葬，湘西南的苗族人对狗很尊重，直到现在那里的苗寨仍然保存着开饭时舀出的第一碗饭要给狗吃的风俗。每年秋收之后，苗族还会举行一个叫作"吃新节"的节日。关于"吃新节"的由来，流传着这样一个古老的传说。据说古时候，人间并没有谷子，人类没有饭吃，只有神仙才能吃饭。为了能像神仙一样吃上饭，人们向天上掌管谷种的雷公请求赐谷种，雷公说谷种不能给，只能用东西换。于是，苗族祖先们用山间的九千九百九十九种珍禽异兽向雷公换回了九斗九升九碗谷种，小心地收藏在家里的木仓里，等待着开春后播种。不料，一个老太太不小心失了火，大火把整个村寨烧个精光，谷子也烧没了。苗寨老祖先只好专程到天上去，恳请雷公再给一些谷种，没想到雷公一口拒绝了。这时狗来到苗寨老祖先身边，说它可以完成这个任务，找来谷种。苗寨老祖先同意了。狗悄悄来到天上，偷咬了一株成熟的谷穗，纵身跳下云天，历尽千辛万苦，最终把谷种带回苗寨，从此苗族人民才有谷种有饭吃。为了报答狗的恩情，苗族有了"吃新节"。"吃新节"的具体日子不固定，哪天煮了新米哪天就是吃新节。在吃新米饭的时候，先要在家中祭祀一番，等待祭祀完毕，先让狗吃了新米饭，人才能进餐。村寨集体进行的"吃新节"还要请巫师挑选吉日，时间一般在阴历八九月间。祭祀完毕后，尝新开始时，也要让狗先尝，寨子里的人才能吃，以示对狗的感恩。此风俗不仅在苗瑶之中盛行，后来迁入的汉族也大都继承了这一传统风俗。瑶族先民还认为许多动物是神灵，譬如蛇崇拜就是其中最为突出的一个例子。远古时期，人们就把人首蛇身的伏羲、女娲变相地视为自己的始祖图腾——蛇。蛇崇拜在汉族的《蛇郎》，壮族、瑶族、德昂族的《蛇郎》，苗族的《蛇郎和阿宜》，土家族的《龙郎和秋娥》中都有体现。花瑶人视蛇为神物，把蛇看作是长寿的象征。挑花筒裙上挑织有多种类型图案，以示崇蛇、敬蛇。

侗族的祖先崇拜体现在人物崇拜和英雄崇拜方面，所以其图腾崇拜远不如苗族、土家族、瑶族等其他少数民族。侗族虽然没有明确定性意义上的图腾，但有具有象征意义的图腾，如侗族织锦中的蜘蛛纹样是侗族先民认为"万物有灵"产生的信仰。[①] 在侗族服饰图形与纹饰中，特别是侗族织锦有骑着战马的人物及其他形式的人物纹样，可以看出侗族沿袭的信仰与习俗，对高祖曾祖等人物及英雄人物的敬仰和怀念。

（三）鬼神崇拜与祖先崇拜

湖南少数民族宗教信仰的形成、发展，建立在"万物有灵"的观念上。从与湖南少数民族宗教信仰有关的意识形态上看，各少数民族的宗教信仰就其整体而言，是以道教为主体融合巫文化、祖先崇拜的多元信仰。湖南少数民族传统习俗为迷信鬼神，盛行巫术，并且在巫文化的基础上，逐渐形成多种信仰体系。因此，在湖南少数民族服饰图纹及文化内涵中融入了巫文化、佛教文化、道教文化的内容，传递多元信仰的信息。

鬼神崇拜来源于"万物有灵"的原始宗教信仰和"灵魂不灭"的观念，因此鬼神崇拜中包含了各种自然界衍生出来的鬼，如山鬼、水鬼、树鬼、石鬼等等，它是自然崇拜和图腾信仰生发的"酵母"。鬼神文化是巫文化的核心内容和主干部分。祖先崇拜是在鬼神崇拜的基础上产生的，是在母系氏族社会向父系氏族社会发展的过程中，以祖先亡灵为崇拜对象的宗教形式。在原始社会，人们认为灵魂在自然肉体死亡后会脱离肉体而独立存在，而且认为死者

---

① 黔东南苗族侗族自治州地方志委员会. 黔东南苗族侗族自治州志·民族志[M]. 贵阳：贵州人民出版社，2000：267.

拜祖灵 求祈福

的灵魂在另一个世界里仍然会对人施以影响，既能降灾于世间的活人，也能庇佑阳间的人平安富贵，于是对本氏族内部的成员死亡后形成的鬼魂，有必要进行抚慰，以保佑自己族人的平安。祖先崇拜是原始宗教发展中的后起意识，祖先神灵是庞大的鬼神系统中用浓墨重彩描绘出的鬼神形象，代表着原始宗教的成熟和繁荣。

祖先崇拜尽管也是从"万物有灵"和"灵魂不灭"的原始宗教信仰基础上所滋生的，但它必须具备两个基本的条件：一是"人为万物之灵"观念的确立，二是形成血缘纽带。一些学者认为祖先崇拜起源于生殖崇拜或性器崇拜，一些学者则认为是人类进入对偶家庭阶段，以人和动物的对立，人高于动物的观念形成为思维参照，在鬼神观念的基础上发展起来的。

1. 土家族

在拜祖灵这方面，土家族人在心中给予了灵魂很高的地位，他们相信祖先的灵魂会一直保佑他们。只要他们足够虔诚，祖先就可以保佑他们风调雨顺，避过病灾。祖灵崇拜对土家族人的日常生活习俗与精神层面的影响极为深刻，产生了"赶鬼""祭鬼""喊鬼"和"捉魂""招魂""送魂""拖魂"等多种关于灵魂的习俗。土家族人认为最凶恶的邪神野鬼是"麻阳鬼"。如果有人突然精神不正常，就会被归为"麻阳鬼"的"功劳"。这时候就需要请一些所谓的巫师神婆来施法捉鬼了。保靖等地的土家族人通常是请巫师来"祭神渡关"，所谓的"祭神渡关"就是拿出点压箱底的猪羊肉来拜一拜"麻阳鬼"，拜托他别来祸害自家小孩。所以为了庇佑小孩，土家族也会为孩子缝制百家衣。

2. 苗族

苗族同样信鬼祭鬼，并且有着诡秘庞大的巫文化。这也是苗族人宗教观念中对"灵魂不灭"思想的直接反映。苗族的鬼神种类繁多，寓意也大不相同，除了从原始自然崇拜演化而来的鬼神外，还有许多鬼神是与外来宗教（佛教、道教等）文化交融后演化出来的。苗族群众将鬼神分为"善""恶"两大类，认为"善鬼善神"可以保佑人平安，造福百姓，因而会对其进行虔诚的祭拜，逢年过节也会对其供奉；而"恶神恶鬼"则被认为会祸害世人，所以就会请巫师神婆对其施法进行驱赶。苗族的祖先崇拜对象有蚩尤、姜央、傩公傩母、盘瓠等，他们是苗族人心目中永存的至尊至贵的始祖神、民族护卫神。祖先崇拜在苗族社会中占有十分重要的位置。苗族服饰图纹中的鬼神崇拜既是苗族人宗教与巫文化的心理反映，也是服饰中图腾崇拜的体现——将图腾作为族群的始祖或家族的祖先、保护神或象征，借以获取吉祥的期盼和信仰的慰藉，求取神灵的庇护与保佑。

苗族崇巫信鬼，信奉的鬼神众多，如湘西的花垣苗族地区就有三十六堂神和七十二堂鬼的说法。苗语中"神"与"鬼"是不分的，苗族的信仰崇拜的产生既与自远古以来逐渐自发形成的鬼神和宗教崇拜有关，也与最原始的由"万物有灵"观念产生的自然崇拜有关。在所谓的三十六堂神中有"龙公龙母""龙子龙女""白鹤仙子""白虎仙人""阿仆守代""阿娘守那"（即日父神，月母神）等。这些神鬼显然都是原始的自然崇拜的产物。例如，"雷鬼""泉鬼""风鬼""古树鬼""神山""神石"等。所以苗族服饰上出现了很多与信仰崇拜相关的纹样。苗族一件盛装，上衣背部银片图纹就有一个"宗庙"的图像造型，这是苗族原始宗教信仰的核心图样，其巫术的意蕴浓重，它具有统管全身银衣片的地位。苗族祭祀服上的图纹，就人物形态与人物背饰纹样有着明显的信仰的理念和意识形态，巫文化味甚浓。苗族人虔信巫术。苗族的一切巫术活动，如崇拜、祈祷、缅怀、献祭等，几乎都离不开盛装华服。一方面，在节庆祭典中，美丽的服饰表达对鬼神的敬意；另一方面，如果没有华服的参与，庆典的神圣性将会受到影响，而苗族人对这些巫术活动的关注远远超过活动本身，成为一种精神的寄托。苗族巫师大多是非职业化的。他们在各种原生性崇拜和巫术活动中担任主持者的角色，现在穿的是专门定做的红色或黑色道袍，但是在以前穿的是"百家衣"。百家衣上的每一个图案都不一样，因为以前苗族巫师在给别人做法事时是不求回报的，他只要求那家品行端正的女主人在他衣服上绣上一块小小的花纹，再给他一口饭吃就好了，这就叫"集百家布，穿百家衣，吃百家饭"。巫师百家衣上的图案越多，就代表他做过的法事越多。

（1）服饰在鬼神崇拜、祖先崇拜中的体现

在各种巫祭活动中，华美的服饰以其雅俗共赏的形式打动人，但服饰毕

拜祖灵 求祈福

竟不等同于巫术，苗族妇女服饰中鬼神崇拜的思想内涵，有其巫术的特征，但并不完全是巫术性的或社会性的，而是由巫术形象、创作者的意念和图案形象所包含的生活意义三方面构成的。苗族妇女在服饰图案的构思创作中发挥聪明才智，大胆地运用夸张和变形的手法，通过极富想象力的艺术处理，把现实和想象完美地结合，创造了各种各样不合理但又合乎情感的艺术形象。这些艺术形象是鬼神崇拜最明了的反映。因而，服饰中的鬼神崇拜是艺术化的巫术符号的世界，它们通过编织、蜡染、挑花、刺绣等手段，把神秘、朦胧、不可捉摸、无可闻见的虚幻想象世界具象成某种符号，以此来传达鬼神崇拜情绪。苗族人承袭了这种传统，并且深信这些图案与自己先民的生息发展和战争迁徙有关，是对祖先故土的缅怀和迁徙路线与过程的记录，抑或是祖先灵魂的化身和象征。因而从某种程度上来说鬼神崇拜和祖先崇拜在服饰上产生了契合，它们丰富多彩、朴素拙稚，表现了苗族人民的社会历史、生活及观念意识。

(2)服饰在鬼神崇拜、祖先崇拜中的象征意义

当苗族妇女服饰图案抽象成符号后，在巫术礼仪中，苗族人又赋予了这些符号一种超现实的力量，即象征意义，使这些符号成了沟通人与鬼神、祖先的纽带，向鬼神表达人的虔诚和愿望，体现了鬼神崇拜的神秘性和庄严性，从而加固了服饰的巫术意义。因此，苗族服饰中的象征意义实质是鬼神崇拜观念内容向艺术形式积淀、演化的结果，反过来，这种结果又影响着苗族人的观念，这就使得苗族服饰洋溢着浓郁的鬼神崇拜色彩。"夫人作享，家为巫史"，苗族祖先倡导创立的宗教观，即"人人可以通天，家家可以为巫"的政治宗教主张，使得苗族妇女服饰中的每针每线都浸透着巫教精神。从象征生命之源、人口繁衍的蝴蝶纹到象征祖先崇拜的先祖发祥地和迁徙过的江河、湖泊及山路的山川纹，无不是苗族人凭借服饰隐含的鬼神崇拜、祖先崇拜的内容去认识历史、观察世界、了解人生乃至自身的途径。这种意识代表着苗族人对鬼神、灵魂的执着，对自由精神境界的追求。

3. 瑶族

瑶族的祖先崇拜与黎族、畲族、苗族一样，主要是对盘瓠的崇拜。盘瓠

崇拜既是祖先崇拜又可以看作是图腾崇拜。相传在远古时代，瑶人乘船漂洋过海时，遇上了大风大浪，非常危险。瑶人为了生存，在船中向盘瓠许下大愿，许愿毕，风平浪静，船靠了岸，瑶人认为是盘瓠保佑了他们，才得以成功过海，这让瑶族人民开始了对盘王的崇拜。上岸后，他们举行祭祀仪式"还盘王愿"，以答谢盘王对他们的庇护。瑶族传说盘瓠在远古时期助高辛氏杀犬戎，立功受封并得高辛氏之女为妻，生六男六女自相婚配，遂繁衍为十二姓瑶族，所以瑶族尊其为始祖神。瑶族至今仍有禁止杀狗食肉的习俗，这正是"盘瓠"图腾信仰的遗风。传说中的"盘瓠"为狗形，"其毛五色"，故瑶族一直喜穿"五彩衣"，其衣前短后长，形似狗尾。还有的瑶民在除夕夜及"吃新节"时均要举行祭狗仪式，用豆腐、猪肉及米饭献祭，祭后好用祭品喂狗。这些禁忌、习惯均源于图腾崇拜的古老观念。

4. 侗族

侗族人认为，人死而灵魂不死，它或飘游在阴间，或返回故乡，到所谓"半边河水清，半边河水浊"之地寻祖。只要生前积善行德，死后就能投胎还阳，重返人间。除了鬼魂崇拜之外，侗族宗教信仰中最主要的内容是祖先崇拜。祖先崇拜在侗族之中十分普遍，又独具特色。其崇拜对象甚多，有全民族共同信奉的女祖先——"萨神"，也有部分地区信奉的男祖先和英雄人物，如飞山大王、黑帝大王等。每个家族及家庭还各自供奉自己的先人，而妇女又单独供奉郎家神和外家神。侗族祖先崇拜的最大特点，是明显地表现出对女性祖先的崇拜。其信奉的"萨神"众多，有萨虽（岁）、萨乡、莎玛、莎天巴等。"萨"在侗语中意为"奶奶""祖母"，故上述萨神均为女性，是侗民的祖先神灵，她们在侗族群众中地位甚高，备受崇敬。其中的"萨虽（岁）"，意为"老祖母"，是侗族共同信奉的女始祖和最高保护神，她主宰着侗家人的兴旺发达和吉凶祸福。因此，侗族村寨一般都设有"萨虽（岁）"的"神坛"——"祖母神堂"。这种"神坛"通常用石块砌成长宽各丈余，高四五尺的圆形或长方形的土石堆，"神坛"上既无偶像又无牌位，只是用铁锅装些妇女生产生活用具的模型埋在土石堆里，"神坛"上栽黄杨树，周围植刺藤，或修屋遮盖，或设于露天，非祭日，任何人不得擅自入内。对"萨虽（岁）"的祭祀活动很频

拜祖灵　求祈福

繁，每月的初一、十五需烧香敬茶，村民外出参加芦笙会或集体做寨客等重大活动，均向"神坛"拜别，求祖母神保佑往返平安。春节期间，一些村寨还要举行集体悦神活动，青年男女尽情歌舞，对唱祭祖神歌。

侗族人把自己的信仰文化符号编织在侗锦上，绣在衣服上，戴在头上，穿在身上，全身上下成为神灵信仰文化的空间载体。侗锦中有太阳花、月亮花、八角花、凤尾花、鸡冠花、喇叭花，大地纹、山纹、水纹、龙纹、凤纹、鸟图案、树图案、人图案、鱼图案、马图案、牛图案、蝙蝠图案、松鹤图案等，这些都是侗族人关于天地人、日月星、山水、龙凤、牛马、松、桂、鹤、蝙蝠、花鸟、虫鱼等共同图腾的荟萃，是编织者心中图腾与神灵的外现。幅幅侗锦，都是侗族人图腾崇拜、神灵信仰的集锦。侗族头帕两头绣有人、鸟、马及各种花色图案；侗族银冠凤凰伫立银冠之巅，其下百鸟朝凤；侗族人的肚兜、围裙、成年人的衣边（上衣衣边和裤脚边）绣满花纹图案，都是制作者按照族群图腾意识和神灵信念绣制而成，都是制作者信仰文化意蕴的外现。总的来说，侗族服饰是侗族人神灵信仰静态外现的载体，是侗族人鬼神崇拜和祖先崇拜的流动展示。

在漫长的历史发展过程中，湖南少数民族妇女服饰作为民俗文化的载体，承载了许多实体内容和情感，同时，服饰还担负着通鬼娱神的使命。少数民族服饰秉承了巫术的基本精神，在面料织造、款式设计、色彩搭配、制作工艺和图案造型、意境构成、鬼神形象塑造等诸方面追求完美。它不再模拟和再现生活，而是以写意的符号，融合现实世界、鬼神世界和艺术世界，构成一种独特的服饰审美意境，让人们在艺术的赏析中获得一种超越自我、超越现实的情感体验。透过这种意境，湖南少数民族服饰以其功能性的把握，调整着人与人、人与社会、人与自然的关系，起到加强族群团结与认同、稳定族群生活的作用，这正是少数民族服饰深层的精神特征之所在。

捌

集穿戴　赋史事

◇　生活习俗——湖南少数民族服饰之壤

◇　歌舞习俗——湖南少数民族服饰之魂

"侗族住水边，苗族住山尖"，这句话简明扼要地揭示了湖南部分少数民族的生活环境。湖南少数民族大多都用杉木造房屋，住在崇山峻岭之中，穿着自纺的服饰，独特的生活习俗深深地影响着少数民族服饰的形成和发展。湖南少数民族由于生活在比较恶劣的自然环境中，因此在服饰上面更讲究实用性，讲究"适度"和"惜物"，并不像平原地区的汉族服饰那样宽袍大袖，而是更加贴合人体的曲线，更加收身。窄衣窄袖、头帕以及绑腿都让湖南少数民族的服饰更加便于劳动和日常生活。刀耕火种的种植方式形成的一系列的民俗事象，都是各个民族在长期的劳动中形成的用以祈求风调雨顺、农业丰收、人畜平安的生活习俗，而这些生活习俗成了湖南少数民族服饰生存的基本土壤。

（一）生活习俗——湖南少数民族服饰之壤

少数民族的生产及生活方式在一定程度上让服饰成为一种凝固的艺术，并且使人们的生产方式、生活习惯与生命激情得到了记录和抒发。湖南少数民族服饰之所以成为传统优秀非物质文化遗产，是各少数民族妇女常年从事生产实践和日常生活的产物，是湖南少数民族地区独特的农耕文化的缩影。在农耕文化根基的框架中，少数民族服饰以完整的形式展现出生活历程的痕迹，各种历史时期的服饰变化使人们的日常生活有了时间的刻度，并且与各个少数民族人们生活的各种节庆、祭祀活动息息相关。

1. 岁时节令与祭祀中的服饰

（1）苗族

①椎牛祭

椎牛祭的历史沿革。"椎牛"又称"吃牛"，是苗族最盛大的祭祀典礼之一。《苗族椎牛古根》中记载了这样一个传说。苗族先祖蚩尤与轩辕交战，经过七天七夜，仍难分胜负。第八天，轩辕的援军赶来相救，蚩尤以一敌众，受了重伤只好退让，好在沿途有苗民保护才算躲过一劫。可是受了重伤的蚩尤无法再前行，不久便被轩辕的部下发现了，并在四月初八这日被刺死了。蚩尤不甘心就此死去，便托梦给一位苗民："我含冤而死，灵魂得不到超度，我怀念以前外出打仗的日子。祭典上，布置坛头，杀猪椎牛，用芭蕉叶架阴桥，敲响竹筒，你们能否了却我的心愿，让我安心地离去？"苗民梦醒后马上告诉妻子这件事情，两人杀猪椎牛，布置坛头为蚩尤超度，其他苗民也学着他们为蚩尤超度，从此这便成了苗族最古老的祭典之一。

椎牛祭中的法师服装。在《永绥厅志》中这样记载："苗俗有跳鼓脏者，苗巫擎雨伞，衣长衣，手摇铜铃，招请诸神。"法师施法时一般身穿长三尺半的黑色对胸长袍，袍下配有裙边，边长五尺，宽一尺，袖长一尺宽，长袍的前胸后背都缀有清代的官谱图案，上面绣着红日、白瓜和仙鹤，外圈用黑丝线包裹，下面常配短筒大裤，脚蹬布鞋。有的法师也会着红袍扮蚩尤，红袍长四尺，袍下裙边长六尺，宽二尺，配以宽约两寸的白边布，衣前开对襟，用白布边镶嵌。而其余的男子则穿五色衣或身披红色毛毡，法师有法事则穿法师服装，无则着便装。

②接龙祭

接龙祭的历史沿革。"接龙"是湘西苗族人祈求五谷丰登、六畜兴旺、无灾无难和祭祀共工的法事，距今已有五千多年的历史。苗语称接龙为"然戎"（reax rongx），其意为邀请龙到家中，亦称"希戎"（xid rongx），即敬龙。相传共工是我国第一个降龙的人，苗族称共工为濮戎或仡戎（汉意为龙王或龙神），龙是苗家公认的吉祥之物，可保佑家族兴旺发达。如果哪家的家道好，苗族人会说他家"出龙"了。在湘西花垣苗族的传说中，水神共工逐鹿中原，沉于深渊，被汉籍贬为蚩尤，所以共工和蚩尤其实为一人。"接龙"就是要到大河边把龙接回来，祈求共工带来幸福吉祥，以表达苗家人对黄河故土的眷恋和向往。村寨的"接龙"一般是在秋收之时举行，同村的人联合起来"接龙"，共祝人丁新旺、五谷丰登、六畜兴旺。这两种形式仅是规模大小不同而已，其过程基本相同，先祭龙，再接龙，最后安龙。人数最多的时候有上万人参加。龙公龙母龙子龙孙敲锣打鼓非常热闹。一场法事要做三天，是湘西苗族最盛大的节日之一。

接龙那天，亲朋好友都会前来道贺，宾主们穿戴一新，而主家的女主人会穿戴得格外华丽，主家会事先备好糯米粑，堂屋内设有神座，堂前摆放着一张桌子，上面摆上一些花和红利米，再摆上五个酒碗，将五个龙神粑摆成龙的样子，上面铺上米粒，龙身上堆放着三个象征龙宝的糍粑。地上铺上一床晒篝，篝上铺着五条彩色花带，上面又铺满金银首饰和一些带有绣花的衣裙和其他物件。等到接龙的当晚午夜时分，巫师们开始起场接龙祭祀，燃蜡烛，吹唢呐，男主人则需敬雷神酒，从第一樽献起，到第七樽为止。女主人则着盛装，佩戴银饰静坐一旁。敬龙完毕，便是请龙、接龙和接雷，男女主人都需穿接龙裙，戴接龙帽，由巫师带领，分别去两个水井接龙和接雷。等到了井边，接龙巫师念咒语请四方五位龙。念完咒语以后，巫师会将井中的一壶"龙水"交给女主人，女主人身背包袱，手提清水，打伞归家。众人则吹吹打打，一路随行插五彩旗，在返回途中，男主人远远地便点燃鞭炮相迎。"接龙"到家门口后，再把"龙"接回家里举行安龙仪式。安龙仪式结束后放置好龙宝，接龙仪式便算大功告成，可保佑家庭避灾去邪，年年五谷丰登，六畜兴旺。

接龙祭上的服饰。苗族古歌《祭龙》中这样唱道：头戴金盔银盔，头顶贵冠饰珠镶玉；管五谷的龙啊，管六畜的龙，管养子的龙啊，管繁孙的龙；土地神帮指路请你们上来，土地神帮引道请你们来村……中午鸡叫的时候；日头过顶的时光，祭司引来接龙的人众啊，他们穿着红袍黄袍，她们披金戴银身着裙装，手中拿着迎龙的龙旗，掌心握有接龙的王伞……①

接龙时主妇穿着的上衣被称为"接龙衣"，其形制为大襟叠摆式。用华美的绸缎作为底布，袖口、门襟和下摆处绣有大量的吉祥图案，下摆为多层相叠，让人产生身穿很多件盛装的错觉。接龙时佩戴接龙帽，帽身有着头盔的形状，帽顶有帽花，两侧配有三片银片作为帽耳，帽后垂着九串坠饰作为帽辫，帽檐有双龙戏珠作为装饰，帽辫上搭配着虫鱼花鸟等动物。

制作接龙帽是一个复杂的过程，要先用厚布壳当作帽子的帽坯，坯外包着大块的薄银片。帽前沿搭配着八折花、寿星、八仙等传统纹饰，九条银链作为装饰，每条长约七厘米，银片层层相连；帽两侧紧贴着一对银长羽，形状和古代的官帽有些相似；帽顶上用银花蝶装饰，星星点点地连成一片，十分美丽。

---

① 石宗仁. 中国苗族古歌[M]. 天津：天津古籍出版社，1991：191.

苗族妇女在接龙祭时，还会穿着红呢绣花百褶裙或红黑相间的百褶间色裙。湘西苗族中被称为"红苗"的支系，便源于苗族妇女穿着的红裙。自清代乾嘉苗族起义后，官府强迫少数民族改冠易服，湘西的苗族此后便大多穿裤装，红裙便只在接龙、椎牛这样重大的祭祀和节日庆典中才会穿。其裙一般为百褶裙样式，外用红呢布，土布为里，黑呢褶线，蓝色土布作裙腰，裙下脚接黑布边，打开时可围成一个满圆。红呢绣花百褶裙主要运用钉线绣的针法，并掺入了堆绫、盘金、网针、锁针等刺绣工艺。裙子的下部满饰双龙戏珠、凤戏牡丹、蝶恋花等吉祥图案。红裙的色泽明艳动人，做工巧夺天工，是湘西苗族妇女服装中的一朵奇葩。

③赶秋节

赶秋是花垣、凤凰、吉首和泸溪等地苗族的传统节日。立秋这天，苗区逢到哪个墟场，这个墟场便是当年的"秋场"。相传，苗族村寨以前有一个正直、善良、勇敢的年轻人，名字叫巴贵达惹。有一日，巴贵达惹上山打猎，射中了一只"过天鹰"，然而等到巴贵达惹赶到猎物掉落的地方时，还看见了一只精美绝伦的绣花鞋，鞋上绣着栩栩如生的红茶花。巴贵达惹心想，这只绣花鞋如此精美细致，绣它的必定是个心灵手巧的女子，如果自己能找到她并娶她为妻子，那真的是再好不过了。后来巴贵达惹为了找到这个姑娘，便亲手打造了一个可同时坐八个人的秋千，叫"八人秋"。立秋这天，在乡亲们的帮助下，他邀请寨子周围九十九个年轻的男女来对唱秋天的歌曲。秋天，他终于找到了绣花鞋的主人，美丽的女孩——七娘。他们通过对歌互生爱慕，结成了伴侣，从此在这天便形成了赶秋盛会。

（2）侗族

①祭萨节

祭萨节的由来。祭萨即祭祖母神"萨岁"，萨岁又叫萨玛，侗语里"萨"为祖母，玛为"大"的意思，译为汉语就是大祖母之意，萨玛天岁所以称萨岁。"萨岁"是侗族人至高无上的祖神。有"萨"在的地方就能够保村寨平安，六畜兴旺，所以但凡立寨，必先请"萨"保佑；举行盛大集体活动，如聚款抗敌、行年都要先在萨坛前举行隆重的祭萨活动，祈求"萨"的保护。萨岁不仅为一位女神，同样也是侗族的女战神。相传，萨岁原来叫作"婢奔"，带领顽强的侗族人民反抗敌人，但最终抵不过强敌。婢奔死后，化作神女，继续率领着侗族人民与敌人战斗，终于杀死了李点郎，击败了官兵，迎来了胜利。从此，"婢奔"就成了侗族的护佑女神，人们尊称她为萨岁。每年的农历正月初三或初七、二月初七和八月初七为祭祀日，都要举行盛大的祭祀萨岁女神的活动。

祭萨的服饰。祭萨队伍由寨老、开路将士、芦笙队等多个部分组成。寨老作为侗族村寨里最有威望、学识渊博的人，需要与外界进行广泛的沟通，所以他们是在服装上最早汉化的人。祭萨时，寨老穿着绸缎制作的长袍和马褂，头戴红缨帽。长袍为大襟右衽、平袖端、盘扣、左右开裾的直身式袍，马褂为对襟、平袖端、身长至腰，前襟缀扣襻五枚。寨老后面为两位披着红毡的男子，他们扮演开路将士。披毡原来是用动物毛经过搓揉碾压，使其粘合成整块再染色缝制而成的，但现在这种技艺已在侗族地区失传多年，多用简单的红布来替代。两位披毡男子后，就是穿着侗族传统芦笙衣的众多芦笙手。芦笙衣的形制十分古老，上衣一般为对襟或交领左衽，下装为花条帘裙和绑腿。衣上布满古老的刺绣图案，或是以精美的侗锦来缝制，帘裙的尾端串有草珠和羽毛，芦笙手吹奏芦笙摆动身体，帘裙飞扬旋转，十分好看。芦笙衣本是古代侗族男子的通用盛装，但经过清代的改装和汉化之后，只保存于芦笙手的装扮之中，其作用从礼仪性偏向了装饰性。芦笙手的头部还围有头巾，并在头上插上锦鸡的羽尾作为装饰。整个队伍里走在最前面的寨老还会手持一把红色大伞，代表庇佑村寨的萨岁女神。

②行年

行年活动的过程。正月间，通道的侗族人会举行村与村之间、寨与寨之间的集体活动"行年"，侗语称为"yeep"，称为"芦笙客"或"鸡尾客"。"鸡尾客"中有老年人也有青少年，女子也参加活动，却只限于年轻的姑娘。人们穿着节日盛装，从自寨出发到主寨后，开始举行芦笙比赛，人们会相聚在芦笙坪上盘旋起舞，他们中有讲款的、哆耶的以及以对歌形式参加活动的。这样的表演要持续三天。

"鸡尾客"队伍由三部分组成，头客三到五人，头客之后是芦笙队，芦笙队的人数可多可少，有一排的形式，也有多排的，但最多的则排成三排，每排五人，每人手持一芦笙。队伍第一排的第一个人要拿着八音或六管六音的小号芦笙，这种芦笙被当地人称为"喇叭"，每排的芦笙中必须有一架叫"喇六"的二号芦笙。芦笙队人数不定，多是为了祈福与驱神。行年同时也是青年男女约会的最佳机会。寨上的青年邀请邻县的姑娘互相唱山歌，通过对歌的形式，青年男女们加强了对彼此的了解。如果相互有好感，姑娘就会送小伙自己做的腰带。

行年中的服饰。行年中居首位的"鸡尾客"，头上包着约一丈长的青布头帕，头上插着锦鸡毛，身上披着红毛毡，左腰间佩戴一把铜刀，胸口挂着一个罗盘，模仿的是古代侗将打仗时的形象；第二位到第五位的头客穿得和第一位相同，但身上没有佩戴铜刀和罗盘。芦笙队的头饰和头客相同但衣着有较大区别，一般头围青布头帕，插锦鸡羽毛，上身穿侗锦缝制的背心，下身穿侗锦缝制的花带帘裙，花带条有两层，内层稍长，外层较短，花带条两边又缝入鸡毛，下端有一串鸡毛和用薏米子做成的珠子。

侗乡寨里的女孩，当地人叫作"腊咩"，她们在那天会穿着节日的盛装，上穿镶边大襟短衣，下配镶花边短裤，腰系绣花围裙，头戴银花，颈围银项圈，手戴银镯，每人手里提着一个名为"应兰"的花篮。花篮里装着各色的盛装服饰，传统的侗锦手帕盖在篮子上，如同侗族新嫁娘手里的提花篮，很是美丽。

（3）瑶族

瑶族和苗族一样，都是历经战乱的民族，他们在漫长的迁徙过程中形成了独具特色的文化。湖南溆浦和隆回交界的花瑶就在数次迁徙中，为了纪念祖先奋勇抗争的历史，逐渐形成了三个具有纪念性的节日。这三个节日的举办时间都为三天，按举办时间的先后顺序，分别为奉氏花瑶举办的讨念拜，刘氏花瑶举办的讨僚饭，沈氏花瑶举办的讨僚饭。这三个节日统称"赶苗"，与花瑶先民历史上反抗封建统治者的压迫有关，后演变为花瑶的传统节日。原来每个姓氏的花瑶都有自己的"讨念拜"和"讨僚饭"，比如步氏的讨念拜在香炉山下的寨家冲举行，但是现在，除了这三个姓氏的节日外，其他姓氏的节日大都因为地域的变迁和时光的流逝而渐渐地被遗忘了。

这三个节日举行的时间地点都不同，但是，它们都是为了纪念祖先所经历的苦难。讨念拜为花瑶语，"讨"的意思为走，"念"的意思为月，"拜"的

集穿戴 赋史事

意思为半。"讨念拜"意即月半所过的节日。讨念拜为奉氏花瑶在每年的农历五月十五、十六、十七这三天举行，活动的场所主要在水洞坪。这个节日至今已有三四百年的历史。传说在明万历年间，明神宗派兵镇压居住在龙潭和小沙江的瑶民，明军所到之处横尸遍地，血流成河。镇压整整持续了三年零六个月，被镇压的花瑶百姓不畏强大的明军，在龙潭和小沙江建立了多个军事防御的寨子。瑶寨易守难攻，明军一直难以攻入瑶寨中，双方僵持了两年之久，但在第三年的农历五月十五日也就是花瑶百姓所称的大端午节之时，明军假装要集齐兵力进攻香炉山要寨，瑶民中了明军的奸计，把所有兵力都汇集到了香炉山要寨去围堵明军，其他的瑶寨由于兵力的调遣失去了自我防护的能力，这时明军乘虚而入。瑶寨血光漫天，哭喊声仿佛要撕裂天际。幸存的瑶民四处逃散，纷纷躲进深山中才得以保身。躲藏在深山里的瑶民每天以野菜为生，生活过得苦不堪言。直至万历五年，明神宗才下令收兵回朝。于是，花瑶祖先立下誓言，在今后每年的大端午节也就是农历五月十五日这一天由奉姓瑶王在水洞坪举行"讨念拜"，以此来纪念祖先曾经受到的灾难。

讨僚皈为花瑶语，"僚"译为诅咒、"皈"译为菩萨。"讨僚皈"的意思为逃脱凶恶的菩萨，可见该节也是为了纪念逃难的祖先而设立的。目前，在瑶山一年会举行两次讨僚皈，按时间先后分别是第一次刘氏举办的讨僚皈和第二次沈氏举办的讨僚皈。首次讨僚皈在每年的农历七月初二至初四由刘氏花瑶在虎形山瑶族乡的茅坳村举办。举办地原来是定为虎形山的大托村，但由于位置太过于偏僻，于是在清代末期迁往茅坳村。相传在元朝末年，花瑶祖先还居住在江西吉安府。突然有一天，吉安府当地统治者赵、鲁二督统发兵镇压当地的瑶民。瑶民祖先听闻元军来临，便四处逃散。元军见到瑶民便杀，一些幸运的瑶人躲进了瓜棚下才得以逃生。于是花瑶祖先约定过讨僚皈之前禁止食用黄瓜和白瓜，并把黄瓜和白瓜视为生灵和瑶人的保护神来崇拜。

第二次讨僚皈由沈氏花瑶在每年的农历七月初八到初十举办，地点是在隆回小沙江街上。相传在清雍正元年，居住在小沙江下山峒的瑶族七姊妹被汉族官绅带兵追杀。听闻此事的瑶民便聚众反抗，不料那官绅向朝廷谎报说瑶民要起兵造反，于是朝廷派兵前来镇压瑶民。瑶民与强大的清兵对战，很快败下阵来，伤亡惨重。瑶民节节败退，从大沙江打到小沙江一路上死伤了数百瑶民。聪明的瑶民躲退到麻塘山，利用险恶的地势和清兵周旋。在这期间躲在麻塘山的瑶民不断突袭清兵，想迫使清兵退兵，清兵受到了瑶民的突袭不敢进攻但是迟迟没有退兵。直到溆浦的瑶族首领蒲公祥带领瑶民攻打龙潭，才得以切断清兵的退路，清兵被迫撤兵返回。原来被清兵攻打逼迫逃亡深山的瑶民这时才得以返回原来的居住地。

近代以来由于瑶汉之间关系变得日益和睦，讨念拜和讨僚皈逐渐变成了花瑶人民对歌传情、寻找爱恋和各族人民欢歌盛舞的节日。

（4）土家族

土家族在长期的生活、生产、日常交流活动中，形成了不同于其他民族的富有自己特色的传统民族节日，有着自己独特的民族习俗。"舍巴日"土家语称"舍巴巴"，意为"摆手舞"。"日"是个动词，"做"的意思。"舍巴节"又叫"调年会"，是土家族最为隆重的传统节日之一，它反映了土家族青年们的爱情、婚姻习俗，一般在正月举行，也有在三月或五月举行的。节日里，年青姑娘们会穿上节日盛装，小伙们会背上鸟枪大刀，老人们会带着孩子们去摆手堂，这时堂里会奏起鼓乐，燃起篝火，人们开始翩翩起舞。"舍巴节"是土家族男女老少的全民节日，也是青年恋爱的良好机会。

"舍巴节"里最主要的仪式为土家族梯玛巫师所主持的巫术仪式，梯玛巫师除了要带领土家族人民举行祭祖娱神的摆手舞和茅古斯活动，还要负责送神、敬神、请神、安神等。祭祀活动中梯玛巫师所唱的梯玛神歌，记录了土家族人起源、迁徙、劳动、征战等重要的历史故事和习俗，是土家族民族文化的珍贵遗产，号称土家族文化的百科全书。

土家族的祭祀有着较为缜密的流程。做法事之人佩戴五佛冠，每块冠片长五寸、宽一寸半，三元法主居于佛冠中央，着绿裙红袍者位于中间，左手端碗，碗装法水，右手持须，其色为黑，居其左者身穿红裙黄袍，左手持长柄扇，脸挂白须配白鬃，居其右者着红裙黑袍，右手持一柄玉如意，脸挂黑须配黑鬃，此三者头后都有一圈祥光。脸挂黑须，手持一令尺，身着黑袍，穿黄色八幅罗裙者为梯玛祖师张天师。而本坛的启教祖师爷则身着绿袍，穿黄色八幅罗裙，手捧笏。再配上两块三寸长两寸宽的冠片，一块为日一块为月，日在左月在右。弧形的冠片长五寸，宽一寸半，用布将其包裹起来，佩戴于头部。

法冠在"立幡"中又有所不同。梯玛在牛角场做"立幡"时，头上要戴象征着铁角的三脚架。相传恶魔怕铁，这三脚架可以很好地震慑住他们。为了让他们赶紧远离灵堂，梯玛在撒完"水饭"时需摘掉三脚架，换上五佛冠，为的是告诉恶魔，自己也是凡人不要过多地纠缠自己。梯玛是八部土王的祭师，也是他们的联盟使者，象征着土家八峒的统一。梯玛在做阴间法事时，会身穿红色法袍，法袍胸前两侧分别绣着"千千雄狮，万万猛将"的字样，穿戴时胸前开口，在法袍的背后印上太极八卦图。

舍巴日中的梯玛巫师都穿八幅罗裙，这其中也有着许多渊源。相传在很久以前，居住在湘西的土家族人民生活安定，过着开心快乐的生活。人们干活勤劳，刀耕火种捕鱼狩猎，在赶场的时节人们都会背着竹篓，里面装着自己上山猎杀后的兽皮、鹿茸，等去集市上换购自己所需要的东西。可是新上任的县官很眼馋这些东西，想要不劳而获，他旁边的师爷给他出了一招。当地老百姓必须每年上缴二十张兽皮，五十枝鹿茸，否则就要迁出城外。土家族人坚决拒绝了县官的无理要求，县官一怒之下竟派兵"征缴"，使得百姓人心惶惶。八个部落中实力最强的首长阿瓦派兵攻打官兵，可是官兵的人数众多，阿瓦和他的军队难以抵抗，而其他几个部落的首领们见最强的部队被打败了，自然也就退却了。打了败仗的阿瓦认为：打仗失败的最终原因是官兵人多，自己部落的兵力较弱，以弱抗强是件难事，但如果集中其他七个部落一起攻打官兵，那就不一样。于是阿瓦召集了其他七个部落的首领，说："我们八个部落独自攻打官兵就如同随风摆布的一盘散沙，只有团结力量一起抗敌，我们才能成功。"首领们把部落里最为年轻精干的小伙子们召集起来集中训练，针对官兵"征缴"的行动，采取了特殊的作战方案，并在主要关卡严加把守，统一行动，配合紧密，在精心的布局下八个部落拧成了一股绳，齐心协力，打败了县衙官兵，人们又过上了安定的生活，为了纪念八个部落的统一，八个部落各自献出了一块彩布，做成了一条裙子，八幅罗裙也因此得名。

2. 婚丧嫁娶中的服饰

服饰是礼仪的载体，礼仪是服饰的内涵。我们通过对人生中不同阶段的礼仪性服饰的内涵的深度解析，就可以对湖南少数民族的独特文化有更多更深的了解。每个人的一生无论高低贵贱都会经历出生和死亡，人生会因身份、地位和角色的不同而转变，这些转变大多都会有特定的传统仪式。人的一生所经历的四大礼仪——诞生、成年、婚嫁、丧葬，成为人类最认同的礼仪习俗。

在这所有的仪式中，礼仪性服饰扮演了十分重要的角色，它是这些仪式最直观的体现。丧礼中的丧服是中国丧葬礼仪的一种直观体现，同时也是中国传统的孝文化的表达，它能够非常直观地体现逝者和他人的血缘关系的亲疏。丧礼中的服饰主要分为两大部分，第一部分为逝者所穿的下葬礼服，第二部分为逝者亲属所穿着的丧服，又称之为孝衣，传统的孝衣并不是纯白色，而是以麻织造的偏黄的白色。除了这两种丧礼服装外，古时还有为了让逝者在那边也能穿得如生前一样体面的陪葬服饰，一般为逝者生前所穿的衣服，或是专门为了陪葬而制作的服装。中国的传统婚礼习俗十分悠久，可以追溯至上古时期，从女娲立媒妁、伏羲氏制嫁娶开始，中国传统的婚礼习俗形成最初的雏形。根据史书的记载，中国较为完整的婚礼仪式从周代就已经形成，并在后世不断发展和完善。婚礼最早称为"昏礼"，缘为《周礼》里规定婚礼需要在黄昏时举行，因为那时天与地正处于交合之中。"昏礼"中所穿的"昏服"，有严格的制度规定，营造高雅端庄之感。世代轮回，王朝更迭，每个时期的婚礼服饰在继承了上个时期的核心观念后都会随着时代进行一定的改变。但始终是外变里不变，其中更是蕴含了中华民族深厚的历史积淀和独特的文化内涵。湖南少数民族有其独特的婚丧嫁娶习俗，多元文化的融合让湖南少数民族婚丧嫁娶习俗与其中的服饰文化异彩缤纷。

（1）苗族

湖南苗族的婚礼十分传统，却很有趣。男方准备提亲的物件去女方家，女方则准备美酒佳肴招待对方。一般在女方了解男方的情况后，媒人先获得女方的一件绣品，再来说合。如果女方同意，男方要下"礼金"，拟定订婚日期。男方来的宾客离开时，女方需要给男方家客人每人一条"花椒布"腰带作为答谢。

湘西自治州的苗族婚礼服饰同盛装没有太多差别，只是刺绣更为精致，并且会佩戴更多的银饰。婚礼时，新娘头顶围上半米高的巨大头帕，并在顶部插上大量银花簪，在中部装上一排银饰；肩披绣花云肩，四周一圈都坠有流苏银饰；一般会佩戴至少两三对的刻花银项圈。这里比较有意思的一点是，相比于黔东南的苗族，湘西自治州的苗族项圈是反着戴的；上身着大襟绣花衣，衣服的门襟和袖口处一般会绣上花卉、蝴蝶妈妈和各种吉祥纹样，祈求出嫁女子婚姻美满幸福；下身着裤，裤口同样绣有大量祈祷吉祥幸福的花纹。湖南怀化靖州的苗族被称为"花苗"，举行婚礼时着盛装，用五彩的毛线缠头，并在缠头上插上许多银花树，树尖用五彩的毛线仿做的花朵作为装饰。缠头左右两边同时挂有三角形和流苏的装饰，上身着蓝色立领大襟衣，领口、门襟和袖口绣有精细的几何纹刺绣装饰，并在门襟挂有银链作为装饰。腰束宽花带，下穿百褶短裙，裙底边缘用红白色装饰。小腿束绑腿，并在绑腿下半部分用挑花绣有精致的图案；项戴数对錾刻花鸟龙凤等吉祥图案的银项圈。

湖南湘西苗族人的丧服有很多的讲究。如果父母中其中一人去世了，子女就得用白布包头，后面拖着两带，其中一带坠地。若父母都去世了则两带都需要坠地。若父亲去世，四个月之内不能剃头、唱歌，至少一个月之内不能拿柴刀和锄头，须穿丧服三年。若母亲去世了，子女须穿丧服四年。头上所包的白帕四个月之内都不可以清洗，同样不可以剃头，不可以喝冷水。若是祖父母去世了，其子孙十二天之内都不能脱下丧服。若舅舅去世了则需要穿两天。若是子女去世了，作为母亲得用红布包在头上，三天之后才能拆下来。

（2）侗族

湖南新晃的侗族人出嫁时有哭嫁的习俗。侗族人认为，在出嫁之时新娘哭得越伤心就越显得情深义重，夫家也会因为新娘哭得伤心、哭得回肠荡气而更为看重她，认为她重情义、品质好。作为侗家人的文化传统，哭嫁代表的是即将出嫁的女儿对父母、原生家庭的依依不舍，也有对今后婚姻生活的担忧。哭嫁的形式有两种，一是新娘主哭，即新娘在台上哭，宾客在台下哭，新娘哭诉自己的命运、哭父母的养育恩情、哭兄嫂姐妹的情谊，与台下的宾客一唱一和，直到仪式结束。另一种是父母姐妹间对哭，哭的是离别的伤感和对过去情谊的一种告别，哭完了就不再是家里的姑娘了，而是别人家的新媳妇了。哭嫁在新娘出嫁前一夜最为热闹，特别是天亮之前，父母、姐妹与新娘对哭时，如泣如诉，声泪俱下，把亲人间的感情表现得淋漓尽致，哭得母亲、姊妹都痛彻心扉，旁观者无不感动落泪。

湖南侗族的婚礼服装以通道侗族自治县的最为有特色，县内各个地方的服饰都不一样。坪坦、陇城、黄土一带妇女的服装，是湖南侗族服饰保存得比较好的地区。日常春夏扎白色底布织锦的花帕，在帕子的两端织有美丽的锦纹如哆耶纹、蜘蛛纹、杉树纹等。在结婚时姑娘们会穿着蓝色土布交领左衽的上衣，上衣无扣衣襟，相掩以带为系；下穿侗布所制作的百褶短裙，受到汉化影响，婚前穿裤婚后才穿裙；腿部束绑腿，脚穿绣花鞋；头部束发并在脑后包头帕；头插大量的银花树并在其顶部用五彩毛线仿做的花朵装饰；项戴大量的银项圈，手戴数对银手镯，这一地区的项饰可以说是侗族地区最为夸张的了，结婚时会同时佩戴好几层项圈，一般最上层为绞丝银圈，中间为珐琅银项圈，最下层会佩戴大到覆盖整个肩部的打银圈。虽然最下层的银圈是锤成薄片状的，但加上前两层的项圈和头饰、手饰，新娘的整个装束应该会有十几二十斤重，可谓是"幸福的负担"了。

独坡地区的侗族女子结婚时，同样束发于脑后，并包黑色侗布头帕，但并不像坪坦地区那样有大量头饰，只是在头帕四边装饰有挑花绣的小花边；戴珐琅彩银项圈，项圈由一个个戒指形的珐琅银圈和圈丝银圈相串而成，并在中间挂有一串银装饰，装饰中间为流苏，底部为三角形，整个项圈造型美丽精致，体现了侗族银匠高超的制作工艺。上身里套一件长袖大襟立领衣，外穿一件立领大襟半袖衣，外衣袖口用蓝白布装饰，中间蓝布装饰面积最大白布条为边饰；下身穿裤，在腰部围花带和一方围腰，花带五彩，在尾部有流苏，围腰束带为蓝色，在围腰上部分有长条形的刺绣装饰。

湖南的侗族一般实行土葬，装殓时放些碎银在亡者口中，换寿衣时，要穿上三件或五件上衣，裤子也要穿两到三条。家中的男人需剃发，女子则梳头。亡者如是男性要穿长子的里汗衣，如为女性则要穿长媳的内衣。在安葬之时，需要用青色和白色的土布把整个棺椁缠绕成青白相间的菱形花纹。在逝者出殡之时棺椁用白色土布挽起，亲属手执白布缓缓前行，棺材下葬后用于缠绕棺椁的白布会分给参加葬礼的亲属。

（3）瑶族

旧时瑶族的婚姻大多是父母包办的，通常盛行姑表婚制，也有一些是指腹为婚的，但同姓之间不能通婚。

湖南隆回和溆浦的花瑶婚礼习俗十分特别，古老、浪漫、圣洁，这些都可以成为花瑶婚礼的形容词。提亲说媒时竟然没有媒婆而只有媒公，花瑶人通常会找一个知识渊博、能说会道、受人尊敬的男性来作为"媒公"。媒公所拿之伞在提亲途中是绝对不能打开的，若打开则会被视为不祥之兆。在花瑶婚礼中，新郎受到的待遇若从现代人的观念来看，可以说是有些"悲惨"了。新郎在婚礼途中，需要混入人群中和随行人员一样挑着重重的礼担。在新婚之夜，新郎不能入洞房，只能在堂屋里面独自坐着冷板凳，熬过漫漫长夜，其间不能吃饭甚至不能上厕所，还得忍受屋外热闹喧嚣的活动。花瑶的婚礼过程从定亲到提亲，需要经过一连串复杂、古老甚至怪诞的礼仪。其中最为特别的要数"打泥巴""炒茅壳里"及"蹲屁股"这三个环节了，这几个特别又疯狂的礼俗活动把花瑶的婚礼推向了高潮。

花瑶的婚礼服饰特别美丽，婚礼装和一般的节日盛装差别十分明显。花瑶的一般盛装为蓝色或白色的长袖圆领对襟长衣；腰部围着用花带缠成一圈一圈的宽腰带；下围大面积装饰挑花的筒裙；绑腿红黑相间。花瑶盛装最特别的当属头饰，用染色竹篾围成大大的斗笠状的头帽。以前这个头饰是用长达几十米的编织彩线缠绕而成的，但传统围头每次都需要大量时间来缠绕而且十分容易松动甚至脱落，于是一个巧手聪明的花瑶妇女奉雪妹对其进行了改良，用彩色竹篾替代彩线。改良后的头饰比之前的更加兼顾美观和实用性，并在后方坠有珠子和流苏，走动之时流苏随风摇曳十分好看。婚礼的服装头饰和盛装一样，但原来的蓝布长衫改成了用光泽的绿色绸缎来制作。外面另外罩了一件对襟无袖衣，在门襟和肩口处有大面积的花边装饰。筒裙的挑花绣图案更加生动精致，并在身后围了半圈绣花条裙，条裙底部同样坠有串珠和长流苏。可以想象花瑶女子的家人为了自己的女儿以最美的面貌展现给世人，花了多少个日夜一针一线才绣出了如此美丽的嫁衣。

花瑶的葬礼十分古朴特别，过程十分隆重。老人去世后，家人得请一个法力高深的瑶族巫师（瑶语称"巴梅"）来给去世的人举办丧葬的法事（瑶语称

"送卯")。在给逝者沐浴清洁整理遗容穿好寿衣之后，巫师便开始举行古老的法事。法事一般得在逝者原来居住的房间的一个墙脚开始施法。花瑶巫师施法所用的力量并不只是来源于自己，还要借助巫师祖师爷以及神灵的法力。巫师施法的目的是不让死者的魂魄四处游走，并把其附着在自己的身上，再找回来。巫师在施法时能够生动地模仿死者生前的声音，讲述自己一生的过往并保佑他的后人。花瑶人在送葬的路上，哭的人越多则代表越吉祥，逝者死后在那一边才能越幸福。在下葬时逝者的亲属都要把自己头上原来缠的白孝帕解下并往棺材上来回抛三下，抛完后再将孝帕重新缠回自己的头上，以此来表示对逝者的尊敬和送别。在棺材放入原先挖好的穴室后，亲人对着棺木齐拜，如此逝者就算安心地告别了自己的亲人，可以入土为安了。

（4）土家族

土家族女子出嫁一般有两套衣服，一套为"露水衣"，这是新娘上轿子后前往夫家的途中穿的；另一套是到了夫家之后穿的蓝色嫁衣，穿上这两套衣服之后便标志着一个土家族女子从姑娘转变为妻子，其中包含了土家族父母对即将嫁为人妻的女儿的不舍与深厚的爱。露水衣，从狭义上来讲，单单只指露水衣和露水裙，但从广义上来说，整套露水衣应该包含了露水衣、露水裙、露水帕、露水鞋及露水伞。

土家族新娘出嫁前有哭嫁的习俗。哭嫁通常在婚礼举办前的一个月就开始。她们要哭媒人、哭哥嫂、哭露水衣等，直到出嫁前上花轿为止。土家族姑娘出嫁时穿着的就是露水衣，新娘哭着唱露水衣歌："我的妈呀我的娘，孩包了人家帕，要守人家话，孩穿人家衣，要受人家欺，这件苦衣长又长，孩儿穿起要离娘，露水衣我不穿，牛马我不做……"唱完歌上了花轿，意味着新娘将离开娘家开始新的生活，所以穿上露水衣的新娘也就哭得更悲伤和真切了。

《白虎通》中说："露者，霜之始。"露水衣为何名为露水衣，意思可能有两种，一为土家族女子出嫁之时很早，清晨的路上满是露水，为了防止露水沾湿衣服，便穿上了露水衣。另一种则有服装色彩鲜艳斑斓之意，就像是清晨花叶上那清澈的露水一般灵动美丽。

露水衣与一般的土家族服饰有明显不同，一般土家族的服饰形制由于受到清代改土归流的影响，尤其是受到满族的影响较大，多为满式的左开大襟领，袖子大且短。露水衣的形制一般为对襟上衣，并且色彩十分鲜艳，常为大红色或桃红色，右开襟，矮领，袖子宽而大，领口和袖口上均镶有土家族的织锦西兰卡普图案的装饰花边，衣服上的扣为纯人工制作的"蜈蚣口"，衣服整体十分具有土家族气息。

露水裙的色彩五彩夺目，彰显了土家族人对缤纷色彩的喜好。土家族的露水裙是用八种不同的彩色绸缎拼接而成的，重工重料所成之裙，美丽至极，所以又称"八幅罗裙"。对于土家族祭祀祖先跳的摆手舞有这样的记载，"举行仪式的梯玛巫师头上戴着凤冠帽，下身围着八幅罗裙，手上拿着铜铃司刀，唱起了请'八部大王'的祝词，带领众人对神灵行跪拜之礼"。由此推断，旧时土家族八幅罗裙应该为土老司祭祀做法之时所穿的法事服装，但经过清代的改土归流，少数民族改装易服之后，本是土老司祭祀时所着的裙却转变为土家族女子出嫁之时穿着的华丽婚服。对于这样的变化，《竹枝词》中有描绘："罗裙八面向谁开？常伴土司登虎台；五彩绣花带羞放，绉绸更入嫁人怀。"

露水衣中的露水鞋同样色彩鲜艳，因土家族忌白色，所以制作鞋面一般多用蓝、青、粉红的绸缎。土家族人之所以忌用白色，是因为受到土家赶白虎文化的影响，它是土家族人忌白而不忌黑这种传统观念的核心部分。露水鞋上的刺绣图案大多取材于大自然中的花草、蜜蜂、蝴蝶等，或者是"鸳鸯戏水""龙凤呈祥""喜鹊闹梅"等吉祥的传统图案，用来比喻夫妻婚姻和谐美满，包含了土家族女子对即将开始的婚姻生活的美好期望。制作露水鞋时一般先把纸上图案剪出来，然后用胶粘在鞋面上，采用十字交叉的绣法来绣制，俗称"十字绣"或"挑花"。露水鞋的鞋口用挑花绣法绣上滚边狗牙齿，鞋子左右两面用各色丝线绣出各种精美的图案。

土家族女子在出嫁之时还要在头上盖一块红色露水帕。露水帕有多种名称，一为"蒙帕"。这个说法来源于一个民间传说。相传，美丽的白鹤仙子和彭神相恋了，并决定长相厮守，却遭到当地族长的百般阻挠。白鹤仙子为了能够和彭神顺利地成婚，便想到了用一块红色的丝绸帕来遮住自己的面容。后来土家族姑娘学得了白鹤仙子用红帕遮面的方法，相传成俗，便渐渐地变成了现在土家族姑娘头盖露水帕的习俗。另一种称法为"喜帕"。相传从前有个土家族姑娘搭了一块红色头帕坐入轿子中，在她坐上花轿前往夫家的路上做了一个梦，梦见自己竟然与一位美丽的仙子换了头，土家族姑娘醒后竟然真的变得美如天仙。于是土家族姑娘出嫁时，都盖上了一块头帕，希望自己变得更加美丽。

在现代生活中，露水帕的作用依旧是受到汉族传统婚礼习俗的影响。土家族人融会贯通，在其中加上了土家族人自己的民间传说故事，体现了土家族人民对生活的热爱和对子女寄予的美好祝福与希望。

露水衣对于土家族女子以及土家族的文化有相当重要的意义，同时也是目前土家族女子保存的服饰中最为华丽和隆重的。从它的起源上来分析，就能了解到其中蕴含着的丰富的民俗民间文化的内涵。露水衣中的各个部分都有各自的功能，都蕴含了各自独特的寓意，同时也体现了土家族有别于其他民族的独特民族文化，具有极高的研究价值。

（二）歌舞习俗——湖南少数民族服饰之魂

湖南的少数民族极富歌舞天赋。湖南的少数民族以歌为媒，以舞为介传达着心中的爱与思念，述说着祖先悠久的故事。比较有名的有侗族的芦笙舞、哆耶舞、琵琶歌，苗族的大鼓、飞歌，花瑶的哇呜山歌，土家族的茅古斯舞、摆手舞。歌舞习俗不仅促进了少数民族服饰的发展，而且为了能在山歌场上展现自己最美的一面，年轻人都会拿出绣工最好的盛装，佩戴华丽的银饰，由此引发的"比美"让少数民族的服饰变得越发精美。

1. 茅古斯舞

（1）来自远古的茅古斯

湘西土家族有一种传统而古老的舞蹈叫作茅古斯。茅古斯，土家语称为"古司拨铺"，其意为"祖先的故事"，是土家族最为原始的巫舞。同时，它是一种戏剧，有唱有跳，多是反映耕种、狩猎和捕鱼等原始活动，演出多以情节为主,有固定的场合及相对固定的对话,表演人数可多可少,男女不等,一人扮演老"茅古斯",其余人扮演小"茅古斯"。他们以一种较为粗犷的形式反映了当时原始社会的社会形态,保留了祖先崇拜、图腾崇拜、自然崇拜等远古时期遗留下来的许多精神符号。

有一个关于茅古斯的传说。相传,早期土家族人不会耕种,多靠狩猎来维持生活,因而常常出现食物匮乏的情况。族长左思右想,决定让族里最强壮最勇敢的阿生出去为族人寻找一条出路,阿生带着全族人的希望和期盼上了路。他翻越了一座座大山,跨过一条条河流,不分日夜地走着。沿途他看见了一片金黄色的东西随风飘荡,甚是美丽,还有人们在地里劳作。他连忙下去帮忙,勤劳刻苦,努力学习耕种。第二年的冬天,他将谷物收到口袋里,准备带回故乡。在途中他遇到了野狼的攻击,野狼撕扯他的衣服和他的裤子。他拼力逃生但衣服却被撕扯得支离破碎,他便拿树枝树叶遮挡身体。他回到家乡,发现族人们围成一团,热闹得很。但是阿生见自己衣衫不整便想悄悄地回家换身衣服,可谁知人群中有人认出了他,喊道:"阿生回来了。"众人齐刷刷地看向了阿生,阿生见旁边有一堆稻草便用稻草遮挡住自己的身体,他见族人都在,便即兴表演起了自己在外面的所见所闻,传授他们技能。自此,土家族人在正月调年山时节都时兴跳茅古斯。茅古斯承载了土家族人重要的原始文化记忆。2006年,湘西土家族的茅古斯舞被国务院列入了中国第一批国家级非物质文化遗产名录。

(2)茅古斯舞的服饰

茅古斯舞中最有特点的就是蛮荒原始的服装。土家族的《摆手歌》茅古斯中所着的茅草衣由五块拼合在一起的茅草或棕树皮构成,其中的一块茅草做成头罩,把整个头部全部罩住,在头罩的上端戴着由三角或五角构成的尖尖草帽,单数表示的是人,双数则表示的是兽;再将一些茅草围在胸部和腰部。在舞蹈之时为了祈求土家族人能够繁衍生息和获得神灵庇佑,舞者将手握着的象征男性的"粗鲁棍"高高翘起或是上下左右地来回摆动。

湖南湘西龙山县曾出土了新石器时期的陶片和瓷器,在其器物纹饰中发现了大量的方格纹、网结纹、粗绳纹等,这说明了土家族的先民早在新石器时期就学会了简单的编织工艺。张家界出土的古代巴人的錞于(古代金属军乐器）上有椎结人头的装饰纹，同一个地区战国时期的墓葬中出土了大量的配饰，如滑石耳环、玉佩等，这表明当时这一地方的原住民就已经和汉文明进行了文化交流。张家界还出土了西汉时期的青铜烛台，其中有承灯的西南蛮的青铜塑像，它头戴着编织的帽子，下身着裙装。清代的《皇清职贡图》中描绘了当时湘西永顺和保靖的土家族人物形象，女性头梳顶髻，身着立领长衫，外罩一件比甲；下穿百褶中裙；腿部交叉缠绑腿；脚穿翘尖绣花鞋。男性头围头巾，在额头前打结，上身穿着圆领对襟长衫；腰部用长带围腰；下穿宽腿长裤；小腿缠绑腿，在顶端打结；脚穿布鞋。从这样的装束中可以看出当时的土家族服饰既保存有明代汉族服饰的特点又保存了部分土家族最传统的服饰特点。在清代改土归流之后，土家族的服饰全面满化和汉化，如今只有在偏僻的土家族山村才能见到土家族人的服装。

2. 摆手舞

(1)摆手舞的历史沿革

正月，土家族人会将茅古斯与摆手舞一起表演，摆手舞反映的是土家族人的生产与生活，土家族摆手舞源远流长。

摆手舞在土家语中叫"舍巴日"，又叫跳金巴，跳摆手舞是摆手节中最为重要的活动，一般在摆手堂中举行。每个村寨都设有摆手堂，摆手舞又分大小两类，种类众多，有反映捕鱼的舞蹈、狩猎的舞蹈以及其他活动的舞蹈，大多在正月举行，文摆俗称小摆手舞，武摆则为大摆手舞。文摆用于祭祀土王，每年举行，需跳上一天一夜；武摆用于祭祀八部大王，三到五年举行一次，形式也更为隆重，需跳上三天三夜。关于摆手舞的传说很多，各家说法不一，但为庆祝战争胜利这一说法在民间广泛流传。

《竹枝词》中这样唱道，福石城中锦作窝，土王宫畔水生波，红灯万点人千叠，一片缠绵摆手歌。相传在嘉靖年间，流寇猖獗，常常洗劫我国沿海一带，民不聊生。朝廷多次派兵驻守边境却屡次战败。皇上得知湘西一带的土家军英勇善战，便立即下旨派他们去攻打流寇。土家军不仅将流寇驱逐到沿海地区，还和他们签订了协议，让他们十年之内不得再侵犯我国土地。听到这消息后,举国欢庆。土司想着要有大型歌舞为他们庆祝才行,于是叫来了自己的女儿阿尔。阿尔长得聪明美丽,从小就能歌善舞,十分惹人喜爱。土司告诉阿尔:"将士们在前方打了胜仗,回到家乡我们要为他们庆祝一番,载歌载舞的岂不热闹非凡?但如今用什么舞给他们庆祝?"庆祝的事情难不倒阿尔,阿尔告诉父亲:"我们跳的祭祀摆手舞气势宏大,何不将它拿来助兴?"土司听后很是高兴。等到将士们回来的那一天,数百名舞者在堂前为他们跳舞助威,场面壮大而隆重,为首的领舞者身穿朱红罗裙,头戴凤冠帽,手里拿着摇铃祝旗,唱着梯玛神歌,将士们大受鼓舞,也和他们一起跳了起来。

(2)摆手舞中的服饰

摆手舞中,土家族人穿着的服饰十分有特点,大都用黑色、蓝色的家织布制作而成。男性的头部用白色或黑色的土布缠绕;上身穿着大襟或琵琶襟短衣,衣襟的右上角用铜做扣,其余为布做的一字盘扣,衣服上装饰有彩色花边;男性鞋子多为黑色,鞋头微微上翘,并在卸扣上镶上牛皮,鞋底厚,十分耐穿。女性穿着大襟大袖的宽衣,衣领上镶三道彩色花边;下身着裤,裤口宽大,袖口和裤口都装饰有大面积的花边;鞋头上翘,鞋面绣花,并在鞋口滚丝边,鞋子的后跟不合拢,用麻线来编织鞋口,可以放大缩小,十分方便。原来土家织锦西兰卡普并不用于衣服装饰,但现在新式土家族服饰在保存传统款式的基础上,结合了土家织锦西兰卡普作大面积边缘装饰,艳丽夺目的西兰卡普让土家族的服饰焕发了别样生机。

3. 吹芦笙

(1)芦笙的历史沿革

芦笙是侗族最有代表性的乐器之一。目前广泛流传于黔东南的大部分地区,在湖南只有通道和靖州的部分地区还在制作并吹奏芦笙。芦笙在侗族人民心中有着十分重要的地位,并且是烘托节日气氛的工具。芦笙一般为男性所吹奏,它的声音洪亮,众人齐奏气势磅礴,其声可传数里,特别受年轻人喜爱。

在吹奏芦笙的地区，每个寨子都有一个芦笙队，大的寨子有好几个芦笙队。芦笙队一般都以鼓楼为单位。侗族的芦笙以竹为管，以木为筒。竹管内装有铜制的簧片，以气冲动簧片而发音。清代，文人陆次云在其所撰的《峒溪纤志》一书中写道："（男）执芦笙。笙六管，长二尺……笙节参差吹且歌，手则翔矣，足则扬矣，睐转肢回，旋神荡矣。初则欲接还离，少则酣飞畅舞，交驰迅逐矣。"通过这一段记载，我们可以看到清代时少数民族精妙的芦笙吹奏技巧和精彩的芦笙舞蹈动作。

（2）芦笙衣

芦笙衣一般为吹奏芦笙的芦笙手所穿。芦笙衣还很好地保留了古代侗族男性盛装的款式和纹样。芦笙衣奇特的款式和结构为原始时代以皮毛、树叶和草秸串结成衣裙的遗风。芦笙衣在侗族服饰中的地位和百鸟衣在苗族服饰中的地位一样，都是带有仪式感的盛装。芦笙衣一般为侗寨的共有财产，由村寨放在一个地方共同保管，节日时才拿出来穿。尽管现今侗族男性的服装趋于汉化，可是在节庆时，依然还能在芦笙装中窥见古代侗族男性华丽盛装的影子。

从保存至今的芦笙衣来看，古代侗族男性的爱美程度甚至超过了女性。芦笙衣上大胆地绣满了花卉、龙蛇、日月星辰，童话般的色彩，浪漫不羁的图案，装饰了芦笙手的旧梦。若不是这么多古代芦笙衣的留存，人们不会知道古代的侗族男性如此爱美，侗族人如此爱着花与日月星辰。

①芦笙衣形制

芦笙衣为古代侗族部落首领的服装，后演变成在祭祀庆典时演奏者专用的表演服。芦笙衣奇特的款式和结构，来源于原始时代以皮毛、树叶和草秸串结成衣裙的遗风。通道的绣花芦笙衣沿袭了古代战争中铠甲的款式。通道的芦笙衣上衣一般为立领对襟式或是受清代满族服饰影响的大襟式，芦笙衣两肩有刺绣布片装饰，类似于肩垫，同时上衣坠有珠串和羽毛作为装饰。下装为草条帘裙，通道芦笙衣的帘裙形状为条状，数量一般为单数。每片帘裙的尾端坠有草珠和羽毛作为装饰。帘裙前有一片正方形的绣布，类似于古代汉族服饰的蔽膝，应是古代遮羞物的遗制。在帘裙之下系有绑腿，绑腿形状为

集穿戴 赋史事

四方，穿着时以细绳系之。芦笙衣穿着时帘裙系在裤外，下扎绑腿，上围头帕，头帕里常常会插几根锦鸡的羽毛作为装饰。

②存世清代芦笙衣

据张柏如所著《侗族服饰探秘》记载，张柏如在湖南通道县收集到清代传世芦笙衣两件，一件为通道横岭侗寨的素锦芦笙衣，一件为通道芋头侗寨的太阳纹刺绣芦笙衣。

通道芋头侗寨保存的清代刺绣芦笙衣上有九个太阳和用白色绣线描绘的繁星，这是一幅越人星空图。百越的子民似乎对太阳、月亮和星辰有着谜一般的眷恋。从两千年前铜鼓上的太阳纹，到如今侗族服饰上众多的日月图案，对太阳月亮的崇拜深深地烙印在了百越子民的基因中，写在了服饰上。关于九个太阳的故事，侗族有这样的记载，远古时代，洪水泛滥淹没了大地，大地上的生物危在旦夕，侗族的祖先姜良姜妹躲在巨大的葫芦里避难。创世女神萨天巴设计了九个太阳，晒干了洪水，解救了后来繁衍侗族后代的姜良姜妹。太阳的图案不仅在芦笙衣上有所体现，在当地侗族妇女的背儿带中也有。芦笙衣的后背有三个太阳和双龙夺宝的图案。双龙夺宝图案生动可爱，体现了汉族文化对于少数民族服饰的影响。

芦笙衣大都以刺绣作为装饰，但是湖南通道横岭侗寨至今还存有一件清末的素锦芦笙衣。这件芦笙衣十分特别，整件衣服都以素色侗锦制作而成。素锦芦笙衣整体风格古朴素雅，上衣和帘裙上坠有大量草珠和羽毛作为装饰，极具民族特色。这件素锦芦笙衣上衣为对襟长袖式。上衣大面积运用八角花和点花的织锦图案，在衣沿、袖口以及肩膀处装饰着一条条的踩歌堂纹样的花边。踩歌堂的图案为小人手拉着手载歌载舞，它表现和记录了侗族人民祭祀和节日庆典时多嘎多耶（唱歌跳舞）踩歌堂的情形。侗锦古代称为纶织，分为素锦和彩锦两种。这整件以素锦所制的芦笙衣确实少见。据目前存世的实物来看，古代侗锦曾经大面积应用于男子芦笙衣和女子盛装中，比如中国丝绸博物馆中就存有一件以彩色侗锦制作的广西三江侗族女子盛装。上衣为对襟无领、无袖，以带系衣；下衣为一条花帘裙，共由七条侗锦织带组成，底端坠有大量草珠和羽毛。整件盛装的织锦图案为几何纹。这种以侗锦制作的盛装，十分不同于现在人们印象中的以黑色为基调，亮布制作的侗族盛装，更是别有一番风味。古代侗族地区各支系由于交通不便，信息闭塞，传统服饰风格也各有不同。

侗锦在古代就因其精美而闻名于世。《黔南苗蛮图说》的作者桂馥,用自己的亲身经历验证了"侗锦"的魅力。他记载说,开始阅读《黔志》有关"黎平之曹滴司出的侗锦,以五色绒为之,亦有花木禽兽各样,涤之水不败,渍之油不污,精者甲他郡"这样的描述时,他不以为然,以为言之过誉。后来他到石阡府办理军务,亲眼见到思南某团首以锦为卧具,一问是用贵州侗锦做的。细看那锦夔龙穿花,纹饰精致而雅,较之苏杭的七彩五彩锦,雅俗不止天渊。于是他决定用自己贵重的红呢被面进行交换,把侗锦带回去制作琴囊。同时清朝时期,有个邑人张应诏来到侗乡,看到美妙的侗锦,动情地写下了一首后来一直在侗族地区流传的赞美诗:"苎幅参文秀,花技织均匀,蛮乡推髻女,亦有巧手人。"可见侗锦在古代是多么受人喜爱。但是近现代由于信息交流的飞速发展,侗族地区文化交流频繁,民族服装有趋同的趋势,各地区之间服饰的差异所造成的多样美丢失了。现如今,侗锦很少用于制作盛装,而更多地应用于儿童背带、织带、铺盖(被子)中。

4. 踩歌堂

(1)踩歌堂的历史沿革

宋代陆游《老学庵笔记》记载:"辰、沅、靖等蛮、仡伶……农隙时,至一二百人为曹,手相握而歌。"就是指侗族踩歌堂活动的情形。由此看来,当时的"哆耶"习俗盛行于某些个侗族地区。但现在,踩歌堂活动只流行于南部地区,在北部地区已经消失。湖南目前还有通道侗族自治县保留此习俗。每逢踩歌堂,女人们身着百褶裙、交领左衽的上衣,项戴数个素银项圈,系绑腿,头围侗帕,侗帕上绣有精美刺绣。男人衣与汉人相同,仅头缠头帕。踩歌堂活动一开始,人们便手拉着手在寨子中心鼓楼前的平地上围成一圈又一圈,唱着"耶歌"不停转动。踩歌堂最多有上千人参加,场面浩浩荡荡,极为震撼。

"耶歌"的旋律简单悦耳,一般只有上下两个乐句。歌词由一人或两人领唱,众人只重复每句歌词末尾的几个音节,或是唱"呀啰耶,呀啰嘿"这些衬

261

集穿戴 赋史事

词。活动快结束之时，众人高举双手欢呼几声，歌堂便在一片欢乐声中结束。踩歌堂的活动极其富有感染力，是凝聚侗寨人民的重要力量。同时，踩歌堂的舞步容易，歌词简单富有节奏感，即便是外乡人，也能快速地加入踩歌堂的队伍中来。

踩堂歌的习俗，不论从歌词的文学内容、音乐的旋律特征，还是从演唱形式和整个活动方式来看，可以说是侗族文化中保留的最古老形式之一。踩歌堂活动的产生应该能追溯到原始氏族时期。和侗族临近的苗族、瑶族甚至是南方其他的少数民族，都有类似踩歌堂这样的"手拉着手，转圈舞蹈"的活动形式。甘肃马家窑出土的一件新石器时代舞蹈纹彩陶盆中就有描绘人们手拉着手舞蹈的形象，可知踩歌堂活动流传之久远。

(2)哆耶纹

踩歌堂的场景甚至记录在侗族的服饰之中。通道侗族自治县的织锦和刺绣中都能看到"哆耶"的纹样。侗女们聪明地从踩歌堂中提取创作素材，并把它记录到了服饰中。侗女的绣布和侗锦上一排排可爱的小人手拉着手踩着歌堂唱着"耶歌"的图案，就是有着悠久历史的哆耶纹，他们仿佛在唱着"呀啰耶，呀啰嘿"，又像是在述说一段快乐的历史。侗族人民若不是对踩歌堂活动如此的喜爱，踩歌堂的活动也不会被绣到侗衣上，织到侗锦中，更不会一直从远古流传至今，愿踩歌堂的活动随着侗族人民纯真美好的欢乐一直流传下去。

5. 咚咚推——侗族傩戏

(1)咚咚推的历史沿革

咚咚推是流传于湖南怀化新晃侗族自治县的侗族傩戏，之所以名叫咚咚推，是因为其表演时有咚咚推的锣鼓声。据咚咚推传人的家谱记载，天井寨的龙姓侗族人是在明永乐十八年从靖州迁过来的，侗族人中还流传这样一句话，"咚咚推头在靖州，尾在天井"。由此推断，咚咚推可能是明代龙姓人从靖州带来的，后逐渐流传至新晃贡溪乡四路村的天井寨。据天井寨老人说，以前天井寨有一座飞山庙和一座盘古庙，每年春节期间两庙轮流祭祀，若今年盘古庙祭了，明年则换飞山庙，祭祀之时必表演咚咚推。若碰到了瘟疫或者自然灾害之时，也要表演咚咚推来消灾祈福。其演出剧目有反映本民族传统生活的《老汉推车》《跳土地》《癞子偷牛》等，也有受到汉族文化影响的《关公捉貂蝉》《古城会》等以关公为主角的三国戏。

咚咚推全程的演唱和对白均用侗语，在表演时所有的角色都需要带上傩面具，随着咚咚推的锣鼓声跳着踩三角形的舞蹈，这种舞蹈模仿牛的身体而来，咚咚推常用的腔调有溜溜腔、吟诵腔、石垠腔、垒歌等。咚咚推所用面具曾一度丢失，但后来天井寨当地群众按照技艺重新复原了面具并恢复了表演。历史悠久的农耕文明孕育了咚咚推，现在咚咚推以其独特的原始性被列入了中国第一批国家级非物质文化遗产名录。

(2) 咚咚推的服装和"交目"

咚咚推的服饰在将军、神仙、读书人、农民等每个角色中各有不同，但大多都用蓝色或黑色家织布制作，普通农人的形象一般为身穿立领对襟一字盘扣上衣，上有四个口袋；下穿裤，裤口宽大；脚穿草鞋，有时在草鞋内还穿长至膝盖的白色布袜。土地公等神仙形象多穿清代大襟式长袍或道教服装样式的交领道袍，手持精致的雕花木拐杖。关公的形象一般身着黄甲，甲上钉满铜圆片门襟，袖口装饰红边；下穿红色长裤，裤腿宽大；手持青龙偃月刀，英气勃勃。女性发梳于脑后，大多都穿大襟大袖上衣，在门襟和袖口处有多道彩边装饰，脚穿布鞋。近年来，也有用原来做被面的蓝印花布来改做傩戏服装的，蓝印花布改做的服装十分好看，别具特色。同时傩戏还有动物角色，如扮演耕牛的角色，一般用棕树壳或稻草做皮披于身上来模仿牛的皮毛。

咚咚推的面具侗语称为"交目"，总共有三十六具，每具面具就是一个角色，分别是神鬼精怪九具、秀才一具、农夫农妇两具、县官差役四具、香婆巫师两具、乡间恶棍两具、刘高一具、三国人物十二具、公牛母牛狗三具。平日不请神时，这些面具就是神的象征。据说以前，天井寨后有两座古庙，两庙的神龛就是一只大木柜，上面奉神，下面就放着咚咚推面具，一庙放一年。1992年，怀化市群众艺术馆的工作人员发现了这个情况并组织文物抢救工作，天井寨的村民根据记忆，全部重新制作了面具，终于完整的侗族傩戏咚咚推得以再现在人们的面前。如今，凭着夸张的造型，这些面具也成了艺术品。

6. 赶坳

(1) 赶坳的历史沿革

南侗有行歌坐月，北侗有赶坳。赶坳又称玩山，是侗族青年结识朋友、谈情说爱以及中老年人娱乐与社交的一种活动。赶坳在北侗地区的贵州玉屏，湖南新晃、芷江盛行，不同的坳场，赶坳的时间不同，一般坳期一天。

每逢赶坳的这一天，侗家青年男女都穿上节日盛装，女人撑着花伞。他们成群结队地汇集到花山上唱山歌，寻找自己的意中人对歌。中老年人则手提各式精致的画眉鸟笼或鸡笼，摆成一圈，观赏和参与斗画眉、斗鸡。这时的花山上，老少云集，人山人海，山歌声飞扬，画眉啼鸣，锣鼓喧天，铁炮声震动山谷，侗乡沉浸在一片欢乐的海洋之中。

每个地方举办赶坳活动的时间都不尽相同。新晃侗族自治县扶罗镇磨溪村每逢农历六月六，就会举办赶坳会的活动。据说，以前在农历三月三、九月九都会有赶坳会，但是随着时代的变迁，外出务工人口增多，慢慢地变成只有六月六的赶坳了。赶坳会是一个盛大的侗族节日，在坳会上，年轻人会对山歌，谈恋爱，唱得好的腊曼腊耶（青年男女）会互相交换定情信物。如果男子唱得好，女孩会去取手帕，说明她已看上这名男性。关于赶坳会的起源，有多个故事。其中一个说是为了纪念侗族杨氏先人杨天应。据说，这个地方山林多，到处都是瘴气，杨天应拿着扦担插在山林里，瘴气随即散开。

(2) 坳会上的盛装与"定情物"

① 坳会上的盛装

北侗地区的女子在赶坳这一天，都会穿上自己最美的盛装，来到坳会的歌场上寻找自己的情郎。女子的山歌唱得越好，把自己打扮得越是娇艳，就越能得到恋人的欢心和年轻小伙的仰慕。但在北侗地区，以新晃、芷江、会同为例，由于地处湘黔两省的主要通道上，经济较为发达，与汉族的交往比较频繁，在服饰上深受汉文化影响，早已不见当年椎髻短裙的习俗。

由于受汉文化影响，北侗地区男子服饰基本已不具有太多民族特点。除婚礼丧礼外，一般节日所穿服饰与日常服饰的差别不大。男子穿对襟的满式服装，头裹以蓝靛染色的青色长帕。在春季和冬季多穿以蓝靛染色的蓝、青色服饰，夏季和秋季多穿白色。

女子盛装多为略过膝盖的右衽大襟衣，拴一排铜纽扣；圆领、襟边、袖口滚两三道蓝边，嵌些细小花纹；裤脚底边，绣有花鸟虫鱼。鞋面上绣彩蝶鸟禽或游龙飞凤，千姿百态，神形毕肖。胸前佩戴的小围兜上，多加上一块半圆的布，顺着纱的经纬挑着楼台、人物、花草等图案，美观素雅。在腰间捆一条两指宽、几何菱形纹的织带，捆绑带垂于右侧，身材显得苗条、矫健。制衣所用的布料多为自己或母亲纺织的家织布。家织布布纹素雅美观，母亲在织机前日复一日为的都是让自己的女儿以最美的姿态展示在世人的面前。

女子梳的发型各有特点：年轻姑娘，蓄着捆上红头绳的独辫子，前额留一排齐眉的二檐子(俗称"刘海")。有的梳双马尾辫，显得年轻可爱。中老年女性多把头发梳至脑后，以发网围髻，在头顶用蓝靛染的青色长帕缠头数圈。

女子着盛装时发上插银制的发簪、钗子、莲蓬、中心花、八方针。耳环戒指多为金银制作，以宝石美玉镶嵌。侗族女子往往在手腕上戴好几对手镯，以多为美。手镯的材质一般为银或玉，银镯多雕刻有花草动物等纹饰，玉镯多以上等的翠玉为材质制作。银项圈装饰项间，显得格外华丽。

清乾隆年间《芷江县志》记载，西溪(今新晃县地)苗民："昔年衣服男妇均系左领，男子留发辫，包青布帕，身着衫裤。女子习尚花裙，身着布短衣，下身花布裙，不着裤。今皆知廉耻，俱如汉民装束，妇女均着裙裤。"这其中的装束与《芷江西溪图》中所绘制的西溪地区古苗形饰和今苗形饰一样，书中所说的西溪苗民应为侗族，其中的人物所着服饰也应该是清代汉化改装之前新晃西溪地区侗族人的服饰。

②定情信物

关于定情信物和赶坳的起源还有一个凄惨而美丽的故事。传说很久很久以前，有一个聪明美丽的侗族姑娘叫腊月，她生有一副动听歌喉，可以唱得百鸟停声、鱼儿停游。腊月越长越漂亮，到了成婚的年纪，不少人都来求婚。腊月提出条件：凡求婚者，可在特定的日子来与她对歌，谁赢了就嫁给谁。结果远近歌手没有一个能唱赢她。其实腊月心中早有了意中人，是个勇敢英俊、有名的青年歌手。这天，两人在对歌时，姑娘将自己的丝帕交给了小伙子。谁料，一个富家子弟暗中偷听了他们的谈话，在小伙子回家的路上，凭着花言巧语骗得了丝帕，并趁其不备将小伙子推下了万丈深渊。富家子弟回去后，亮出骗得的丝帕，并带着礼品、人马去娶亲。姑娘闻知噩耗后，义愤填膺，连夜奔到心上人遇害的地方，放声痛哭。见富家子弟持火把追来，便飞身跳下悬崖，殉情而死。消息传开后，侗家歌手怒不可遏，惩治了凶手，聚集在山坳上对唱，他们用歌声来纪念这位美丽而忠贞的姑娘。于是，侗家人便有了"赶坳"。

在中国古代，定亲是男女双方确定婚姻关系、仅次于正式结婚的社会性的重要礼仪。定亲遵循的是"父母之命、媒妁之言"，而处于青春期的少男少女们却常有用信物来定情的做法。迫于礼教和社会压力，交换定情信物一般都是男女双方私下进行的，他人无从知晓。但古代侗族不像汉族一样需要遵循"父母之命、媒妁之言"，而是通过如赶坳这样的活动，通过歌声自由地寻找自己的爱情。年轻的侗族男女们一旦找到了自己的意中人便会赠送定情信物来确定自己和对方的关系，侗族把这种行为称为"送带子"。侗族姑娘一般会赠送自己绣制的花帕、鞋垫或亲手编织的花带给情郎，而男子常会赠送饰品给自己心爱的女子作为对其有好感的依据。从而约定日子，通过"赶坳玩山"或游"花园"，互相对歌谈爱，加深了解和增强感情，由朋友变成情人。直到双方都认为对方可以信赖，愿意缔结良缘，男方再托媒人到女方家说亲。

7. 苗戏

（1）苗戏的历史沿革

苗戏，苗语叫"初贵怒"。自从五千多年前苗族的祖先蚩尤战败于涿鹿之后，苗族人开始了长达几千年的迁徙，从宽阔的黄河平原迁徙到了如今中国西南地区的崇山峻岭之中。在这途中，苗族的先民为了躲避压迫、灾难以及希望族群的延续产生了"吃猪"祭祀蚩尤、祈求蚩尤庇护的仪式。早期的"吃猪"仪式已经具备了戏剧的五大要素，可以视为原始戏剧的萌芽。到了后来，出于驱邪的需要，苗族的祭师把吃猪中坐猪的原始戏剧行为演化成了由苗族祭师自己来扮演祖先蚩尤以驱邪逐疫的仪式剧，它的故事情节比之前增加了很多，比如"恰相"中的"请师""藏身""敬鬼""哄鬼"等。它的表演动作也已经由原来十分简单的动作吸收结合了汉族戏剧里的唱、做、念、打、舞。从原来的只有一个演员变成了帮师、掌坛师等多个演员。剧里的主角蚩尤通过戴法帽、穿法衣、请师附身、隐藏魂魄等法事行为化身而成，同时还有配角众帮师，观众们除了看客和现场的参与者之外，甚至还有法师的祖师们和阴间的祖师们等特殊的观众。同时还拥有了村头路口和寨中庭院等简单看剧场地。这样的戏剧之所以成为仪式剧，是因为比坐猪这样简单而原始的戏剧表演更加程式化和戏剧化。可以说，这样的仪式剧形式更加符合戏剧定义的基本要求与内涵。拥有了戏剧最基本的四个元素：演员、故事、舞台和观众。

（2）苗戏的服饰

苗戏中，苗族祖先蚩尤的服装和装饰最有意思，保存了很多的远古信息。任昉的《述异记》中记载，涿鹿在冀州，有蚩尤神，俗云人身牛蹄，四目六手……秦汉间说，蚩尤氏耳鬓如剑戟，头有角，与轩辕斗，以角抵人，人不能向。

每个地方表演蚩尤的形象略有不同。在花垣董马库乡的石寿贵坛班的苗戏表演中，在人物登场之前，掌坛的法师需要为扮演祖先蚩尤的帮师装扮，满脸用锅灰涂黑来表示蚩尤铜头铁额；在其头顶戴上火塘里煮饭用的铁三脚架来代表头顶上长的长角；在耳边扎上两束短且粗的稻草来表示蚩尤两鬓如剑戟；蚩尤长有双翼的形象，则用蓑衣或树叶披在背上来表示，还用卷曲的树叶和棕树壳来表示老虎卷曲的皮毛。在花垣石潭镇石金河坛班表演的苗戏中，祖先蚩尤的装扮，既有蚩尤的特征，同时更接近方相氏"红衣朱裳，持戈扬盾，黄金四目"的典型形象。蚩尤表演者用锅灰把满脸涂黑；身上穿着一袭红法衣，左手握着一把长刀；一般头戴冠扎或红领巾来表示头长长角，有条件的才用铁三脚架。

在苗戏中还有一个被保留的剧目叫作《大赶伤亡》。表演时其场面颇为壮观，参演的祭师需要至少五个，供品得摆上猪、羊、鸡，而且表演的程序比一般的复杂得多。苗族坛师要驱赶的是一个比普通的厉鬼厉害十倍百倍的肩膀长五个头的五鬼。所以蚩尤的装扮必然不得含糊，坛师需要身着法衣；头戴蚩尤帽，脸戴蚩尤面具，左手握长刀，右手持蚩尤棒，全脸涂黑。

8. 侗戏

（1）侗戏的历史沿革

侗戏最早的产生时间是清朝嘉庆年间，由黔东南黎平腊侗村的吴文彩祖师始创。吴文彩自幼聪明好学，对音乐有着浓厚的兴趣而且酷爱编歌。他编写的《财主贪财》《开天辟地》和许多情歌，大多已成为侗族地区的绝唱。他游历了许多地方，途中看到汉族戏剧那么精彩，便萌生了创编侗族戏剧的想法。于是他闭关三年，结合侗族传统民间叙事歌、琵琶歌和民间故事，借鉴汉戏、桂戏和阳戏等传统戏剧表演形式，最终在公元 1830 年编写出了《李旦凤姣》和《梅良玉》这两部侗戏。现在距吴文彩创办侗戏已近 200 年了，侗戏如今传遍了广大侗乡，如贵州黎平、榕江、从江，广西三江、龙胜和湖南的通道。

侗戏自传入通道侗族地区以来，深受广大群众喜爱，发展十分迅速。目前有《雾梁情》《珠郎娘美》等传统和现代的侗戏剧目三百多个，侗戏在剧情、唱腔、伴乐上得到了较大的进步，唱腔从最开始的只有一个平腔增加了哭腔、客腔和歌腔等新式腔调，在剧情和表演上更加丰富，甚至把现代事件改编为侗戏演出。侗戏作为中国戏曲里面独具特色的一种戏剧形式，于 2006 年 5 月 20 日，被列入第一批国家级非物质文化遗产名录，从此得到了更好的保护和发展。

（2）侗戏中的服饰

湖南侗戏的表演者一般穿着通道本地传统的侗族服装，也有部分角色穿着汉族戏剧的服装。为了突出表演效果，服装比节日盛装更加光鲜亮丽。

男性演员一般身穿彩色衣裳或侗族传统亮布对襟短上衣；下身穿黑色长裤或半短便裤，若穿短裤则打绑腿，穿长裤则无绑腿；围头巾，并用几朵银花插在头巾上面或只包简单的头巾；胸前挂着银链和银牌；腰间系上彩色的缎带或花带。女性演员一般包挑花绣尾部流苏的侗帕，或用毛线或假发盘上高高的发髻，再插戴上花鸟流苏银簪、鸡尾银头钗、银梳子和一朵红花，走动之时头饰乱颤，美艳动人；项戴绞丝银项圈或珐琅银项圈和素银项圈；上身着黑色侗布上衣，一般为大襟或对襟样式，装饰一般在衣领和袖口处；下身穿黑色侗布百褶裙；腿部缠上绑腿；脚穿带钩的绣花布鞋。

因为受到清代汉族文化的影响，通道传统的侗戏服装比较朴素，甚至县内很多地区已经不穿裙而改穿裤子，头部也由原来的盘发髻变成了包头帕。现代侗戏对服饰装扮在某种程度上进行了还原和改良，比如黔东南巴拉河支系的苗族银帽和黎平、从江的侗族银饰开始流行起来，还在衣服和裙边上增加了花边和裙襕，在绑腿上绣上太阳花或用侗锦装饰。

后　记

　　2011年，怀化学院美术与设计艺术学院组成了一支集科研、教学为一体的民族服饰调研小组，开展了大量卓有成效的田野调查和研究工作，旨在挖掘、整理、研究、传承优秀的民族民间服饰艺术，并服务于特色教学和人才培养。教师们在紧张的工作之余深入到五溪流域及黔东南少数民族生活的腹地，风餐露宿，现已搜集到以湘西苗族、土家族、瑶族、侗族为主的服装、服饰500余件。2014年怀化学院开设服装与服饰设计专业，在以"理论研究为基础、创新研发为导向"的理念指导下，开设了"五溪流域民族民间服饰艺术""民族服饰创新设计"等一批具有民族性、地域性、开拓性三大特点的专业课程。2015年，在学校党委与行政的大力支持下，民间非物质文化研究的平台机构——"五溪流域民族民间艺术实践中心"陈列展示馆落成。实践中心分为服饰馆、竹编馆、音乐馆、体育馆、民间文学馆，其中规模最大的就是服饰馆。

　　2013年9月至2017年10月间，笔者作为民族服饰调研小组的负责人，根据课题研究的方向和内容要求，在成雪敏教授国家社会科学基金艺术学一般项目"五溪流域民族民间工艺美术传承体系及工艺书编目整理与研究"的基础上，与成雪敏教授一起，深入五溪流域的通道、靖州、新晃、麻阳、芷江、邵阳、会同、江华、溆浦、凤凰、花垣、保靖、江永、慈利、石门等地区考察，对侗族织锦、花瑶挑花、苗族刺绣、蜡染、蓝印花布等民族民间工艺美术进行了专项调研，走访了侗锦传承人粟田梅、吴念姬，苗族刺绣传承人吴四英、龙红香，花瑶挑花传承人奉堂妹、奉兰香与凤凰蓝印花布传承人刘大炮、刘新建（刘大炮之子）等。对这些地区传承下来的民族民间工艺美术，如挑花艺术、织绣艺术、染织艺术等的类型、艺术形式、文化理念等开展田野调查，探究与挖掘其历史文化、工艺美术、艺术与人文价值，获取了丰富和珍贵的第一手资料。史料照片就有上千张，为本书的撰写打下了坚实的理论基础。

湖南东临江西，西接重庆、贵州，南毗广东、广西，北与湖北相连。独特的地形地貌使湖南好似一幅重峦叠嶂、群峰劲舞、姿态优美的壮丽山河画卷。湖南在原始社会时就为三苗、百濮与扬越（百越一支）聚居之地，独特的地理环境哺育着独具特色的族群，这里居住着苗族、侗族、土家族、瑶族、回族、壮族等55个民族，其中世居的有汉族、苗族、土家族、侗族、瑶族、回族、壮族、白族等9个民族。湖南少数民族服饰是各民族族群文化变迁的载体，具有丰富的文化内涵和很高的文化品位。精美绝伦的服饰、精湛无比的工艺、多姿多彩的民风民俗，形成了丰富多彩、光辉灿烂的民族服饰文化。它既是中华民族世代相传的文化财富，也是湖南发展先进文化的宝贵资源。"民族服饰是穿戴在身上的史诗"，这是由它的生成规律决定的，不管哪一种民族服饰，其"生成"的内在因素便是这个民族的民俗民风、宗教信仰、审美理念等地域文化。服饰是历史的见证、时代的产物，服饰的生成与人类文明的发展史密切关联。一方山水哺育一方人，不同的民族由于生存环境、民俗民风、宗教信仰、审美意识的差异，形成了丰富的服饰民俗文化，这些文化深深地吸引着我们去探究，这也是本书的由来。

感谢怀化学院良好的学术环境，感谢美术与设计艺术学院领导一直以来的支持，使这一文稿得以成书。感谢湖南省民族宗教委员会的领导、专家们以及北京师范大学万建中教授对本书提出的诸多中肯意见，他们严谨的学术态度使我们受益良多。感谢湖南大学出版社的编辑们为本书的出版所付出的一切努力。最后需要特别说明的是，湖南少数民族地区地域广阔，虽然我们多次前往调研，但由于时间和精力有限，本书难免有错误和疏漏之处，还请各位专家、读者多多指正。

刘 琼

2020 年 9 月

271